Couverture la Cour

AF297250

THERÈSE

❧❧❧

1668

Les Impressions d'une
Parisienne
Sur la Côte du Pacifique

Paris ✦ Félix Juven ✦ Éditeur

122 ✦ Rue Réaumur ✦ 122

Tous droits réservés

Impressions

d'une

Parisienne

sur la côte du Pacifique

BIBLIOTHÈQUE NATIONALE R.F. IMPRIMÉS

Tous droits de traduction et de reproduction
réservés pour tous pays, y compris la Suède, la Norvège,
le Danemark et la Hollande.

THÉRÈSE

Impressions

D'UNE

Parisienne

sur la côte du Pacifique

> « Le Grand Ouest dont les dimensions
> sans limites déroutent les plans de l'ingé-
> nieur et les calculs du mathématicien. »
> Lord DUFFERIN.

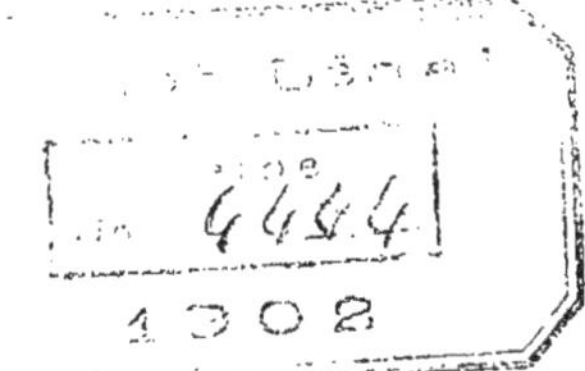

4444
1302

PARIS

FÉLIX JUVEN, ÉDITEUR

122, rue Réaumur, 122

A ROBERT LEBAUDY

dont j'ai ouvert le « French Information Bureau »
à Seattle, en Amérique,

Je dédie ces notes.

THÉRÈSE.

BIBLIOTHÈQUE NATIONALE — R. F. — IMPRIMÉS

Impressions
d'une Parisienne

sur la côte du Pacifique

BIBLIOTHÈQUE NATIONALE R.F. IMPRIMÉS

I

Samedi 14 septembre 1901.
A bord du Saint-Louis. Southampton water.

Un ciel bleu, très haut, très clair, très pur comme on en voit rarement en France et jamais en Angleterre, un vrai ciel d'Amérique. Une mer légèrement soulevée d'ondulations d'un vert de soie pâle.

Quinze cents personnes à bord. Les hommes très beaux, le torse puissant, l'œil énergique; mais manquant peut-être de distinction. Les femmes très jolies, d'une élégance parisienne achevée. Les enfants superbes, des fossettes nacrées, se creusant sous de belles couleurs.

Une fanfare allègre et joyeuse donne le signal du départ. Les amis qu'on laisse sur le quai agitent leurs mouchoirs avec les visages mornes de

1

ceux qui restent et n'ont pas l'excitation du voyage pour chasser la douleur de la séparation.

Ah! que le mot « douleur » sonne mal ici : on dirait une fête à bord d'un grand yacht de plaisance. Chaque couvert autour de la table est fleuri d'une rose; dans le salon d'immenses bouquets, hommages et derniers souvenirs des admirateurs et des amis.

Le stewart, debout devant une table chargée de lettres et de dépêches, distribue ces messages des vœux et des regrets qui accompagnent les voyageurs ; les enveloppes déjà jonchent les épais tapis dans lesquels les pieds enfoncent silencieux.

. . . .

Le *Saint-Louis* mesure cent cinquante-quatre pieds de longueur et soixante-trois de large, il file vingt-deux nœuds. L'ornementation intérieure est riche mais criarde. Ce ne sont que dorures et couleurs éclatantes et cela s'harmonise avec cette gaîté et ce soleil exubérants.

Nous sommes en première classe. Le vaste hall entouré de colonnades énormes couronnées de chapiteaux éclairés de lumière électrique est couvert d'un dôme en verre, trois escaliers bordés de palmiers conduisent à la bibliothèque, à la salle à manger et aux cabines.

Dans la salle à manger, égayée de larges panneaux de glace, éclairée par quatre fenêtres et quatre-vingt-huit lampes électriques se trouvent trois cent quarante-six sièges. A la table principale préside le capitaine, tête d'officier de cavalerie souriante sous la moustache blanche.

Les petites cabines, contenant un divan et une

table de toilette, sont assez confortables pour que l'on puisse s'y tenir sans la moindre gêne, un hublot y permet l'entrée du jour et d'ailleurs la lumière électrique y demeure sans cesse allumée. Les lits superposés sont moelleux; au côté extérieur est accrochée une sorte d'écuelle de fer peint, dont vous devinez le peu poétique usage?

Au « steerage » c'est un empilement de pauvres hères qui dorment pêle-mêle. Surchargés de famille ils ne peuvent vivre en Europe ; ils émigrent en masse guenilleux et sordides; les femmes le châle sur la tête, des mioches dans les bras. Ils ne sont pas malheureux, tant l'espoir anime leurs vaillants cœurs, et ils entonnent des chants du pays sans paraître souffrir de leur misérable installation, préférable encore sans doute à celle qu'ils quittent.

Ma jolie compagne de cabine — une jeune vieille fille « globe-trotter » — dont les dessous de fine dentelle font mon admiration dans notre cabine à l'heure de la toilette — juge la question de l'immigration avec l'ignorance verbeuse d'une vraie femme : « Ils viennent, croyant trouver de l'or, sur les murs; nous n'avons pas besoin d'eux : nous n'avons que trop d'ouvriers sans travail. » Non, mademoiselle, ces gens ne sont pas des fous qui viennent « chercher l'or sur les murs » : ce sont des sages qui débarrassent un pays où le vieux sol infécond leur refuse le nécessaire, et viennent cultiver les milliers de plaines désertes qui ne demandent qu'à se laisser féconder par l'abondante et chaude sueur du laboureur auquel ses entrailles généreuses vont peut-être prodiguer les millions.

Près du port de New-York se trouve un vaste dépôt qui donne abri aux émigrants jusqu'au moment où ils sont expédiés dans les campagnes. Beaucoup d'entre eux ont des engagements préalables chez des parents ou amis qui les ont devancés et les font venir, ayant besoin de bras. Ceux qui ne sauraient pas se débrouiller sont étiquetés comme des colis.

Quel bruit! quel tapage infernal! qui ne cesse ni jour ni nuit et auquel la rapidité de la traversée ne permet pas de s'habituer. Cette rapidité n'empêche pas le temps de paraître bien long!

Les Américains ne lisent pas autant que les Anglais, ce peuple du silence où domine avant tout « l'intellect »; ils aiment à causer, à rêver les yeux rivés sur les vagues palpitantes; ils aiment aussi à marcher, à jouer, et ne prennent un livre que pour tuer quelques minutes, peut-être seulement par contenance. Un volume leur suffit pour toute une traversée. La bibliothèque cependant met à la disposition des passagers les meilleurs auteurs de tous les pays ; en fait d'auteurs français je vois Daudet, Zola, Bourget, Flaubert, etc., etc., toutes nos gloires! Cependant chaque passager s'est assuré de son auteur favori avant de s'embarquer, c'est Hall Caine dont « The Eternal City » est dans nombre de mains; c'est John Straug Winter.

Une lecture trop sérieuse conviendrait mal à une traversée qui devient vite passablement monotone, et l'on s'est muni d'auteurs légers ; toutefois il y a beaucoup d'Alexandre Dumas dont le style simple et vieux jeu est facilement compris des étrangers. « Les Deux Dianes » dominent. L'absence d'auteurs américains est évidente, tant les Américains aiment à apprendre et à « cosmopoliser » leur esprit.

La grande ressource, ce sont les repas.

* *

La quantité de nourriture absorbée dans un seul repas dépasse tout ce que l'imagination la plus pantagruélique peut se figurer ! Voici un menu au hasard :

LUNCHEON

Potage Stamboul
Salmon — Sardines

HOT

Croustades Of Oysters
Chicken and Ham Pie — Roast Mutton, Sobise
Turnips a la Sefton — Sweet Potatoes
Baked and Boiled Potatoes

COLD

Ribs of Beef — Roast Mutton
Pate of Chickens Liver
Corned Beef — Boiled Ham — German Sausage
Pickled Lambs Tongues
Asparagus Mayonnaise
Pickles — Chutney — Sauces
Chocolate Custard — Compote of Plums
Apple Pie — Brown Scones
Cream, American, and Gorgonzola Cheese
Fruit — Coffee

Et n'allez pas croire que c'est là un déjeuner à la carte, ou qu'il plaît aux convives de choisir. La plupart s'ingurgitent le tout et ne s'en portent pas plus mal, tant l'estomac est accoutumé à la quantité dans un pays où l'air chargé d'électricité, la légèreté de l'atmosphère et aussi les exercices physiques donnent un violent appétit. Ce menu se renouvelle trois fois par jour et il y a en plus un bouillon et des biscuits entre le breakfast et le dîner et l'inévitable « five o'clock »; mais ici le citron remplace généralement le lait dans le thé. Entre temps c'est pour les hommes des flots de whisky, de soda, de champagne, de sherry, de cocktail, etc., chers à l'Américain; tandis que pour les femmes ce sont des avalanches de fruits magnifiques, des oranges et des pêches grosses comme la tête d'un nouveau-né. On trouve déjà le gâchis américain, qui s'accentue à mesure que l'on avance vers l'Ouest. Ces fruits roulent sur le pont, les enfants les jettent à la mer intacts ou presque.

. . . .

Le soir, au salon orné de panneaux allégoriques, au plafond constellé d'étoiles électriques, on se réunit en toilettes de soirée; dans un autre salon, tout en damas fraise écrasée, est placé un magnifique piano sur lequel quelques amateurs font une brillante musique.

Flirtation sur toute la ligne.

Aucune femme ne fait la traversée seule (si elle n'a son mari, elle est flanquée d'un cousin ou d'un ami, sans lequel elle ne se met pas en route, car on ne fait pas de connaissance à bord; après une semaine de cohabitation pendant laquelle on s'est rencontré chaque jour un nombre incalculable de fois et dans la plus étroite promiscuité, l'intimité n'a pas fait un pas). Mais flirtation incessante et innocente qui peut se comparer au papillon butinant de fleur en fleur sans en altérer l'immaculée fraîcheur. Sur ce pont de paquebot le goût de l'Américain pour la femme est manifeste ; dans les villes, engrainé dans les rouages multiples des affaires qui sont le fond de sa vie, il n'a pas le temps de satisfaire ce goût; ici il prend sa revanche dans le désœuvrement d'une traversée. Ce n'est qu'au fumoir qu'il se trouve sans femme ; sur le pont et au salon il fait sa cour, et aux jeunes filles aussi bien qu'aux femmes mariées, tant sont pures ses intentions pour sa compagne qu'il prend telle quelle, pour le charme de sa conversation et le brio de son esprit sans chercher plus loin. Ce goût d'ailleurs est réciproque ; on a trop parlé de l'absolue absence de coquetterie de l'Américaine. L'Américaine est coquette, seulement cette coquetterie est jouée de main de maître avec l'aisance et la désinvolture de quiconque est sûre de la victoire. En effet quel homme pourrait résister à tant de beauté, de grâce, d'esprit, d'élégante vigueur due au mélange des races! Aucune femme ne peut être comparée à l'Américaine, aucune autre non plus n'occupe pareille place dans le monde : elle y marche triomphante, traînant après elle l'admiration des hommes et l'envie des femmes.

Un journal américain « Ladies Home Journal » a eu l'idée heureuse de demander à plusieurs éminents écrivains anglais leurs souhaits de nouvel an aux Américaines avec leur opinion sur elles.

M. Froude écrit : « ... Ne les ai-je pas trouvées partout spirituelles, jolies et charmantes? Et que puis-je demander de plus, puisque je n'ai pas à payer leurs notes de couturière? »

M. Edwin Arnold : « ... Que dirai-je des femmes

américaines en tant que classes? C'est une tâche difficile; mais puisqu'il me faut répondre brièvement je le ferai en mots persans, « Afrinie, Allahmake » (Donnez-nous en plus comme elles.) »

M. Thomas Hardy : « Les Américaines semblent avoir plus de conviction dans leurs opinions et de suite dans les idées que les femmes de tout autre pays. On me dit que cette opinion vient de ce que j'aie rencontré seulement celles qui occupent une situation supérieure. Quoi qu'il en soit, je maintiens cette opinion.

Max O' Rell : « Mes vœux les plus ardents aux belles filles de Jonathan, ce que je leur souhaite pour l'année 1892 est inclus dans ma réponse à une jolie Américaine qui s'exclamait un jour en ma présence : « Comme je voudrais être un homme ! » « Madame », répondis-je, « vous êtes bien mieux comme vous êtes! » Restez ce que vous êtes, chères Américaines : vous ne sauriez mieux faire. »

Charles Dickens : « Vœux chaleureux et sincères aux femmes américaines de la part du fils de celui qui bien que mort demeure un ami aimé et chéri dans des milliers de homes américains. Que la bénédiction de Dieu tombe sur les filles et les mères de ce grand peuple qui domine le monde. »

. . . .

A d'autres donc les vulgaires manèges apparents de coquetterie, nécessaires aux créatures laides qui veulent malgré tout s'imposer; l'Américaine porte au contraire le talent de la coquetterie à un tel point que cette coquetterie passe pour la plus candide des simplicités : il n'en est rien. Le défaut de la cuirasse, c'est l'accent nasillard qui fait de la plus harmonieuse de toutes les langues le plus désagréable des bruits : sur ce bateau c'est un « coin coin » à sauver tous les Capitoles du monde ; chez les enfants cela détone comme une fausse note dans un beau morceau, c'est intolérable; on appelle cela le « twang », et je ne sais pas de plus vilain mot, ni qui convienne mieux à cette hideur, quelquefois telle qu'une jolie femme peut en être tout à fait gâtée.

. . . .

17 septembre.

La fièvre américaine se montre à bord aussi bien que tout autre part dans le nouveau monde, — la fièvre de l'en avant « go ahead », un besoin de s'agiter et de courir : les hommes empoignent leurs femmes par le bras quand la mer est trop forte pour permettre à ces dernières de marcher confortablement sur le pont; ils les entraînent, les poussent, vite... vite... à grandes enjambées, violents et implacables tandis que les cheveux épars sous le grand vent maintiennent difficilement le couvre-chef; hors d'haleine, elles se laissent faire, amusées de la course folle. Les jeux vont leur train : le shwaalcufle, sorte de marelle qui, consiste à pousser à l'aide de maillets de larges palets entre des lignes tracées sur le plancher du pont; le ring-toss, espèce de jeu de grâces sans raquette consistant à jeter des anneaux de corde autour d'un pieu.

Les femmes prennent part à ces jeux, s'il pleut, vêtues de longs manteaux, leurs beaux cheveux de teintes multiples s'échappant de la cape ou du béret en longues mèches ruisselantes collant à la joue éclatante de couleur et de santé; cette fois encore ce n'est pas absence de coquetterie, mais la certitude qu'ainsi elles sont encore et toujours jolies. Au fumoir c'est une grande agitation causée par le tirage des numéros d'une poule sur les milles filées dans la journée : il y a un enjeu considérable.

. . . .

Et sur ce bateau qui pourrait être un sujet de tentation avec ses recoins sombres et déserts, j'ai adroitement, traîtreusement cherché les ailes du dieu malin Cupidon ou les abandons d'une flirtation malsaine; en vain, je n'ai pu voir ni une prunelle allumée, ni une main audacieuse, tant est grand, absolu, le respect que l'Américain a pour la femme et celui que celle-ci a pour elle-même; si abject serait considéré celui qui abuserait d'une situation, si complet serait son déshonneur. Dans l'Ouest, le scélérat qui commettrait ce crime courrait le risque d'être lynché, chassé par des chiens comme une bête nuisible et égorgé.

Puis il y a les lois de protection pour la femme qui condamnent le séducteur à épouser ou à payer une amende ruineuse, et il n'est pas besoin d'un enfant pour cela, mais d'une promesse de mariage ou d'un simple « engagement »; la loi considère que la jeune fille qui a donné une partie de sa vie, sans doute la meilleure, à l'attente d'un mariage a droit à une forte indemnité à défaut de mariage. Cette loi est sage; elle met la paysanne sotte et l'enfant ignorante à l'abri des séductions des libertins; mais elle donne lieu à des abus. Comme

« chacune » sait, le « sexe fort » mérite en certaine circonstance le titre de « sexe faible ». Très souvent les manœuvres séductrices ont été commencées par la femme. Or en Amérique comme en Angleterre, l'homme une fois tombé dans le piège n'en peut sortir qu'au prix du déshonneur, de la ruine ou du mariage. Le plus souvent les drôlesses qui les font chanter ne cherchent dans l'aventure que l'argent. J'ai connu un dentiste anglais victime de cet odieux chantage. La fille avait de l'audace. Elle vient le trouver un soir, fort tard dans son cabinet de consultation pour s'y faire plomber une dent. Huit mois après elle revient un gros bébé dans les bras en disant : « Je n'ai pas la prétention de vous faire croire que cet enfant est à vous, mais je vous préviens que si vous ne me donnez pas vingt-cinq livres je vous assigne devant les tribunaux comme étant le père, car je peux prouver que j'étais ici à onze heures du soir, il y a huit mois. »

M. X... eût pu accepter le procès. Dieu merci, on peut recevoir une cliente à onze heures du soir, sans lui faire un enfant, et il eût pu gagner sa cause; mais il eût pu la perdre. C'était un honnête père de famille, occupant une situation éminente dans la petite localité; naturellement il fit ce que tout autre eût fait à sa place : il préféra payer les vingt-cinq livres et ne pas risquer son honneur et son bonheur conjugal.

. . . .

Vendredi 20 septembre.

La gaîté et l'entrain par degré et visiblement disparaissent à mesure que les ravages du mal de

mer et la monotonie d'une existence fermée à
tout courant extérieur augmentent. Après le quatrième jour le pont ressemble à celui d'un vais-
seau-hôpital : les passagers en proie à un écœurement profond restent tout le jour étendus, enveloppés dans des couvertures qui les cachent entièrement dans les fauteuils alignés en trois rangées
d'une extrémité à l'autre du bateau. Plus un mot,
plus un rire, plus même une flirtation, mais un
état comateux général. C'est ainsi qu'on s'imagine
la vie en prison. Les cerveaux s'abêtissent, les
livres tombent sur les genoux immobiles et les
yeux se vident de toute expression. Ce matin un
monsieur tenant dans sa main un jouet, un oiseau
qui, mû par un ressort, battait des ailes, agitait la
tête, et lançait une roucoulade, circulait entre les
rangs des passagers, tendant d'un geste d'auto-
mate le jouet, devant chacun d'eux, sans en obtenir plus qu'un regard vitreux, quelquefois accompagné d'un ricanement creux : on eût dit une
scène chez des idiots prostrés par leur mal.

La vue de cet avachissement m'était odieuse, je
m'en suis isolée et j'ai passé la fin de la semaine
comme dans un rêve, assise à l'arrière les yeux
fixés sur le sillage illuminé, s'étendant jusqu'à
l'horizon dans une clarté d'argent où passent des
oiseaux de mer aux croassements continus.

Indescriptibles heures de paix infinie, avec la
sensation qu'elle ne finira pas, qu'aucune influence extérieure jamais ne pourra en troubler
l'absolue harmonie et que la lutte, l'horrible lutte
avec les êtres et les choses est à jamais terminée.

. . . .

Samedi 21 septembre.

Terre ! terre ! chacun est pris de fièvre, jusqu'aux petits enfants qui trépignent de joie. Les jumelles se braquent comme s'il s'agissait du salut sous une forme tangible.

Le matin le bateau avait repris son air de fête du départ. Les femmes se sont faites très belles, afin de se décarêmer ; tous les enfants ont de grands cols marins tout neufs et les bébés une robe blanche empesée de frais.

De nouveau les fanfares retentissent, de nouveau il y a partout des fleurs. D'où peuvent-elles venir : c'est la baguette des fées.

Nous arrivons en vue de New-York par un soleil incendiant le ciel et la mer. Un incomparable après-midi de printemps.

Le bateau pilote apporte les journaux et le courrier et la fièvre du bord ne connaît plus de bornes. Le stewart du haut du double escalier appelle les noms un à un, et les mains, d'en bas, se tendent par centaine chacune attendant son tour. Une jeune fille qui avait été l'étoile, « la belle » comme ils disent, une brune au teint mat sous le quel courent de chaudes effluves, la respiration haletante, dévore un billet bleu qui vient de lui être passé. Tous les traits de son joli visage d'ordinaire un peu grave sont agités d'un tremblement ; elle ne peut se contenir, la chaudière éclate : « Il est sur le quai à nous attendre ! *How exciting...* (Que c'est excitant...) » Toute vive impression chez l'Américaine se traduit par cet « *exciting* ».

Nous entrons dans la baie d'Hudson parmi un fourmillement de vaisseaux, de voiliers, de bateaux-bacs, de remorqueurs, de barques de toutes sortes qui font vibrer l'air des gémissements lugubres des sirènes et de coups de sifflets aigus. Le décor, quoique beau, m'est un désappointement, sans doute parce qu'on me l'avait trop vanté. L'apparition de la statue de la Liberté éclairant le monde, œuvre de Bartholdi, don de la France aux Etats-Unis, passe presque inaperçue, et jamais on ne pourrait croire que l'intérieur de la tête de cette statue peut contenir quarante personnes. Tout le monument de la base du piédestal jusqu'à l'extrémité du flambeau mesure quatre-vingt-treize mètres. En face ce sont de beaux chalets émergeants de la plus riche verdure ; de tous côtés se dressent de colossaux tuyaux de cheminée dominant des bâtiments de trente étages. Plus de 4,324 steamers jaugeant 6,711 tonnes entrent annuellement dans la rade. Et cette île où se dresse maintenant la cité impériale fut vendue par les Indiens au Westphalien Peter Minuit, il y a environ deux siècles, pour la somme de 60 florins, soit environ 125 francs.

. . . .

La descente sur le quai s'effectue bruyamment, mais avec un ordre parfait grâce à l'organisation que l'Europe ferait bien de copier. Les murs forment de vastes cases marquées de lettres alphabétiques et je comprends pour la première fois ce que signifient les étiquettes portant la première lettre de mon nom que la compagnie me donna à fixer sur mes colis quand je pris mon billet. Tous les colis sont transportés sur le quai et placés dans

la case, correspondante à l'initiale qu'ils portent.
Là ils sont ouverts par les douaniers.

Celui qui m'est préposé me prie avec désinvolture de défaire la corde de ma malle, et devant ma surprise évidente il explique que ce n'est pas son affaire. Le voilà bien le pays de la démocratie où l'on est tous égaux et où il faut savoir se servir soi-même. La visite de mes bagages est promptement faite ; il est facile de voir dès l'ouverture du couvercle qu'ils ne contiennent que des livres et des objets sans valeur, mais s'il s'agit de caisses appartenant aux millionnaires et contenant des merveilles importées de Londres et de Paris, la visite menace de ne pas finir. La jeune fille *how exciting !* est ma voisine de douane et je la plains presque de sa fortune, car le douanier ne laisse pas un écrin ni une pièce de lingerie sans y fourrer le nez ; il est clair que c'est là pour lui un plaisir auquel il se livre avec des gestes de volupté qui est pour lui une initiation à laquelle il se complaît, tandis que, sans impatience aucune, elle lui parle en souriant comme elle le ferait à son frère ou à quelque « flirt ». Un voyageur qui, comme moi, contemplait cette petite scène bizarre et choquante eut cette exclamation accompagnée d'une grimace d'écœurement éloquente : « Cet employé, quelle brute. » Cette visite de la douane est interminable. On ne peut s'imaginer la quantité de bagages que transportent les Américains.

J'ai vu une dame venir d'Egypte escortée de six enfants et d'un perroquet. Comme je lui demandai :

— Ne trouvez-vous pas cet animal bien gênant?

Elle me répondit me toisant d'un regard qui signifiait clairement : « fichue bête ».

— Gênant ? Comment serait-il gênant, puisqu'il est dans une cage ?...

II

New York, 24 septembre.

C'est le lendemain de l'enterrement du président Mac Kinley, et toutes les maisons sont tendues de draperies noires et pavoisées de drapeaux écussonnés ; il n'y a pas une fenêtre qui ne soit ornée du portrait du président avec un texte quelconque : « A notre cher et regretté Président. » « Il était toute bonté et justice. » « La nation entière le pleure », etc., etc.

Et tout ce deuil peut-être a nui à mes impressions sur New-York : elles sont détestables.

. . . .

Une cacophonie infernale à bouleverser les cerveaux les plus solides sort des travaux du chemin de fer souterrain, des rails, des tramways électriques, des fils télégraphiques, des tunnels, de la voie d'un chemin de fer aérien, car on n'a même pas respecté le ciel pour y reposer les yeux : la terre ne suffit pas à ce peuple en délire, il lui faut les airs et il a construit l' « *elevated* » dont les stations se trouvent environ toutes les dix rues. Cette formidable armature vous tombe sur la tête achevant de rendre le choc plus violent. Du moins ce vacarme a son utilité pratique ; mais à quoi bon ces innombrables clochettes suspendues aux camelots, aux colliers des chevaux et carillonnant pêle-mêle, se heurtant dans des sons de vieille quincaillerie ; et jusqu'aux conducteurs des tramways qui font retentir un timbre à chaque ticket qu'ils marquent : la folie du bruit !

Les « cables cars » sont assaillis par des hordes de voyageurs qui les saisissent au passage comme s'il s'agissait de les attaquer, s'y accrochent debout sur le marchepied, où circule le conducteur sans jamais s'arrêter, dans un mouvement continu de bête en cage. Entre les jambes grouillent sur des patins à roulettes des gamins de cinq à dix ans hurlant, beuglant quelque chose d'indéfinissable qui est le nom d'un journal.

Ces cars se suivent de si près qu'ils forment une queue ininterrompue, gigantesque serpent jaune qui est le déshonneur des quartiers où il se déroule.

Dans quel état peuvent être les nerfs de ces gens : ceux des femmes surtout, car les hommes semblent mieux résister à une existence pour laquelle aucun être humain n'a été créé. Quelques-unes attirent mon attention : elles ont autour des yeux qui s'enfoncent sombres et hagards dans la cavité de l'orbite, d'immenses cercles d'un noir de jais ; les traits défaits semblent être tirés par quelque poulie intérieure, tandis que les mains semblent de grosses araignées comme il y en a sous les tropiques.

. . . .

Le *elevated* est en communication directe avec le fameux Brooklyn bridge, qui à l'est de New-

York relie la cité à celle de Brooklyn. La colossale armature de fer et d'acier d'une longueur de dix-huit cent vingt mètres s'élance de Park-Row, bondit au-dessus d'East River pour retomber à Sands Street, Brooklyn. Le pont est large de vingt-six mètres et s'élève à quarante et un mètres au-dessus de la rivière. Cette construction fantastique n'a d'égale dans le monde que London bridge ; et comme si ce merveilleux travail ne l'était pas encore assez, au-dessus s'élève un viaduc où court le funiculaire sur deux voies.

Il semble que ce peuple hardi veuille se faire pardonner sa jeunesse par des conceptions dont l'audace confond le vieux monde.

La première pierre de Brooklyn bridge fut posée le 2 janvier 1870 et l'accès en était ouvert au public le 24 mai 1883. Il a coûté quinze millions de dollars (77,250,000 frs).

Il est dû à l'ingénieur John Roebling.

La moyenne des piétons qui passent sur le pont est de 100,000 par jour. On peut juger par ce chiffre des services que Brooklyn bridge rend aux deux cités qu'il rattache. Du milieu on a une vue magnifique des deux villes et du port, Governor's Island Bedloe's Island ; au sud Brooklyn, à elle seule une grande ville de 1,166,582 âmes ; à l'ouest New-York avec ses gigantesques bâtisses, ses dômes d'or et de pierre, ses monuments colossaux d'où jaillissent d'innombrables tuyaux de cheminées, montant dans un ciel très haut.

. . . .

Les maisons en pierre brune sont immensément hautes, la nuit piquées de points lumineux ; elles s'allongent dans une monotonie que ne rompent pas même les luxueux hôtels de la cinquième avenue où sont situés ceux de tous les milliardaires. Ils sont atroces, de lourdes casernes dénuées de tout art et de toute élégance architecturale à commencer par celui où le vieux passeur de bac William Vanderbilt mourut ayant « fait » six cent vingt-cinq millions de dollars (un billion 500,000 fr.), et disant à ses enfants et petits-enfants que la fortune ne fait pas le bonheur. Sa fille et sa petite-fille n'ont-elles pas en effet traversé des orages domestiques effroyables?

Le simple qu'était Alphonse Daudet passant devant de telles demeures avait coutume de se demander quelles douleurs elles abritaient? Ainsi que le vieux billiardaire il avait raison, et c'est lorsque l'on vit dans l'intimité de ces trop riches que l'on comprend qu'ils sont plus à plaindre qu'à envier.

. . . .

Quelles industries n'y a-t-il pas dans cette ville! et toutes plus excentriques les unes que les autres. Le « hat cleaner » : un petit établi sur lequel est posé un moule en fer en forme de tête.

Le passant y dépose son chapeau crasseux de fumée et de poussière et après quatre minutes on le lui rend repassé, remis à neuf. Cela a coûté « a nickel » pièce en nickel de la valeur de cinq cents.

Puis ce sont les décrotteurs que l'on trouve tous les cent mètres, aussi fréquents et nécessaires que le barbier, New-York ne fournissant pas à la maison le confort du concierge de Paris ou de la land-lady de Londres, mais seulement le lit, le gaz

et le nettoyage de la chambre. Ils sont généralement placés en rangs d'alouettes à la porte des
bars ; le fauteuil de dimensions prodigieuses est
juché sur une estrade abritée le plus souvent d'un
parapluie. Le client s'y asseoit lisant les journaux du jour car l'opération, faite artistiquement,
demande dix bonnes minutes. Il pose les pieds
sur de petits supports représentant des animaux
quelconques; ces installations sont des plus com-
pliquées et couvertes d'ornements de cuivre et de
sculptures en bois doré. Très confortables pour le
décrotteur qui n'a pas à se baisser, mais à s'in-
cliner seulement dans une posture toute naturelle.
L'employé n'est jamais oublié dans les mesures
de confort en Amérique et si vous voulez, pour
éviter de grimper à ce siège curule, poser le pied
sur le piédestal le décrotteur refuse de s'exé-
cuter. Allez ailleurs !...

Il y a aussi pour les bourses modestes le gamin
qui court dans la foule portant sous le bras une
boîte contenant brosses et « polish » et qui, à
un signe, accourt, pose son bataclan à terre,
n'importe où et fonctionne rapidement.

Le commerce ambulant ne chôme pas. Celui
qui m'a le plus frappé est un fourneau à gaz dans
une vitrine en forme de reliquaire où grillent des
graines de maïs saupoudrées de sucre ou de ces
excellents « peenuts », petites racines califor-
niennes au goût de noisette.

. . . .

Et c'est partout et toujours l' « en avant », la
concurrence enfiévrante; les magasins ont des
devantures semblables à de grandes volières, jusque sur le bord du trottoir.

Ce qui ajoute beaucoup à la laideur des rues, ce sont les enseignes des bureaux de tabac, statues en bois peint, grossièrement moulées, représentant grandeur naturelle (et au de là) des Peaux-Rouges, hommes ou femmes, celles-ci exhibant des piliers multicolores en guise de mollets et semblant courir au-devant des passants, les provoquant, la marchandise au bout d'un bras qui barre le passage.

.   .   .   .

Le central Park ainsi nommé parce qu'il occupe le centre de l'île est aussi une désillusion, avec ses allées d'asphalte et ses vilains petits bouquets d'arbres ombrageant imparfaitement des clairières artificielles. Sa superficie est de trois cent trente-cinq hectares que l'on visite confortablement et à bon marché dans une tapissière que l'on peut quitter pour en prendre une autre dans une direction différente sans extra frais.

Le Mall est l'allée des Acacias du Park. On y voit une profusion de statues : Shakespeare, Scott, Mazzini, Daniel Westber, Thornwalsden, le Commerce, etc. ? La foule des cavaliers et promeneurs qui s'y presse n'approche pas comme élégance et beauté de celle de Hyde park, tout en étant infiniment supérieure à celle du Bois.

A l'ouest on arrive au Metropolitan Museum of Art, bâtiment en brique à l'aspect insignifiant de caserne.

Les frais en sont couverts par la ville et les donations privées; il en est ainsi de presque toutes les institutions, bibliothèques, écoles, en Amérique. L'Etat se contente de donner son consentement, et la bourse du particulier toujours pleine et ouverte quand il s'agit de l'accroissement de la cité pourvoie au reste.

Ce musée contient de très belles choses et en très grand nombre, entre autres une collection d'antiquités de la Phénicie et de la Grèce ancienne récoltée par le général Cesnola, consul des Etats-Unis à Chypre en 1865; et aussi une collection de verreries, la plus complète qui soit, et des cylindres assyriens. Beaucoup de tableaux des grands maîtres de toutes les écoles.

De Rembrandt, « l'Adoration des Mages, « les Moulins », etc; de Velasquez, les portraits du duc Olivarez, d'Anne d'Autriche et de lui-même, etc. ; de Léonard de Vinci, « les Jeunes Filles aux Cerises »; de Ruisdael, plusieurs beaux paysages; de Rubens « Pyrame et Thisbé », portrait de lui-même, etc.

L'école anglaise est heureusement représentée par la « Girl with a cat » de Gainsborough; « Saltash » de Turner; le portrait de lady Carew et celui du « Duke of Cumberland », par sir Joshva Reynold, etc., etc.

Les peintures modernes sont aussi en nombre et très bien choisies :

« Le Pardon » (Kergoat près de Quimper) de J. Breton (1859). « Le Marché aux chevaux » qui illustra Rosa Bonheur alors âgée de trente ans l'an 1853, année qu'il fut exposé au Salon. Ce chef-d'œuvre fut acheté par un Anglais, M. Gambart, pour la somme de quarante mille francs. M. Gambart le vendit à M. Stuart dont il orna la galerie jusqu'en 1877 lors de sa liquidation. « Le

Marché aux chevaux » fut alors acquis par Cornelius Vanderbilt pour cinquante-trois mille dollars (265,000 francs). M. Vanderbilt en fit présent au *Métropolitan Museum of Art*.

Un autre de nos chefs-d'œuvre est « La défense de Champigny », scène dont l'artiste fut témoin. Le tableau a été acheté par M. Henry Hilton qui en a fait don au Museum.

M. Hilton favorise les arts. Il a fait également présent au Museum du fameux Meissonier « Friedland 1807 ». Cette toile était l'œuvre favorite du peintre qui eut quelque peine à s'en séparer. Il écrivit alors à l'acheteur que son idée n'avait pas été de représenter une bataille, mais Napoléon à l'apogée de sa gloire et l'amour et l'admiration des soldats pour leur capitaine.

En effet ces sentiments sont peints sur la face des hommes, tandis qu'ils crient à leur chef qu'ils sont prêts à mourir avec lui.

En face se trouve la colossale toile de Vaeslav von Brozic, élève de Munkacsy, « Christophe Colomb à la cour de Ferdinand et d'Isabelle ». L'explorateur a enfin conquis la confiance du monarque auquel il a exposé ses plans relatifs à la découverte des Indes. Cependant le trésor royal, qui a voué un culte religieux et exalté à Colomb, offre ses diamants et ses bijoux en garantie de la somme nécessaire à l'entreprise.

L'école américaine est faible. Toutefois elle présente un Sargent qui, au contraire des autres toiles de cet artiste, n'est pas trop désagréable à regarder.

Il y a aussi des Munkacsy, des Kaulbachs, des

Boldinis, et centaines d'autres dont je ne puis entreprendre ici l'énumération.

. . . .

Du Bayard square au Chatham square s'étend la China Town. Sept mille squelettes jaunes grouillent dans les rues, les magasins, les théâtres. Au restaurant on me sert un immense bol de riz, sec comme une corde de pendu, et où tiennent piqués de longs bâtonnets, arrosé d'un inbuvable thé dans une tasse de poupée. Le tout me reste au gosier, car c'est là le plus atroce bouge où je me sois jamais trouvée. Quelques Chinois, ressemblant à de gros vers qui auraient des pattes d'araignées, errent autour de moi avec une démarche rampante et sinistre qui donne la chair de poule.

Au théâtre, doyer street, ce n'est pas beaucoup plus rassurant. Une salle en sous-sol presque obscure. Et pourtant à la porte cette affiche ambitieuse : « Cette semaine siège pour les Américains ». Ce soir, « les Américains » c'est moi. Sur des bancs de bois sont assis dans une immobilité de statue dix spectateurs sans âge ni sexe, sous la jaquette vague, et l'atroce chapeau crasseux qui ressemble à une terrine sale.

Au fond aux flancs de la scène est une petite estrade fermée, sorte de grande boîte qui représente « les places pour les Américains »; on m'y fait entrer. J'ai eu la néfaste idée de m'habiller tout de blanc ne sachant trop où j'allais, pensant trouver là la toilette obligatoire dans tous les endroits publics, le soir à New-York. Tout le monde me regarde. Les acteurs se taisent et les spectateurs tournent vers moi leurs têtes plates et ridées de vieux serpents.

Enfin me voilà assise, et la représentation reprend.

Comme décor un plumeau et des chromos sales pendus à des murs de carton badigeonnés de couleurs criardes. Sur la scène quinze pygmées attifées de draperies pendantes et sans forme ; elles se meuvent automatiquement en mesure avec un instrument qui miaule aigrement et furieusement tour à tour.

Cela dure deux heures sans variante aucune. Personne n'a ri, pleuré ou applaudi, ou même bougé.

Le lendemain quand je fais part de ma soirée à des amis, ils me disent que sans m'en douter je suis allée dans des endroits où des hommes ne s'aventureraient pas sans un détective et un revolver.

C'est la foi qui sauve.

. . . . -

Le Bowery est l'antithèse de Broadway, dont je ne dirai rien, les snobs étant tous les mêmes, à Broadway comme à Piccadilly, et à Piccadilly comme à l'avenue du bois de Boulogne : ils ne valent pas un trait de plume.

Il y a quelques années la Bowery était le repaire de toute la racaille de New-York. L'émigration a balayé cela, s'y implantant sous toutes les formes de nationalité, les juifs dominant.

Toutes les affiches sont en hébreu et en italien et des camelots promènent des journaux russes. C'est un hideux entassement de gens et de choses repoussantes. Les enfants pullulent couverts de sordides haillons, quelques-uns d'une rare beauté pendus au cou de belles jeunes femmes dont l'éclat a survécu à la misère.

Là, toutes sortes d'industries louches — la traite des blanches; — des boutiques où s'amoncellent tout le hideux rebut de la grande cité; colossal et écœurant bric-à-brac hétérogène, d'où s'échappe une âcre odeur de pourriture.

Ah, les pauvres! qui ont quitté les verdures ensoleillées de leur pays, à la recherche de la fortune, voilà ce qu'ils ont trouvé. Et tandis qu'ils croupissent dans les faubourgs dans la plus dégradante misère, là-bas dans les états du Nord-Ouest des Etats-Unis, il y a place pour trois cent mille âmes, et au Canada pour cinquante millions...

III

Philadelphie, 27 septembre.

Le calme de Philadelphie après la tuerie de New-York c'est le baume sur la plaie.

Philadelphie autrefois la capitale des Etats-Unis en est aujourd'hui la troisième ville par sa population de 1,293,697 habitants. Aucune ville d'Amérique ne contient autant d'hôtels privés ; elle est pour cela appelée *City of Homes*. Et c'est bien là le nom qui lui convient. Ses charmantes maisons de briques rouges avec leurs perrons de marbre et leurs gais volets ont un air de home délicieux.

et jusqu'à ses parcs superbes en tête desquels il faut placer le Fairmount Park, le plus grand du monde, situé entre les deux rives du Schuykill.

La Broad Street Station est tout en marbre. Avec ses bars magnifiques, ses cabinets de toilette luxueux, ses fontaines et surtout sa salle d'attente ornée de reliefs allégoriques et dont tout un mur est couvert d'une immense carte des Etats-Unis, elle vaut une visite spéciale.

Arrivée le soir je remarque que tous les monuments sont décorés d'illuminations électriques comme si c'était jour de fête, ce qui n'est pas le cas. On me dit que c'est ainsi partout dans ce pays.

Ici ce ne sont plus les immenses hôtels de la capitale dans lesquels on se perd et on ne rencontre que des nègres et des Chinois, mais de coquets petits hôtels de famille dont le propriétaire vous offre de vous faire visiter la ville. Enfin au dedans comme au dehors on se sent « at home ».

Philadelphie est plein de souvenirs historiques.

La ville fut fondée en 1644, par une colonie de quakers dont William Pen était le chef. On ne peut séparer ce nom de celui de Benjamin Franklin, ce fils d'un pauvre marchand de savon qui arriva à Philadelphie en 1706 comme ouvrier imprimeur, et devait mourir à 84 ans jetant l'Union dans un deuil général.

La visite de l'Indépendance Hall où se rassembla le Congrès pendant la Révolution américaine le 4 juillet 1776, pour adopter la déclaration de l'indépendance, est un pèlerinage historique.

Ce jour-là quand le projet d'adopter la déclaration passa à la majorité de l'Assemblée, avant qu'elle fût signée par les délégués, un vieux sonneur attendait anxieusement tenant dans ses mains tremblantes la corde de la cloche qui devait proclamer l'Indépendance. Il murmurait : « Ils ne signeront pas... Ils ne signeront jamais... » Mais la voix d'un adolescent aux yeux bleus retentit triomphalement à ses oreilles : « Sonnez, sonnez vite, grand-père; ils ont signé... »

Cette même cloche, qui fut envoyée à Chicago lors de la grande exposition où elle fut l'objet d'une constante manifestation, est pendue par une chaîne de treize anneaux, symbole des treize Etats primitifs de l'Union au haut de l'escalier de l'Indépendance Hall.

Entre autres intéressants souvenirs on voit la table sur laquelle fut signée la déclaration, l'encrier d'argent dont les signataires se servirent, le fauteuil du président John Hancock sur le dos duquel est l'emblème dont Franklin avait coutume de dire, avant que l'Indépendance fût assurée, qu'on ne savait s'il symbolisait le soleil à son lever ou à son déclin. Aux murs de cette salle sont les portraits des signataires, avec le premier drapeau de l'Union portant cette devise : *Don't tread on me* (Ne me foule pas aux pieds).

Tous ces souvenirs sont chers aux Américains par lesquels ils sont vénérés avec une reconnaissance qui passe de génération en génération, sans que le temps en amoindrisse la profondeur.

. . . .

Washington 29 septembre.

Ce Washington avec ses avenues asphaltées, ses squares remplis de statues, ses bâtiments d'une blancheur éclatante, ses élégants hôtels, est une merveille, une merveille d'un bout à l'autre.

Chose étrange, parmi ce luxe d'architecture, une construction simple, la White House (maison blanche) d'une blancheur rayonnante. L'accès en est ouvert à tous : deux jours par semaine, le président reçoit la main tendue tous ceux qui se présentent sans distinction aucune. Aujourd'hui les portes sont closes. La White House est vide.

Plus d'activité qu'à Philadelphie, mais beaucoup de loisir encore ; les conducteurs des cars, les mains dans les poches, appuyés dans le fond du véhicule semblent jouir de l'admirable coup d'œil de ces immenses avenues soignées, ornées d'arbres d'un vert exceptionnellement cru avec lequel peut rivaliser le bleu positivement éblouissant d'un ciel très pur.

C'est d'abord le Capitole, brûlé par les Anglais en 1814 en même temps que la White House, et reconstruit l'année suivante. Cet édifice est situé au centre de la ville, à trente mètres au-dessus de la rivière du Potomac. Il est en marbre blanc et flanqué de deux ailes, orné de perrons, mélangé de styles grecs divers. Malheureusement l'entrée et la façade principale tournent le dos à la ville qui a eu la contrariante idée de s'étendre à l'ouest, de l'autre côté ; à l'entrée se trouvent des groupes, en marbre également, représentant des scènes de colonisation où figurent un peu trop de luttes entre colons et sauvages, fusil et hache en main.

La façade ouest tout en étant inférieure est encore bien belle avec sa magnifique terrasse d'une longueur de deux cent soixante-neuf mètres, dominant deux vastes escaliers, le tout toujours en marbre.

Tout de suite en entrant il faut admirer des portes de bronze dont les bas-reliefs, œuvre de Randolph Rogers, représentent Colomb dans les différentes phases de sa vie. Les deux ailes contiennent la Chambre des représentants et celle du Sénat. Et dans toutes les salles, de dimensions énormes, décorées avec autant de goût que de luxe, sont entassées des richesses de peinture et de sculpture (je n'ai pas vu les dernières qui étaient emmaillotées, pour cause de nettoyage de la salle, dans d'élégantes gaines de cuir fermées de clous d'or), des Ary Sheffers, des Vanderlyns, des Carpenters, etc. Le plafond de la rotonde représente l'apothéose de Washington entouré de figures allégoriques, œuvre de Brumidi auquel le Capitole doit nombre de fresques et de bas-reliefs représentant pour la plupart des scènes de l'histoire de l'Amérique.

L'art ne fait pas perdre ses droits à l'esprit pratique ; au sous-sol se trouvent des restaurants, des magasins, et des barbiers à n'en plus finir.

Mais la merveille des merveilles, c'est la New Congressional Library, imposant monument style Renaissance italienne, où se trouvent trois reading Rooms rejointes au Capitol par un tunnel long d'un quart de mille.

Venant du dehors où cependant le soleil étincelle, c'est en entrant un éblouissement de lumière, d'or, de marbre et de blancheur.

Peintures et sculptures représentant quarante artistes américains, seize statues de bronze représentant des célébrités anciennes et modernes depuis Homère jusqu'à Ellen Terry. Bustes de Démosthène, Emerson, Irving, Goethe, Franklin, Macaulay, Hawthorne, Scott et Dante. Groupes représentant la littérature, l'art et la science. Portes de bronze, portiques, escaliers de marbre italien ; arcades de marbre ornées de fresques symboliques, aux couleurs éclatantes ou pâles, soutenant des plafonds couverts de belles peintures. Du marbre partout : marbre noir du Tennesse, marbre rouge de Numidie, marbre jaune de Sienne.

Cette « Library » qui est la plus importante du pays contient un million de volumes (il y a place pour cinq millions), trente-six mille manuscrits, soixante mille cartes, trois cent onze mille morceaux de musique, et cent six mille trois cents photographies. Elle a coûté six millions trois cent quarante-sept mille dollars (31,735,000 frs). Les Etats-Unis ne possèdent rien de plus beau.

. . . .

Il convient que le plus haut monument du nouveau monde soit élevé à son libérateur. L'obélisque de Washington se dresse à une hauteur de cent soixante-neuf mètres, ce qui revient à dire qu'il est le plus haut monument de pierre existant. On en atteint le sommet par un ascenseur ou par un escalier, mais l'ascension faite par le dernier procédé est fatigante. La vue magnifique s'étend jusqu'au Blue Ridges, montagnes gracieuses sous un ciel d'un rayonnement adorable.

. . . .

Le Army Medical Museum est la plus osée des exhibitions pathologiques qui fût jamais offerte au public sans distinction d'âge ni de sexe : les

portes en sont ouvertes toutes grandes, et il n'y a
pas un gardien ni un policeman. C'est le système
d'éducation américaine de mettre les jeunes en
présence du *fact*. On y monte par un escalier recouvert de gutta-percha et on se trouve brusquement en présence d'une collection pathologique
très curieuse (1). Des ventres de femmes béants
laissent voir l'embryon dans toutes ses phases
d'évolution, depuis les premières semaines de la
conception jusqu'aux neuf mois où nous est présenté un gros bébé joufflu tout prêt à faire son entrée dans le monde : on croit déjà l'entendre brail-
ler.

Les mystères de la création sont ainsi révélés
scus une forme tangible qui n'a rien d'effrayant.
La jeune fille qui aura visité ce musée connaît exactement ce à quoi elle s'engage si elle se marie, et
cette connaissance évitera sans doute nombre d'accidents dus à l'imprudence. La leçon en est aussi
une de morale et d'humanité. Car si la mère assassin au lieu de travailler dans les ténèbres sans savoir au juste ce qu'elle frappe comprenait toute
l'importance de son crime, peut-être y regarde-
rait-elle à deux fois. En effet combien de femmes
qui consentent aux manœuvres abortives ne tou-
cheraient pas un enfant né depuis seulement quelques heures. Il n'est pas mauvais qu'on sache que
le pauvre innocent existe bien avant de naître.

Il y a aussi des jumeaux et cela est très gentil de
les voir blottis l'un contre l'autre comme des oiselets dans un nid (2).

(1) Tout est réel, conservé dans des bocaux.
(2) Que le lecteur me pardonne les fautes de technique que
j'ai sans doute commises, le sujet n'est pas de ma compétence.

Moins jolis mais intéressants, toutes sortes de squelettes de nains, d'Indiens et de nègres, des cervelles grosses comme trois poings, des membres gelés pendant la recherche de l'or dans les solitudes glaciales de l'Alaska, et toutes sortes de cas pathologiques que je serais bien embarrassée de décrire. Si votre bonne fortune vous amène à Washington ne manquez pas d'aller visiter ce musée.

. . . .

De Washington un petit vapeur file sur les eaux du Potomac entre les rives bordées de collines basses serpentant onduleuses dans des reflets d'émeraude ; il vous amène en une heure à Mount Vernon maison de Washington, nommée autrefois Hunting Creek, et qui fut débaptisée par le frère du général lequel la renomma du nom de l'amiral Vernon.

En route on rencontre le tombeau du grand guerrier pacificateur, si je puis me permettre ce paradoxe, humble chapelle de briques fermée de grilles de fer à travers lesquelles on aperçoit les sarcophages du général et de sa femme. Avant la construction de cette chapelle, ils furent enlevés par un jardinier hollandais qui voulait les exposer à l'étranger. Il aurait certainement fait fortune. N'est-ce pas en exposant la soi-disant nourrice de Washington que Barnum a commencé la sienne !

Rien n'est changé à l'intérieur de la maison. Dans le salon un cahier de musique est posé ouvert à côté d'une flûte dont le général aimait à jouer. Une autre pièce a été organisée en un musée qui contient entre autres reliques les lettres de

Washington à sa femme Marthe, pendant la guerre.

La cité rejoint l'ancienne ville de Georgetown ou West Washington au nord-ouest, au pied du Potomac.

C'est là qu'est le national Cemetery où reposent plus de seize mille officiers et soldats.

Le sol aride est piqué de mille petites pierres tombales de quelques centimètres ; on dirait un gigantesque échiquier. Elles recouvrent les restes inconnus de soldats victimes de la dernière guerre. Un groupe de trois pierres un peu plus grandes abrite trois « nurses » ambulancières.

Au centre de ce parc cimetière se dresse l'ancienne habitation du petit-fils de Washington et du général Lee, commandant en chef des fédérés qui épousa la fille du premier.

De vastes pleines désertes d'une farouche désolation dont pas un arbre, pas un oiseau, pas une âme ne vient rompre l'affreuse monotonie, longent le cimetière. Mais voilà que brusquement apparaît un troupeau de chevaux que rassemble à grand peine un cowboy dont les cheveux longs sont couverts d'un chapeau à larges bords et les jambes de guêtres montant jusqu'aux cuisses. Les crinières des bêtes lancées à toute vitesse jettent dans l'air des flammes dansant dans le gris du crépuscule qui tombe d'un ciel rayé des bandes rougeâtres du soleil couchant. Et c'est le premier spectacle vraiment pittoresque avant-coureur du Far-West qui s'offre à mes yeux avides de sauvagerie encore à venir, depuis que je me suis mise en route.

IV

30 septembre,

Buffalo (Michigan).

C'est moins coquet ici, mais original. Les maisons de bois peintes en couleur foncée ont un air de tranquille confort.

On y arrive par des trottoirs gazonnés conduisant aux terrasses où les dames, la tête négligemment couverte d'une mantille, se balançant paresseusement sur le rocking-chair dont l'Américain ne peut se passer y ayant été accoutumé depuis sa naissance, et même avant...

Le city Hall où fut exposé l'infortuné président Mac Kinley est voisin de la prison où fut incarcéré l'assassin. C'est de là que le premier envoya au dernier son pardon tandis que celui-ci, les yeux vides fixés au plafond, la face pâle et inerte, obstiné dans sa haine fanatique exprimait en retour ses regrets pour la présidente seulement. C'est vers elle surtout que tous les cœurs, même celui-là, ont bondi, connaissant sa profonde tendresse pour un mari qu'elle ne pouvait pas quitter.

Il y a un rassemblement devant la maison de M. Melburne où expira la victime. Un policeman me propose de me faire voir la chambre, mais... Et il fait d'un geste signe qu'il me faudra y aller de mon pourboire. Cela me paraît peu digne.

Toutefois je m'exécute, et suis punie de cette

« corruption »; en effet c'est une fraude et c'est seulement la fenêtre de la chambre qu'il me montre de l'extérieur...

.   .   .   .

La pluie n'a pas cessé depuis hier, c'est le premier échantillon de pluie américaine; elle a la violence du reste des choses en ce pays : c'est un déluge qui menace de tout engloutir.

A l'Exposition on marche dans des flaques d'eau d'une profondeur de plusieurs centimètres, ce qui n'est pas fait pour exciter les facultés admiratives. Les miennes ne le furent point.

On pénètre dans l'Exposition par des propylées et on se trouve sous des arcades supportées par des colonnes de pierre blanche au centre desquelles se dresse une belle statue représentant la déesse Athénée, tenant la lance à pointe d'or qui servait de phare aux marins grecs; cette statue est entourée des héros de l'Olympe.

Les propylées conduisent au Stadium où se tient une exposition de tous les sports du dix-neuvième siècle ; ce nom évoque un amphithéâtre semblable à celui construit à Olympie six cents ans avant Jésus-Christ, quand les Spartiates, les Athéniens, les Crétois, se rassemblaient non seulement pour se livrer à l'exercice des sports, mais pour entendre Hérodote et Thucydide narrer les exploits de héros, et les poètes chanter les récits de guerre et d'amour.

Dans un des coins un groupe « Agriculture » , belle œuvre de A. P. Proctor, représente deux laboureurs poussant une charrue attelée de deux chevaux de labour.

La plus belle œuvre d'art de l'Exposition est un

groupe d'Ernest Biondi « The Saturnalia »; ce bronze qui se compose de dix personnages grandeur naturelle évoque la Rome décadente avec un réalisme outré.

A quelques pas la Cour des Fontaines, jaillissement de colonnes diaphanes dans une mystérieuse irridescence, nuages aux festonnements teintés de toutes les nuances du spectre solaire, se reflétant en des eaux irrisées.

Les effets merveilleux de l'électricité sont largement exploités. Un des plus curieux est un orage artificiel grondant parmi les lueurs embrasées d'éclairs aveuglants : l'illusion est complète.

Le Temple de la musique est clos. On se souvient que c'est là — ironie du sort — que le président fut assassiné. Et c'est un regret pour les amateurs de musique qui y trouvaient tous les après-midi des concerts donnés par les meilleurs organistes et des chœurs remarquables dont le brusque silence, et surtout ce qui en fut la cause douloureuse, est universellement maudit et jette une note de deuil sur cette fête.

L'exposition de l'Education, qu'on a pu voir à Paris, est installée dans le Liberal Art Building; on y a joint l'exposition de « Social Hygienic Economy », maisons de charité et de correction, associations çoopératives, unions commerciales; enfants apprentis, demeures d'ouvrières, etc.

Le progrès fait dans toutes ces branches depuis dix ans est saisissant, ainsi indiqué dans toutes ses phases.

Le centre de l'Exposition est occupé par quantités de villages comme il y en a dans toutes les

expositions et qui sont toujours une éducation,
pour quiconque n'a pas d'autre moyen pour développer ses connaissances du monde.

L'Exposition de Buffalo a reçu à juste titre le
nom de « City of Living light » (Cité de lumière
vivante). Les larges avenues, l'esplanade, la
plaza, les jets d'eau, les lacs, les canaux, les
monuments avec leurs colonnes, leurs corniches,
leurs dômes, leurs tourelles, rutilent et éblouis-
sent en des reflets multicolores, et de la Electric
Tower s'élance une gerbe de feu d'un effet d'incendie très remarquable.

A la base bouillonne une cataracte phosphores-
cente qui se jette dans les eaux vertes d'un lac
miniature.

Les monuments principaux sont, ainsi qu'à
l'Exposition de Paris, construits dans un espace
trop étroit, ce qui nuit au coup d'œil.

L'harmonie, cependant, en est absolu et charmante.

« The triumphal Bridge » est parmi les constructions les plus réussies. Les quatre grands piliers avec leurs sculptures illustrant la gloire
nationale, accueillant le monde accourant à l'Exposition sont d'un ensemble plein de grandeur et
de dignité.

Le long de la « Court of Lilies » et de la « Court
of Cyprès » (1) sont de petits retiros frais et embaumés ornés de statues à demi cachées sous le
feuillage d'un effet très séduisant.

Au point de vue financier la Pan-American
Exhibition est un fiasco.

_____

(1) Cour des Lys et Cour des Cyprès.

La tragédie dont elle fut le théâtre arrêta les visiteurs qui s'abstinrent presque complètement pendant plusieurs semaines après le crime. . .

Pour être rentrée dans ses frais, elle eût dû recevoir quinze cent mille visiteurs; or elle en a, jusqu'à présent à la veille de sa clôture, compté moins de la moitié. Le déficit est de quatre millions de dollars.

. . . .

Il y a au Forest Lawn Cimetery un monument que je vous recommande quand vous visiterez Buffalo. C'est celui élevé à la mémoire d'un *railway agent* et qui représente la chambre mortuaire.

Le mort, un beau jeune homme élégamment vêtu, est étendu sur un lit autour duquel se tiennent le père et la mère en proie à la plus grande douleur. Le tout est de grandeur naturelle, et il paraît d'une ressemblance frappante.

C'est très amusant si je puis m'exprimer ainsi devant un monument funéraire. Mais tout est amusant chez ces diables de Yankees et il faut rire de quoi que ce soit et où que ce soit. On se demande la sensation éprouvée par ce père et cette mère longtemps après que l'état aigu de la douleur des premiers moments fût passé, à se voir ainsi en larmes dans le Forest Lawn Cimetery?

Cette exhibition de sentiments intimes est très caractéristique d'un peuple qui ignore la « concentration », rit et pleure avec ostentation, et ne recule devant aucun réalisme. Au point de vue artistique ces statues n'existent pas : elles se contentent d'être humaines. Un « natif », derrière moi, fait tout haut cette réflexion : « Nous autres ça va pour les machines, mais s'il s'agit d'art il faut l'autre Monde. »

A quelques pas se trouve le Crematorium. Celui-là même où l'on a refusé d'incinérer l'assassin du président.

C'est ma foi une très jolie villa entourée de croupes gazonnées et couverte de plantes grimpantes malheureusement en partie calcinées par la chaleur des murailles. Allons, ce n'est pas encore là que nous serons saisis de tristesse...

J'y suis entrée pendant un service en tout semblable aux autres. Après le service la bière est transportée dans la pièce où est allumé l'énorme four où va être consumé le corps qui y est placé exactement comme le serait le pain chez un boulanger. La mère et la veuve du décédé assistèrent à la cérémonie qui dura une heure et demie... Au premier abord l'idée de cette chair brusquement détruite par le feu fait horreur; mais, après tout, la lente destruction par la pourriture n'est-elle pas pire?

Et cette réflexion me remet en mémoire cette autre d'une vieille fille à laquelle je reprochais d'avoir récemment jeté son bonnet par-dessus les moulins : « Il était, sapristi, bien temps! Je n'ai pas voulu que ma virginité fût mangée par les vers... »

Si cette pécheresse avait songé à la crémation, peut-être fût-elle demeurée chaste.

A la sortie, le *pushing* (ce mot ne peut pas se traduire; il signifie « pousser ») comme toujours et partout aux Etats-Unis. On vous distribue des lettres toutes préparées et que vous n'avez qu'à signer pour ordonner votre propre crémation, quand l'heure a sonné. Et même si vous avez un peu de prévoyance vous signez au préalable.

Tout cela n'est pas gai, me direz-vous? je vous demande pardon car dans ce climat où on ne saurait être malade, parmi ces prairies ruisselantes de soleil, la pensée de la mort, sans doute parce qu'elle est très loin, n'assombrit pas.

.   .   .   .

Une heure en chemin de fer (27 milles) et vous êtes aux Chutes du Niagara indien (Tonnerre des Eaux).

Jamais je n'ai rien attendu avec plus de fiévreuse impatience, jamais je n'ai été plus amèrement désenchantée. Une ville, Niagara Falls, beaucoup de monde circulant parmi les restaurants, les cafés, les camelots, les bazars, l'un d'eux est tenu par la veuve de l'audacieux capitaine Webb englouti par les rapides qu'il voulut franchir en barque. Un horizon de tuyaux de cheminées que domine une énorme tour en fer rouge d'une laideur à faire pleurer, voilà ce qui frappe en premier lieu les yeux du visiteur venu pour admirer une des plus curieuses merveilles du monde. Il faut quelques minutes pour se remettre du choc. Après quoi on jouit vraiment de la vue des cataractes qui, pour n'être qu'un incident, n'en sont pas moins un fort beau. Ce n'est pas ce qu'on s'attendait à voir, mais enfin c'est quelque chose qui vaut la peine d'être vu.

Les cataractes sont formées par la rivière Niagara qui courant du lac Erié au lac Ontorio se brise et se précipite avec un tumulte assourdissant d'une hauteur de cinquante mètres, dans un poudroiement qu'illumine un arc-en-ciel (s'il est permis de s'exprimer ainsi pour désigner un phénomène que l'on domine) qui n'est ni sur la terre, ni sur le roc, ni dans les eaux, mais flotte absolument irréel, on ne saurait dire exactement où. Cet arc-en-ciel vaut à lui seul le voyage.

Les chutes bondissent avec une telle puissance qu'elles sont isolées de l'immense roc au-dessus duquel elles dégringolent.

Il est possible de passer entre l'eau et le roc sur des passerelles pratiquées entre les rochers; il faut se vêtir de vêtements imperméables et se cramponner aux rampes; l'on descend ainsi sans danger au fond du précipice nommé « Cave of the Wind ». Je me suis dispensée de cette excursion nautique; craignant d'y rencontrer encore quelque tuyau de cheminée...

Tout près pour rivaliser avec le génie de la nature, le génie de l'homme : un cirque où sont exhibées des « flying ponies »!... (poneys volants!...)

Pardonnez-moi cette salade : il faut bien décrire les choses telles qu'on les a vues. Il y a d'autres cataractes et plusieurs Islands que l'on visite aisément à l'aide d'escaliers mouvants, vous avez bien lu « escaliers mouvants »; ces vandales ont veillé à tout. Et l'on se demande ce que pense le père Hennepin qui le premier découvrit et décrivit les Falls, s'il peut à cette heure, du haut du ciel, les voir ainsi massacrées...

La masse d'eau de la Canadian ou Horseshoe Fall qui s'écoule par les cataractes s'élève à quinze millions de pieds cubes à la minute, elle évolue sur une superficie de soixante-seize mètres. Une

maîtresse d'école veuve, âgée de quarante-trois
ans, ayant besoin d'argent pour payer une hypo-
thèque sur une ferme de l'Ouest, paria qu'elle tra-
verserait la Canadian cataracte enfermée dans un
tonneau dans lequel elle se fit lier, la tête protégée
par un oreiller qu'elle tenait dans ses mains. Des
milliers de curieux guettaient anxieusement le
résultat de l'aventure; le tonneau deux minutes
après le moment où il avait été lancé réapparut du
côté canadien sur l'autre rive du fleuve, mais fut
aussitôt remporté par le courant qui le conduisit
à bon port du côté des Etats-Unis. La folle qui
y était ensevelie, sans se préoccuper du sang qui
dégoulinait de son front fendu, en dépit de
l'oreiller, s'informa immédiatement dans le plus
grand calme si elle avait gagné son pari...

V

Chicago 2 octobre.

A New-York et partout on m'avait dit beaucoup
de mal de Chicago. J'ai été fort agréablement surprise. Nulle part je n'y ai vu trace de la saleté légendaire qui lui est reprochée. Au contraire au
coin des artères commerciales sont placées d'immenses poubelles (je crois pouvoir employer ce
substantif qui est enregistré tel dans les diction-
naires allemands) dans lesquelles les passants
sont priés de déposer les vieux papiers. Et Chicago ne m'apparaît pas plus noire que sale sous

un ciel de lapis d'où tombe un soleil incandescent.

Chicago « oignon sauvage » en langage indien (checagua), provoque par son prodigieux accroissement l'étonnement des Américains eux-mêmes. Son histoire ne serait pas déplacée sous la plume d'un Jules Verne.

Le fort Deaborn fut le premier établissement fondé par le gouvernement de l'Union en 1804, sur l'emplacement qui est aujourd'hui la seconde ville des États-Unis. Les Indiens massacrèrent la garnison de Deaborn en 1812,. mais deux ans après le fort était reconstruit.

En 1831 l'établissement comptait cent habitants; en 1832 le premier bébé chicagoin (à cette heure mère de quatorze enfants) venait au monde.

Cinq années plus tard, Chicago comptait quatre mille cent soixante-dix habitants. En 1871 devenue un des plus grands centres industriels de l'Amérique, il fut détruit par un incendie qui balaya trois milles carrés, dix-sept mille quatre cent cinquante habitations causant une perte évaluée à deux millions de dollars.

Cette extraordinaire cité ne s'en porta que mieux ; des cendres de la ville en bois s'éleva une gigantesque ville de pierre, surnommée l' « impératrice de l'Ouest ».

En 1880 sa population s'élevait à cinq cent trois mille cent quatre-vingt-cinq habitants ; en 1890 à un million quatre-vingt dix-neuf mille huit cent cinquante ; le dernier recensement donne le nombre de deux millions.

Cette ville magnifique, la Venise des lacs américains, est située au bord du lac Michigan sur une étendue de 23 milles. Ses colossaux *buildings*, tout en hauteur, semblent, nouvelles tours de Babel, défier le ciel. Le Rookery *building* par exemple dans La Salle street, où sont situés les plus importants bâtiments de commerce, se compose de quatorze étages et de six cents salles, occupées par quatre mille gens d'affaires et employés des deux sexes. Douze ascenseurs, immenses et élégantes cages de fer, y fonctionnent à la fois grimpant au plafond (on les appelle *sky-scrapers* (gratteurs du ciel) avec la rapidité de l'éclair. Les plafonds sont tout en marbre blanc, les planchers de mosaïque, les rampes de bronze, — un palais.

Ses Business Buildings contiennent toutes les industries, tailleurs, dentistes et docteurs qu'on ne consulte pas chez eux, artistes, bazars, marchands de journaux et de tabac, bars, barbiers.

Un des plus importants est le Rand Mc Nally Building, maison d'édition et d'imprimerie tout en acier recouverte de pierre, système de construction adopté à Chicago. C'est aussi la First National Bank, le plus grand comptoir de banque des deux mondes.

Mais j'aurais dû commencer par l'Auditorium, immense édifice situé dans la Michigan avenue sur les bords du lac de ce nom. Il contient un hôtel, un théâtre, une salle de concert et plusieurs magasins, des établissements industriels et une école de langues, l'école Berlitz je crois. L'Auditorium est suffisant en soi pour donner une idée de l'architecture grandiose de la cité. Il est surmonté d'une tour élevée par Alder Sullivan. Du haut on a une vue magnifique et intéressante sur la ville coupée en tous sens par les cars électriques qui filent avec une rapidité de neuf à treize milles à l'heure, faisant jaillir des rails une lueur diabolique; il y en a jusqu'à trois et quatre par avenues. L'activité n'est pas moins grande sur le lac aux eaux lisses que sillonnent des bateaux de toutes sortes.

Au nord la *Lake Short Drive* plantée de beaux arbres, et bordée des plus riches hôtels privés ; tous les styles, toutes les époques, un amalgame bizarre de dômes, de clochetons, de perrons, de porches d'une architecture originale et variée, d'une fantaisie charmante. Et comment en serait-il autrement quand la population est composée de Scandinaves (ceux-ci en majorité), d'Allemands, d'Irlandais, d'Anglais, d'Ecossais, de Polonais, de Bohémiens, etc.

Les tickets des cars donnent les règlements en plusieurs langues. Je n'ai vu ça qu'ici.

L'hôtel de l'Auditorium est semblable à tous les hôtels d'Amérique, c'est-à-dire quatre ou cinq fois plus grand que les nôtres. Dans tous ces hôtels le service est fait par des nègres et par des Chinois. Là encore c'est la baguette des fées. On pousse un bouton électrique et immédiatement le garçon vous apporte ce dont vous avez besoin, objet de toilette, journaux timbres ou breuvage quelconque.

Dans la chambre à coucher toujours un pot d'eau glacé.

. . . .

L'animation de la cité est des plus variées. Et sous ce ciel éternellement bleu, tout s'agite avec une gaieté bruyante. Les femmes portent des toilettes extraordinairement criardes. J'en remarquais une ce matin assise en face de moi dans le car, vêtue d'un corsage bleu, garni de violet, coiffée d'un chapeau cramoisi orné de roses de toutes couleurs; elle accompagnait une fillette dont les bottines noires étaient lacées de rouge.

Ce même matin j'ai rencontré un enterrement traversant la ligne des cars. Le corbillard entièrement fait de glaces à la manière des corbillards anglais, plein de fleurs splendides, filait semblable à une serre ambulante, au grand trot de deux beaux chevaux fringants et suivi du cortège dont les femmes étaient en couleur. Et cette mort dans cette vie n'inspire ni pitié ni respect. Une jeune fille du car que le défilé arrête remarque à haute voix : « Sont-ils embêtants ! Est-ce que nous ne pourrions pas les couper ?... »

Cette réflexion ne choque pas, et l'on reconnaît que c'est embêtant et qu'il faudrait couper.

.   .   .   .

On attend le résultat de la lutte entre *Columbia* et *Shamrock II*. Les grandes artères sont traversées au-dessus des têtes par des fils de fer sur lesquels courent des reproductions de ces yachts que des ressorts font manœuvrer selon les informations reçues par télégraphe. Une foule immense guette, têtes levées et bouches ouvertes.

On connaît l'antipathie de Oncle Sam (United States) pour John Bull, et les bruits les plus malveillants circulent sur sir Lipton qu'on accuse de faire de la réclame d'épicerie et non du sport nautique... Cela vient de ce qu'il accepte ses défaites avec une telle bonne grâce qu'on en conclut qu'il n'y perd rien. Ayez donc bon caractère !...

.   .   .   .

J'ai visité l'école d'infirmières située dans le quartier médical, il y en a une centaine de vingt-trois à trente-cinq ans qui suivent les cours des hôpitaux et des conférences hebdomadaires faites dans une jolie salle aux murs ornés de reproductions d'œuvres de Léonard de Vinci et de poésies de Victor Hugo. Après un stage de trois ans, elles se placent dans les hôpitaux ou se font une clientèle privée.

Ces jeunes filles appartiennent pour la plupart à la meilleure société. Il en est de même en Angleterre où elles ont une situation au-dessus des institutrices et des jeunes filles employées dans l'administration. Vêtues d'un uniforme de laine foncée, d'un grand collet de nourrice et d'une petite capote ornée d'un long voile de gaze comme en portent les veuves, elles sont charmantes surtout quand elles enlèvent voile et collet pour courir en bicyclette, si charmantes qu'on se sent en leur présence tout à fait réconcilié avec l'idée d'être invalide. Je me souviens d'une malade que la vue de la religieuse agitait, elle disait, le cerveau affaibli par la fièvre, en voyant le long voile noir flotter au-dessus de sa tête lorsque la religieuse relevait ses oreillers, que « ces grandes ailes de corbeau lui faisaient peur »... En effet rien de moins réjouissant que la religieuse dans ses draperies d'éternel deuil anticipé...

. . . .

Chicago est entouré de vastes prairies d'où les troupeaux sont conduits aux abattoirs par les cowboys. Ces abattoirs (Union Stockyards) sont pourvus d'immenses enclos renfermant des milliers de bestiaux qui attendent la mort.

Les yards proprement dits occupent une superficie de cent vingt hectares. Ils abattent annuellement un maximum de douze millions sept cent cinquante mille bêtes dont la valeur est de cent cinquante millions de dollars (750,000,000 de francs).

Les voies ferrées vont des ateliers aux différentes gares d'où sont expédiées les commandes au monde entier.

J'entre dans la maison d'exportation Armour et Cᵒ..

On me pique à la boutonnière une cocarde au nom de la maison et on m'offre une boîte de langue de bœuf comme échantillon des produits. Je suis conduite par un gamin d'une quinzaine d'années qui les mains dans les poches, avec l'air ennuyé des employés auxquels il est défendu d'accepter un pourboire, maronne des explications inintelligibles sur le ton d'un prêtre avalant sa troisième messe et ne se donne pas la peine de répondre aux questions qui lui sont posées. Ces maisons dans l'intérêt de la réclame devraient se pourvoir d'employés plus obligeants.

Nous voici sur le lieu de la tuerie. D'un immense fossé où se débattent les porcs s'élèvent des hurlements assourdissants, et de partout une odeur âcre que je suis impuissante à décrire, et qui prend à la gorge, coupe la respiration. On n'ose se boucher le nez, car la pensée que cette horreur nauséabonde va passer par la bouche, est intolérable.

L'animal est attaché par une patte à un croc suspendu à une chaîne fixée à une immense roue qui tourne sur elle-même incessamment soulevant de

terre la bête hurlante, le ventre ballotté flasque-
ment ainsi que des seins de femme grasse.
Chaque tour de roue accroche un de ces animaux
ainsi précipité un par un sur le couteau tendu par
l'égorgeur au pied de la roue. Un jet de velours
rouge foncé jaillit énorme pour retomber dans un
seau et la roue dépose la victime dans une cuve
d'eau bouillante. Après l'échaudage c'est l'épilage
effectué en un clin d'œil à l'aide d'un rateau tran-
chant ; puis le corps saisi par une autre main est
décapité et porté toujours avec la même rapidité
vertigineuse dans un appareil réfrigérant, tandis
que les intestins, immense pyramide de gelée
branlante, s'en vont devenir à la minute tripes et
saucisses dont il est fabriqué cinq mille livres par
jour.

Le massacre des bœufs est mille fois plus
atroce; d'abord à cause du silence digne de ces
nobles bêtes qui ne voient même pas l'instrument
du supplice et y marchent inconscientes dans une
confiance paisible. Ils sont parqués deux par deux
dans un boxe étroit et haut au-dessus duquel se
tient le bourreau. Celui-ci lève sur la tête de la
victime un lourd marteau de fer qu'il laisse retomber de toute sa force entre les deux yeux. Le
coup généralement manqué doit être renouvelé.
Le bœuf s'effondre dans un bruit sourd de tonnerre, immobilisé mais vivant.

L'égorgement se pratique comme pour les porcs,
mais le couteau est plus grand et le jet de sang
plus abondant. Toujours suspendu l'animal est
dévêtu de sa peau qui tombe avec des plis lourds
de mante de fourrure. Puis on lui coupe la tête et
lui scie les pieds.

Un soleil, sanglant aussi, luit sur le sol où les pieds enfoncent, s'engluent dans un cloaque d'un rouge vermeil.

Un petit enfant de huit ans circule entre les affreux lambeaux, il les ramasse et les jette dans une charrette qu'il roule en sifflant un air de chanson à boire. Les tueurs de bêtes, éclaboussés jusqu'au visage, rient et plaisantent dans la plus absolue indifférence. Je demande à l'un d'eux, un joli garçon à l'œil doux, à la lèvre souriante, si cet effroyable spectacle ne lui produit pas le moindre effet? Il ne dit rien, se contente de sourire plus doucement encore, et pensant sans doute qu'*il est des choses que l'art judicieux doit offrir aux yeux et refuser aux oreilles*, il s'empare d'un morceau de chair encore palpitante et y mord à pleines dents...

Le fait saisissant que les animaux « entrent vivants dans les yards, pour sortir l'instant d'après à l'état de boîtes de conserves », comme vient de le dire le dernier volume mentionnant cette industrie et beaucoup d'autres avant lui, est une légende.

Et on s'étonne qu'il y ait des gogos qui le soient assez pour avaler une pareille pilule... L'opération du moment de l'égorgement jusqu'à celui où l'animal est déposé dans l'appareil frigorique dure trente-cinq minutes.

La mise en boîte n'a pas lieu avant quelques jours. J'en suis fâché pour les amateurs de faits sensationnels. La vérité avant tout, telle quelle d'ailleurs, ce n'est déjà pas mal.

Nous passons au département de l'empaquetage où des jeunes filles mettent la viande en boîte, les

étiquettent et y fixent la petite clef qui sert à les
ouvrir. Ces jeunes filles ont les yeux protégés de
la lumière électrique par de pittoresques coiffures
faites d'un morceau de carton triangulaire recouvert de papier de couleur verte. Elles gagnent
sept francs cinquante par jour, ce qui fait pousser
des cris d'admiration et de surprise à une visi-
teuse française qui nous a rejoints, et à laquelle
on ne peut faire croire que c'est là un salaire ordinaire aux Etats-Unis.

La maison Armour et C° abat un maximum de
cent vingt-quatre mille quatre cents bêtes par jour.
Elle occupe onze mille employés et dix-huit cents
chevaux. Elle a des succursales à Kansas City,
South Ohaha, Sioux City, Saint-Louis et Fort
Worth.

Je dis adieu à Chicago et ses prodiges. Douze
heures de chemin de fer et j'arrive à Minneapolis.

.   .   .   .

VI

Minneapolis, 4 octobre.

Saint-Paul, capitale du Minnesota et Minneapolis
ne font pour ainsi dire qu'un, bien qu'une amère
rivalité les divise. Sans aller jusqu'à dire comme
ce fumiste de Max O'Rel, le roi des humoristes,
que « à un sermon débutant avec Saint-Paul toute
la congrégation de Minneapolis se leva et sortit

comme un seul homme (1) », il faut reconnaître une jalousie manifeste.

N'en déplaise à Saint-Paul, Minneapolis est la plus importante de ces deux cités. La première est plus américaine, la seconde plus cosmopolite, comptant une grande quantité de Norvégiens, de Suédois, de Danois, de Bohémiens, d'Allemands, d'Irlandais, de Polonais, de Canadiens, de Français.

Pour les monuments substantiels il faut aller à Minneapolis. Pour l'architecture de fantaisie et les maisons privées il faut choisir Saint-Paul qui est délicieusement situé sur la rive est du grand Mississipi aux bords souriants entre les falaises paisibles.

C'est à Saint-Paul que se trouve la belle maison de M. J.-J. Hill, le roi des chemins de fer, qui en vertu de ce proverbe : *Charity begins at home*, a fait de sa ville un centre important de voies ferrées.

Les cités jumelles sont plantées sur un beau parc à l'extrémité duquel se trouvent le Minnehaha Park et les chutes que Longfellow a chantées.

Elles sont presque complètement à sec, mais on ne pense pas à les regretter, absorbé que l'on est par le paysage idyllique qui les entoure. J'ai joui aux Minnehaha Falls d'une paix délicieuse : elles m'ont consolé de la foire de Niagara.

On passe le Minnehaha Creek sur un pittoresque pont qui semble jeté là par quelque mystérieux sylvain. La grande paix se fait plus in-

____

(1) *A Frenchman in America.* Cet amusant volume n'a pas encore été publié en français.

tense jusqu'au moment où l'on arrive au Soldier' Home abritant trois cents braves soldats qui finissent de vivre dans de beaux jardins où l'on voit plus de canons que de fleurs.

Un survivant d'une bataille dont je ne puis ni entendre le nom ni lire l'orthographe me raconte tout heureux de cet auditoire imprévu avoir vu en vingt minutes tomber soixante-quatorze tués et huit blessés.

Ce récit dans ce paysage est la plus frappante antithèse qui se soit jamais offerte à mon cerveau.

. . . .

Retournons à Minneapolis, que nous ne pouvons quitter sans visiter au bord du Mississipi où pleurent dans les eaux glacées des saules d'un vert incroyablement tendre, les moulins, ogre insatiable qui a dévoré les chutes de Saint-Anthony, captées pour son usage et qui livrent de cinquante à cent mille chevaux de force.

Ces moulins vont de pair avec les abattoirs de Chicago, etc. Nous sommes dans le pays du fantastique : il ne faut s'étonner de rien.

Le Minnesota est le pays du blé. Imaginez des fermiers qui font jusqu'à trente mille dollars de blé par année... (150,000 francs). Le Pillsbury A. Mill est le plus important du monde.

Je laisse à la délégation d'ingénieurs français qui m'a précédée d'un jour le soin de vous instruire de choses techniques qui ne sont pas de ma compétence. Lisez seulement ces chiffres fantastiques : ce moulin moud quotidiennement environ dix mille tonneaux de farine. Le jour que je l'ai visité il expédiait à l'Angleterre une commande de vingt-neuf mille trois cents sacs de cent quarante livres chacun, et cette commande se renouvelle toutes les semaines ; huit millions de sacs sont expédiés, chaque année, au monde entier ; mille sept cent vingt-cinq hommes sont employés, au salaire de dollars 2,75 (13 fr. 75) par journée de neuf heures de travail; les machines sont au nombre de neuf cent soixante-quatorze; et la meilleure farine a subi cent cinquante triages.

Minneapolis possède vingt-cinq moulins. Si le cœur vous en dit vous pouvez faire votre multiplication.

Je dois ces informations à un brave employé, dans la maison de toute éternité. Il porte sur sa poitrine un ruban en sautoir avec ces mots : «Feed the World » (Nourrit le monde). Il vient de recevoir la visite du cardinal de Rome dont il a baisé la bague et s'en montre très fier, tout en n'y ayant rien compris... Très pénétré de son rôle de cicerone il étale les richesses du moulin la bouche tout enfarinée (je parle au figuré). Sa tournée terminée, comme je lui tends un pourboire, il me dit qu'il n'a pas la permission de rien « prendre »; mais que je puis lui « mettre » quelque chose dans la poche... Au moment où nous nous quittons le tartufe me demande de lui faire une petite place dans mes notes. Voilà qui est fait.

. . . .

La valeur des produits manufacturés annuellement à Saint-Paul et Minneapolis est d'environ cent soixante millions de dollars (800,000,000 de francs) et la population de plus de trois cent trente-cinq mille habitants.

Or il y a soixante-huit ans le terrain où se trouve actuellement les villes jumelles était occupé par quelques huttes d'Indiens...

VII

Spokane, 7 ocobre.

Ayant quitté Minneapolis le 5 octobre dans l'après-midi je suis arrivée à Spokane le 7 à midi.

On sait que les wagons en Amérique sont de longs cars traversés de banquettes qui donnent place à quatre-vingts personnes et laissent au milieu un couloir dont les extrémités aboutissent à des portes s'ouvrant sur des plateformes où l'on peut se tenir et à des escaliers qui permettent de détendre ses membres fatigués en descendant aux nombreux arrêts du train.

La lassitude et l'ennui qui accompagnent inévitablement un long voyage dans un compartiment n'existe pas ici.

Ces trains contiennent une salle de lecture, avec tout ce qu'il faut pour écrire, un barbier, des cabinets de toilette assez grands pour permettre aux femmes de s'y mouvoir confortablement. Il y en a même qui ont des salles de bain et des écrivains à la machine. Avis aux auteurs qui peuvent ainsi donner leurs impressions prises sur le vif...

Les employés sont des nègres très intelligents, très obligeants avec des façons tranquilles et raffinées. Ces hommes aux bons yeux doux, aux gestes gracieux, sans jamais se lasser répondent à toutes les questions qui leur sont posées, et ne manquent pas une occasion de rendre service, — l'antithèse du serviteur américain.

Les prairies sans un brin d'herbe fraîche, car aussi loin que l'œil peut voir, le gazon est brûlé par les étincelles jetées par la machine des trains, seraient d'une monotonie intolérable si on n'avait l'occasion d'y étudier l'œuvre des émigrants. Avant d'avoir traversé les prairies on ne peut se faire une idée de l'isolement de ces vaillants qui ont tout quitté pour ce désert, sont venus défricher des terrains libres ou achetés pour une bouchée de pain.

Les plus pauvres ont commencé dans un trou creusé dans la terre, puis ils ont construit avec le bois qu'ils ont coupé des « *log houses* », puis encore plus tard une petite maison qui peut-être fera place à une plus grande, et plus tard encore à une belle ferme-école...

Jamais l'effort humain ne m'est apparu plus frappant.

. . . .

Dans l'Ouest tout se passe « à la papa » : nous avons rencontré un train en détresse par avarie de sa machine.

Nous lui avons prêté la nôtre, sans grand mérite, car la voie étant unique nous ne pouvions passer qu'après qu'elle fût déblayée. Il nous a fallu attendre une heure le retour de notre machine. Nous sommes descendus dans la prairie en vue d'un ravissant étang, noir de canards sauvages, que les hommes se sont amusés à tirer, pendant que ces dames, les cheveux au vent, les poings sur les hanches, le verbe haut blaguaient avec le conducteur, un noble Irlandais d'une suprême élégance, imprégné de civilisation européenne, et au gage de sept dollars par jour (35 francs). Certes il a dans les veines plus de sang bleu que ces Américaines quelque riches qu'elles puissent être, et c'est ainsi que le nivellement se fait partout dans ce pays.

Il y a parmi les voyageuses une très jeune et charmante jeune fille de New-York, bien née et bien élevée, qui toute seule s'en va rejoindre son fiancé qui est parti voici deux ans monter un commerce de bois sur la Yukon River (Alaska). Plus de trois mille milles pour trouver le bonheur, c'est loin... Sa confiance est absolue et elle nous charme tous par le candide récit de ses projets d'avenir.

Jamais je n'oublierai cette heure passée dans la prairie à respirer l'air vierge qui semble arroser les poumons d'une fraîcheur inconnue jusque-là, sous la voûte ruisselante de saphir dans une lumière dont les yeux ne peuvent supporter l'éclat.

. . . .

Un des grands avantages de ces trains américains, ce sont les lits. Quand arrive sept heures du soir, le nègre ouvre les battants appliqués au plafond et qui deviennent les *berths* (couchettes), il place les banquettes dans une position horizontale, fixe aux berths supérieures de lourds rideaux qui tombent jusqu'à la couchette inférieure, et voici le wagon devenu un sleeping car, en un tour de main.

On se déshabille derrière les rideaux ce qui n'est pas chose aisée, et des membres trop longs, à demi dévêtus, se montrent çà et là ; puis on se couche pêle-mêle, promiscuité à mon avis bien inconvenante.

L'Américain ignore la fausse pudeur et quelquefois même la vraie : la *berth* en face de la mienne est occupée par un ménage et la fille âgée de dix-sept ans ; celle d'à côté par une jeune femme et son grand garçon de douze ans.

Le matin il faut sortir de son lit, les yeux bouffis et les cheveux défaits devant tous les hommes qui se garderaient bien de détourner les yeux, non qu'ils y mettent de la malice mais au contraire une candeur qui pour être intense n'en est pas moins bien gênante.

Les dames assaillissent le cabinet de toilette tandis que les hommes se font la barbe devant de petits miroirs attachés aux fenêtres.

.   .   .   .

A mesure que l'on approche du Far-West le site se fait plus intéressant et le spectacle des Montagnes Rocheuses avec leurs rocs escarpés, leurs hautes murailles éventrées de larges fissures d'où jaillissent les fougères géantes, et au sommet desquelles flottent des lambeaux de nuage rampants, les immenses arbres accrochés au flanc des montagnes barrant les rivières de leurs branches moussues, les vastes solitudes crevées de précipices profonds de plusieurs centaines de mètres, les ponts rustiques au-dessus des torrents, les vallées fertiles où paissent les chèvres sauvages, les splendides gorges au fond desquelles brille la ligne argentée d'un calme ruisseau, sont d'une indescriptible beauté. Le coup d'œil change incessamment et après la sombre sauvagerie quel plaisir d'arriver à une coquette oasis, un coin de tendre verdure au fond d'une baie aux eaux dont rien ne peut dire les teintes rose mourant.

. . . .

Et brusquement c'est un éblouissement de grand soleil tombant à pic dans une gigantesque excavation formée par deux rocs au fond de laquelle apparaît un campement d'Indiens restés à l'état primitif, comme il y en a très peu, drapés dans des couvertures rouges dont l'éclat rivalise avec celui du soleil, vision fantastique dont je demeurai longtemps saisie et que je ne devais plus oublier.

. . . .

Spokane est bien la ville que l'on s'attend à trouver en quittant un pareil paysage.

Bien que centre important de voie ferrée, de minoterie, de mines (spécialement dans la région de Pend d'Oreille), d'agriculture, et comptant vingt-quatre années d'existence ce qui n'est pas la première jeunesse pour l'extrême-ouest, Spokane a un cachet de sauvagerie à nul autre pareil. Des femmes appartenant à la meilleure société et à la plus riche font leur marché à califourchon sur de jolis chevaux bien râblés, rappelant les cobs irlandais, tandis qu'assises sur les trottoirs les Indiennes fument la cigarette à quelques pas de leurs chevaux, qui paissent tranquillement l'herbe fraîche, le dos chargé d'une couverture en guise de selle.

Ces Indiens sont d'une paresse crasse. (Je m'étendrai un peu plus loin sur ce sujet.) Voilà, toujours fumant sur le trottoir, une belle jeune fille très pauvrement vêtue.

A mes questions elle avoue ne vouloir rien faire, tandis que sa mère, une vieille convertie malpropre, me montre une médaille de saint François de Sales qu'un missionnaire lui a passée autour du cou. Quand? Elle ne s'en souvient pas plus que de son âge. Elle me récite en plissant à la manière des petits chats des yeux ronds et chassieux, les mains croisées sur sa vieille poitrine décharnée, une interminable prière dont je ne puis saisir un mot. Ce que cette prière représente de patience et de temps perdu je vous le laisse deviner...

Cette prière est d'ailleurs la première expression de sentiment religieux que je rencontre depuis que je suis passée au nouveau monde. A Buffalo un employé auquel je demandais si le dimanche n'apporterait aucun retard au transport de mes bagages me répondit brusquement : « Nous ne nous occupons pas de religion ici ».

Dans la circonstance « ici » pourrait bien signifier tout l'Ouest. Toutefois si on s'en occupe c'est du catholicisme, qui révèle le zèle de nos missionnaires.

VIII

Seattle, 10 octobre.

L'Etat de Washington occupe l'angle extrême nord-ouest de l'Amérique du Nord. Il est en forme de parallélogramme et bordé à l'ouest par le Pacifique, au nord par la Colombie Britannique, à l'est par l'Idaho, au sud par l'Orégon, dont il est séparé par la Colombia River qui s'étend au pied des Cascade Mountains.

En 1810, la compagnie Américaine des Fourrures, dirigée par un négociant allemand, John Astor, s'embarqua à bord du vaisseau *Le Tonkin* dans le but d'établir un comptoir à l'embouchure de la Colombia River.

Le Tonkin accostait le 24 mars 1811. Les pionniers construisirent un fort et quelques cabanes sur un terrain qu'ils défrichèrent, plantèrent un jardin et le baptisèrent Astoria en l'honneur du fondateur qui devait mourir laissant une fortune de cent millions de dollars.

Bientôt d'autres colons conduits par Thompson et venant du Canada arrivèrent sur ce territoire. Le trouvant occupé, ils allèrent installer leurs comptoirs à la jonction de la Colombia River et de la Okanagan River.

Le 29 mars 1847 eut lieu la première révolte des Indiens de l'état de Washington.

Le docteur Marcus Whitman avait en 1836 organisé une mission parmi les Indiens Cayuses sur les bords de la Walla-Walla River. L'emplacement où campait la mission reçut le nom de Wai-i-laptu mot qui signifie « endroit de l'herbe rye », cette sorte d'herbe croissant abondamment dans ces parages. Il y avait onze années que le docteur Whitman prêchait la religion parmi les sauvages quand éclata la révolte dont les causes ne furent jamais bien déterminées, et dans laquelle le ménage Whitman et onze autres missionnaires perdirent la vie.

Ce massacre connu sous le nom de « massacre Whitman » fut l'origine de la première guerre indienne dans le Washington.

Une compagnie immédiatement organisée sous le commandement du capitaine Henry A. Lee et envoyée sur la Colombia River pour protéger les colons fut bientôt rejointe par quatre compagnies formées de six cents hommes commandées par le colonel Cornelius Gilliam.

La petite armée rencontra à Sand. Hollow les Cayuses en force conduits par leurs chefs Cinq-Corbeaux et Aigle-de-la-Guerre. La bataille dura toute l'après-midi et se termina par la fuite des Indiens.

Cette bataille fut immédiatement suivie de celle du Touchet sur la rive sud de la Snake River. Les Indiens tinrent bon tout le jour, et ne se retirèrent qu'à la tombée de la nuit, et les troupes retournèrent à la mission Wai-i-latpu.

Le corps législatif de l'Oregon élut une commission chargée de traiter avec les Indiens. Elle demanda la « reddition » de ceux qui avaient commis les assassinats de Wai-i-laptu, sans pouvoir l'obtenir.

Fort peu de temps après les Indiens abandonnèrent leur territoire de l'Ouest des *Blue Mountains* (branche la plus orientale des monts Alleghany) qu'ils franchirent chassant les buffles et fuyant les troupes blanches. La guerre des Cayuses se trouva ainsi terminée.

Le gouverneur Stevens fut alors désigné par le gouvernement général pour traiter avec les tribus indiennes du territoire. Au commencement de l'année 1855 Stevens et les différentes tribus se composant de quatre mille Indiens tinrent un conseil qui dura deux semaines après lesquelles un traité fut conclu.

Par ce traité les Indiens s'engageaient à ne pas attaquer les établissements des colons tant que ceux-ci respecteraient les régions assignées aux Indiens comme « Réserve ». Aussitôt la conclusion du traité de nouveaux colons affluèrent de toutes parts construisant, cultivant, explorant les mines d'or. Mais il arriva que plusieurs d'entre eux furent assassinés en traversant le pays de Yakima.

L'agent indien Bolon se rendit auprès du célèbre chef Yakima Kamiakin pour faire une investigation sur les auteurs du meurtre et fut lui-même assassiné par Qualchen, le fils de Owhi et neveu de Kamiakin plus souvent appelé Show-ah-way. Le 14 octobre 1855 la guerre éclata de nouveau. Le major Granville O. Haller et le lieutenant Slaughter furent attaqués par quinze cents Indiens cachés parmi les bouquets de saules qui bordaient le Topinish. La bataille dura deux jours et le major Haller se retira en bon ordre vaincu par le nombre.

Les Indiens cependant furent délogés de leur position le 7 novembre par le major Rains et le colonel Nesmith qui remportèrent une autre victoire à Yakima Gap. Toutefois les Indiens qui avaient perdu très peu d'hommes étaient prêts à recommencer les hostilités.

Le même mois les volontaires de l'Orégon marchèrent vers la Colombie sous les ordres du lieutenant-colonel Kelly. Ils construisirent un fort sur la Umatilla River et se dirigèrent vers Walla-Walla. Ils rencontrèrent en route le rusé chef des

Walla-Wallas, Peu-peu-mox-mox « Le Serpent Jaune ».

Les troupes soupçonnant Peu-peu-mox-mox de les conduire dans une embuscade le retinrent et allèrent se camper à la bouche du Touchet. Le 8 décembre elles y furent attaquées par les Indiens qui se retirèrent le 9 laissant cent hommes sur le terrain. Entre temps « Serpent Jaune » qui avait essayé de fuir était fusillé par ses gardiens.

Les choses se gâtaient. Les Indiens attaqués, tyrannisés massacraient des familles entières sur les rivières White et Payallup (centre).

Le 5 décembre le lieutenant Slaughter fut attaqué par les Indiens sur le terrain qui est à cette heure la ville de Auburn. Le brave lieutenant perdit la vie dans cet engagement qui termina la campagne de 1855. Après cet engagement les Indiens se dirigèrent sur Seattle qui n'était encore qu'un hameau.

Le 25 janvier 1856 le chef Owhi joignit ses forces à celles de Coquilton et au nombre de mille l'armée attaqua Seattle défendu seulement par cent cinquante hommes du vaisseau de guerre, *Dethen*.

Les villageois auxquels l'alarme avait été donnée, purent s'enfuir à l'exception de deux qui furent tués.

. . . .

Plus que toute autre la tribu des Sopkanes (enfants du soleil) était susceptible de civilisation. Elle accueillit les premiers explorateurs avec bienveillance, tandis que d'autres tribus les Cœurs d'Alêne, par exemple (alêne est le nom d'un instrument pointu semblable à une flèche) résistaient de tout leur pouvoir à la venue des blancs, qui disaient-ils, leur enlèveraient leur pays en le voyant si beau (on est pas meilleur prophète).

D'ailleurs les bienfaits de la civilisation qui ne pénétraient pas dans ces cerveaux primitifs ne leur semblaient pas une compensation suffisante à la perte de leur liberté.

. . . .

Le 1ᵉʳ septembre une expédition commandée par le colonel Wright campa aux Four Lakes où les Indiens étaient rassemblés en force couvrant la montagne sur une étendue de deux milles.

Fièrement campés sur leurs farouches montures, vêtus de peaux de bêtes, tatoués de couleurs éclatantes, la tête ornée de longues traînées de plumes qui se mêlaient à d'autres passées dans la queue des chevaux (ils étaient si amoureux des plumes qu'ils s'enduisaient la tête d'une substance collante et y fixaient du duvet de cygne), le regard étincelant, le geste provoquant, hurlant leurs « youp, youp » de guerre, sous la conduite des chefs dont la tête disparaissait sous une énorme tête de loup aux oreilles pointues, ils offraient un spectacle à la fois fantastique, magnifique et effrayant.

Toutefois les carabines des troupes blanches employées dans la guerre indienne pour la première fois eurent bientôt fait de disperser les Indiens armés seulement de mousquets. Les dragons les poursuivirent pendant deux milles leur tuant et blessant de cinquante à soixante hommes. La grande préoccupation de ces braves pendant la bataille était leurs queues de plumes dont la perte était considérée comme un déshonneur.

Cinq jours plus tard le colonel Wright marchant sur Spokane River fut attaqué par l'armée indienne. La bataille continua pendant quatorze milles contre cinq cents Indiens dont un grand nombre furent tués ou blessés parmi lesquels le fameux Yakima, Kamiakyn.

Le colonel Wright captura tous les chevaux des Indiens, ordonnant qu'ils fussent détruits. Ce fut le coup de mort de ces vaillants guerriers. Sans chevaux ils ne pouvaient plus faire la guerre. Le colonel Wright tint conseil avec les Cœurs d'Alêne et les Spokanes qui acceptèrent un traité de paix. Qualchen le meurtrier de l'agent Bolton fut pendu ; Owhi, fait prisonnier, fut fusillé après tentative d'évasion. Ces énergiques mesures, qui, malgré leur utilité, révoltent comme un assassinat, soumirent complètement ces malheureux que la civilisation était venue chercher chez eux sans cesser de les molester et de les égorger depuis la découverte de leur pays.

Depuis cette bataille les Indiens de l'état de Washington restèrent soumis aux blancs et respectèrent leur vainqueurs.

. . . .

Nous sommes loin des sentiments amicaux qui animaient les Indiens avant le joug de la civilisation : ce joug devenu plus intolérable par les abus de toutes sortes rendit féroces ces êtres tranquilles et réservés, au visage empreint de mélancolie douce.

L'Indien était noble et brave; il ne manquait jamais à sa parole et considérait les lois de l'hospitalité comme sacrées. Il les poussait même un peu loin et, offrait sa femme aux visiteurs. La polyandrie existe encore dans certains endroits, souvent d'un genre spécial.

Un Indien de la Colombie Britannique auquel je demandai des nouvelles de sa femme me répondit en pleurant :

— Oh, elle a mal tourné.

Comme j'insistais pour avoir quelques détails, le mari désespéré expliqua pleurant plus fort :

— Elle va avec les hommes par passion.

Il paraît que c'est là qu'est le déshonneur. Se donner pour de l'argent et par hospitalité est fort bien. Et voilà comment la Morale (avec une majuscule) est affaire de convention.

Le vol était chose inconnue parmi eux. Un jour un soldat s'étonnait de voir un Indien quitter sa cabane pleine de marchandises en laissant la porte toute grande ouverte.

— Ne craignez-vous point que l'on ne vous vole? demanda-t-il.

— Qui?...

— Mais d'autres Indiens du voisinage?...

— Il n'y en a pas un capable de ça; et pourvu qu'aucun blanc ne vienne à passer je trouverai tout à sa place en revenant.

Christophe Colomb écrivait :

« Il n'y a pas dans l'univers de meilleure nation et un meilleur pays. Ils aiment leurs voisins comme eux-mêmes; ils ont toujours un langage doux, sérieux et gracieux, et le sourire de la tendresse sur les lèvres. Ils sont nus, il est vrai, mais vêtus de leur décence et de leur candeur. »

Et en effet est-il rien de plus touchant que cet

hommage d'un vieillard indien, à Colomb, après une cérémonie religieuse que les Espagnols venaient de célébrer dans une grotte du rivage :

« Ce que tu viens de faire est bien, car il paraît que c'est ton culte au Dieu universel. On dit que tu viens dans ces régions avec une grande force et une autorité supérieure à toute résistance. Si cela est ainsi, apprends de moi ce que nos ancêtres ont dit à nos pères, qui nous l'ont redit. Après que les âmes des hommes sont séparées des corps par la volonté des êtres divins, elles vont, les unes, dans un pays sans soleil et sans arbres, les autres, dans des régions de clarté et de délices, selon qu'elles ont bien ou mal mérité ici-bas, en faisant du bien ou du mal à leurs semblables. Si donc tu dois mourir comme nous, prends soin de ne pas nous faire de mal, à nous et à ceux qui ne t'en ont point fait. »

L'explication de cette transformation des Indiens nous est pittoresquement donnée par un vieux Sioux en réponse à une demande qui lui était faite d'acheter la moitié de sa terre :

« Toujours la même histoire : Hommes blancs viennent construire *chuchu* (chemin de fer) à travers la réserve. Hommes blancs *yawp-yawp* (parlent), disent : « Brave Indien, bon Indien, nous besoin de ta propriété. Nous donner *muzes-es kow* (argent) *liliota muzes-es-kow* (beaucoup d'argent). Indien dit « Oui ». Quoi Indien a *Wah-nee-che* (rien)? Un jour homme blanc veut grande réserve. Il vient à Indien; *Yawpy... yawpy...* : « Bon Indien bon Indien nous donner *muzes-es-kow* » Indien fou, dit « Oui ». Quoi Indien a? *Wah-nne-che*. Bon Indien... bon Indien, a rien. »

Le grand guerrier Peau-Rouge, Tecumtha, avec d'autres paroles — car celui-ci est un orateur — fait entendre la même plainte déchirante :

« Frères !

« Quand les blancs mirent pour la première fois le pied sur notre territoire, ils avaient faim. Ils n'avaient pas de place où étendre leurs couvertures et allumer leurs feux. Ils étaient faibles. Ils ne pouvaient rien faire sans secours. Nos pères eurent compassion de leurs misères et partagèrent libéralement avec eux tout ce que le Grand-Esprit avait donné à ses enfants rouges.

« Ils leur donnèrent à manger quand ils eurent faim. Ils leur prodiguèrent des soins, quand ils furent malades. Ils étendirent des couvertures pour qu'ils y dorment, et leur abandonnèrent de la terre pour qu'ils y semassent du blé. Frères ! les blancs sont pareils à des serpents venimeux : quand ils ont froid ils sont faibles et inoffensifs ; mais aussitôt réchauffés et fortifiés ils se tournent contre leurs bienfaiteurs et les mordent mortellement.

« Ils veulent nous chasser et nous détruire comme des loups et des panthères.

« Frères ! ils ne sont pas les amis des Indiens. D'abord ils ne demandaient qu'un terrain suffisant pour y vivre ; maintenant rien ne peut les satisfaire que tout notre pays du Levant au Couchant.

. . . .

Retournons un peu en arrière.

En 1848 la nouvelle se répandit de la découverte de mines d'or en Californie et beaucoup de colons descendirent vers le Sud, aussitôt remplacés par de hardis pionniers arrivant de tous côtés, établissant des comptoirs sur la baie de Willapa au nord de la Colombia River, sur la White River, et la Payallup River.

Le 1er novembre 1851 MM. Low, Denny, Bell, Boren (tous ces noms ont été donnés aux avenues principales de Seattle) débarquaient à Alky Point, venant de l'Orégon. Ils traitèrent avec les Indiens de cette région dont le chef Seattle, homme intelligent et bon, au front carré, à l'œil bleu profond, était un des chefs sauvages les plus estimés sur la côte du Pacifique (1).

Ces pionniers jetèrent les premiers fondements de la ville qui allait devenir la métropole du Washington.

La situation de Seattle est des plus pittoresques, à 39 milles de la côte du Pacifique au fond du « puget Sound » une des plus belles rades qui existe, avec son cadre de montagnes et de forêts. La ville s'étend sur les derniers contreforts des cascades Mountains en amphithéâtre autour de son beau port. De l'autre côté de la baie, à l'ouest ondulent les monts Olympic (18 à 2,400 m.) qui séparent la baie du Pacifique.

La baie se prolonge au nord, découpée par une série de petites presqu'îles, tandis qu'au sud les montagnes s'écartent découvrant un terrain plat que baignent les eaux de la baie.

Au-dessus de la ville, à l'est, sur un des derniers échelons des cascades Mountains couvertes de neiges éternelles s'étendent, en immenses nappes

---

(1) Je tiens ces détails de la famille Denny et d'un tableau vu à l'Université.

d'argent, le lac Washington et le lac Union que sépare une étroite langue de terre. Le premier est une magnifique pièce d'eau douce de 20 milles de longueur sur trois de largeur. Des centaines d'ouvriers sont occupés à y construire un canal long de 8 milles devant réunir ses eaux à celles de la baie ce qui formera un port pouvant donner abri aux plus grands bâtiments. Les frais en sont estimés à 2,500,000 dollars (12,500,000 francs).

Les vingt premières années la croissance de la ville fut lente.

En 1870 elle ne comptait encore que 3,539 habitants. Mais en 1884 l'ouverture du Northern Pacific donnait au commerce une impulsion qui cependant fut arrêtée neuf ans après par une panique financière laquelle continua jusqu'au printemps de l'année 1897 époque mémorable où un événement colossal fut l'aurore d'une ère nouvelle.

Une giboulée d'or s'abattit sur l'état de Washington tombant du territoire de Klondike (extrême nord de la Yukon River, Amérique du Nord).

L'aspect morne de la ville en proie à la crise commerciale fit alors place à une effervescence joyeuse qui depuis ne s'est jamais calmée, pas plus que ne s'est effacée des visages l'expression d'heureuse prospérité. A Seattle les faces sont autant de soleils. Le 17 juillet les journaux portaient ce titre en lettres hautes de deux centimètres : *Gold For All!!!...* (de l'or pour tous!!!...)

Il faut avouer que c'est là un titre alléchant.

Le steamer *Portland* ayant été annoncé ramenant soixante-huit mineurs partis pour le Klondike quelques mois auparavant, un interviewer avait été à sa rencontre et était revenu avec cette rapidité vertigineuse propre à l'Amérique, apportant la nouvelle que le *Portland* aborderait à trois heures de l'après-midi, portant un chargement d'or de plus d'une tonne (kilogrammes 1015-140), d'une valeur de 700,000 dollars (3,500,000 fr.), tant en or solide qu'en poudre d'or variant de la grosseur d'un petit pois à celle d'un œuf de pintade.

Ce fut une ovation bruyante, on peut sans risquer une erreur, qualifier de cet adjectif tout substantif ayant rapport à l'Américain de l'Ouest qui dut faire verdir d'envie Christophe Colomb dans sa tombe. Voici un charpentier, un blanchisseur, un décorateur qui rapportent dans des valises attachées de courroies chacun 5,000 dollars (25,000 francs).

Un autre balance sur ses robustes épaules un sac de peau de daim qui est un objet de curiosité envieuse : voyez ce gaillard, là-bas, *he has got it* (il l'a) en indiquant le sac.

C'est un jeune homme, qui parti à la Yukon River en 1890 y resta six ans sans y trouver un grain d'or et revint à Seattle prendre femme (à défaut de grives on mange des merles). Reparti en novembre 1897 il revient à cette heure en possession de cent trente-cinq mille dollars (675,000 fr.). Voilà une leçon pour les fâcheux et les timides qui ne veulent pas se mettre en ménage avant d'en avoir les moyens !

Mais la foule émue se recule brusquement dans un remous causé par une adoration respectueuse comme à l'approche du Saint-Sacrement.

C'est que voici deux hommes portant un paquet

fait d'une couverture de laine attachée aux deux bouts.

Saluez : c'est Crésus qui passe... Il y avait plusieurs millions dans ce ballot-là.

La fortune de Seattle était faite. Sa population est aujourd'hui de 100,000 âmes.

IX

C'est quelque chose de curieux que le spectacle de ces gens en mal d'or, se ruant à la poursuite du tout puissant dollar, se culbutant les uns les autres dans une continuelle fièvre de fortune et de ruine.

La pensée dénuée de toute aspiration élevée demeure accroupie râclant l'or accru chaque jour par l'action que rien ne saurait arrêter.

Le commerce ne doit-il pas être la base sur laquelle s'édifiera l'art sous toutes ses formes. Cette totale absence d'art est une souffrance, une souffrance à laquelle on ne se fait pas et qui devient aiguë à la longue.

Je lisais l'autre jour dans un journal américain le récit d'une de ces sanglantes tragédies de la guerre des Indiens. L'auteur après avoir narré en un style réaliste assez puissant les péripéties d'une lutte corps à corps entre un blanc et un rouge, à la fin vous coupait net l'émotion par cette ligne : « Le soldat prit la carabine de l'Indien, retourna au camp et la vendit vingt-cinq dollars. » Et cela me rappela cette anecdote d'un Yankee harpagon à l'agonie dans les mains duquel on avait placé un crucifix d'argent. Il le souleva et râla : « Combien cela peut-il peser ? »

. . . .

Le nom du dieu Dollar retentit dans tous les salons, dans tous les bureaux, parmi tous les groupes d'hommes, de femmes, d'enfants : on ne peut entendre parler d'autre chose. Chez beaucoup c'est devenu une monomanie, ils ne peuvent vous aborder sans vous dire qu'ils viennent de « faire » je ne sais combien de milliers de dollars. Ou bien encore ils ne peuvent voir quelque chose sans l'évaluer à tant de dollars. Et cela devient un écœurement qui cause une démoralisation invincible, un désir d'être pauvre, de vivre parmi les pauvres ou dans un désert, n'importe dans quel lieu où l'on n'entende plus ce mot devenu une obsession.

Chacun monte à l'assaut sur le dos du voisin, l'écrasant pour qu'on lui grimpe bientôt dessus à son tour et l'écrase dans une cohue effrénée.

Un millionnaire français me disait venir en Amérique parce que l'Europe est un infime point destiné à être tôt ou tard englouti par l'Amérique. Tout beau, mon prince ! A moins que ce ne soit le contraire ; car ces « tripatouilleurs », qui ont commencé par être camelots ou moins, ces rois (le titre est consacré) de l'acier, du charbon, des chemins de fer, des bateaux, avec leurs trusts destructeurs de l'effort individuel ont jeté dans la masse la semence d'une révolte dont la houle

pourrait bien quelque jour noyer dans le sang tout
cet or ainsi amassé. Qui vivra verra.

. . . .

N'allez pas, en interprétant mal mes paroles
vous faire une fausse et mauvaise idée des Américains. Ce *making money* n'est nullement une
passion d'or, car cet or est aussi grandement dé-
pensé qu'acquis (1).

S'il y a un mot aussi souvent répété que *make
money* c'est *enjoy my money* (jouir de mon argent). Dans ces pays nouveaux il n'y a pas plus
de futur que de passé : tout est au présent. Non,
ce n'est pas passion de l'or mais des affaires en
soi. A preuve ce personnage fabuleux, par exemple,
dont le nom évoque des ruissellements d'or
qui seraient plus à leur place dans un conte de
fée que dans ces notes vécues. J'ai nommé André
Carnegie. Il a encore cinquante millions de dollars
à verser par le monde après avoir fondé des uni-
versités pour 25 millions de dollars (125 millions
de fr.) ; cent dix-sept bibliothèques pour la
somme de dix-sept millions cinq cent huit mille
dollars (87,540,000 fr.). Et cela, a-t-il déclaré, parce
qu'il avait tant souffert dans sa jeunesse d'être
privé de livres. Celui-là qui va quitter la vie aussi
pauvre qu'il y est entré on ne peut pourtant pas
l'accuser d'amour du lucre. Chez lui c'était
l'amour des affaires.

. . . .

L'amour des affaires, et aussi du plaisir, les
Américains l'ont autant qu'il est possible. Ils

(1) **Mr.** Pierpont Morgan a payé un livre ancien vingt-six
mille dollards (130,000 frs.)

s'amusent par goût et par principe. De là leur
tendresses pour « gai Paris » et leur antipathie
pour Londres, où ils s'étonnent de ne pas voir,
comme je l'entendais dire à une Américaine : « les
femmes dépenser tout l'argent que font les
maris. »

J'ai pris note de cet avis placardé à la porte du
théâtre de la Third Avenue parce qu'il me semble
doublement caractéristique de ce peuple qui vit
d'affaires et de plaisir.

RÉJOUISSANCES

Apprendre à rire un bon rire est meilleur
qu'une médecine.

Apprenez à dire des plaisanteries.

****

Un conte gai est aussi bien accueilli dans le
monde qu'un rayon de soleil dans une chambre
de malade.

Apprenez à garder vos chagrins en vous-
mêmes.

La vie est trop courte pour qu'on s'y occupe de
choses tristes.

****

Apprenez à laisser votre travail.

Si vous ne voyez rien de bon en ce monde gar-
dez le mal pour vous-mêmes.

Apprenez à dissimuler vos soucis et vos peines,
sous de plaisants sourires.

Personne ne se soucie de savoir que vous souffrez de peines de cœur ou de maux de dents.

**
* *

Ne pleurez pas : les larmes c'est bon dans les livres mais elles sont déplacées dans la vie réelle.

Apprenez à rencontrer vos amis avec un sourire.

Un homme heureux est partout le bienvenu.

Mais l'hypocondriaque est toujours une charge et un ennui.

**
* *

Avant tout amusez-vous; **ne manquez pas** non plus une occasion d'amuser les autres.

Vous ne vivrez qu'une fois, donc faites dès maintenant tout le bien et tout le plaisir que vous pourrez. Ne remettez pas à plus tard car vous ne passerez par ce chemin qu'une fois !

Maintenant je vous recommande ce post-scriptum épique :

« Tous ceux qui voyagent par le chemin de fer Milawkee-Saint-Paul sont heureux. »

Où la réclame va-t-elle se loger?

. . . .

L'année qui vient de s'écouler a vu s'élever à Seattle plus de deux mille maisons. Cent cinquante-quatre maisons d'affaires furent construites en 1897 ; quatre cent quatre-vingt treize en 1898; sept cent quatre-vingt-douze en 1899; dix-sept cent vingt-six en 1900; deux mille deux cent quatre-vingt-trois en 1901.

Il a fallu pour jeter les premiers fondements de la ville combler les bas-fonds de la baie, niveler des montagnes; et les travaux se poursuivent dans un gâchis atroce. Le climat y est tempéré grâce à la chaîne de montagnes qui l'abrite des courants froids que les solitudes glacées du Canada lui enverraient autrement. Mais il pleut depuis le mois d'octobre jusqu'au mois de mai.

Les quelques belles journées de printemps dont on jouit ne suffisent pas à sécher les routes couvertes d'une boue épaisse de 15 centimètres, barrées d'arbres nouvellement abattus et qui vont bientôt servir à de nouvelles constructions, de passerelles posées au-dessus des gouffres et des marais.

Le centre de la ville tout en étant fort malpropre est entièrement terminé. Ce sont de larges avenues pavées, complètement dépourvues d'ombrages, et bordées de magasins laids et d'une chèreté qui dépasse tout ce qu'on peut imaginer, même en Amérique. (Les prix de toutes choses montent encore et toujours.) Les trottoirs sont faits de bois. Les jours de pluie et de gelée il est impossible de s'y tenir, vu la rapidité des pentes.

Les jours de beau temps ils sont également dangereux pour une autre cause, et l'on tombe de Charybde en Scylla : des enfants empilés sur de petites charrettes composées d'une planche posée sur des roues, les descendent à fond de train. Il est de ces marmots à peine sortis des bras de la mère; rien ne les effraye; ils se lancent audacieusement dans le danger comme plus tard ils se lanceront dans les entreprises et les spéculations les plus osées avec cette hardiesse qui est une des premières chances de succès.

Sur ces mêmes trottoirs faits de planches mal

jointes dont quelques-unes brisées, laissent des interstices de 10 à 25 centimètres, circulent aussi les bicyclettes et les voitures d'enfant. On voit d'ici le confort qu'ils offrent aux malheureux piétons. Jusqu'en 1884 aucune ligne de chemin de fer ne venait à Seattle. Il n'y a pas à proprement parler de gares ; les trains stoppent aux docks dans une boue noire et gluante qui jamais ne sèche. Les docks, magnifiquement situés, déshonorent la baie. Ils sont bordés d'ignobles boutiques d'une saleté et d'une pauvreté sordides de bric-à-brac.

Ils furent construits par **J. J. Hill** ce roi des chemins de fer qui fut un ouvrier et dont l'histoire est celle de tous les millionnaires d'Amérique. M. J. J. Hill est le président du Great Nothern Railway et un des directeurs du Nothern Pacific (1). C'est en vue d'aider au commerce entre les Etats-Unis, la Chine et le Japon qu'il a fait construire ces docks et, à New-London dans le Connecticut, des navires immenses pouvant transporter vingt-huit mille tonneaux de cargaison. Il est en train de monter une compagnie de bateaux qui effectueront des transports de marchandises de Buffalo à Yokohama au prix de huit dollars (soit quarante francs) la tonne. Et si ce prix ne réussit pas à accaparer le commerce qui passe actuellement par le canal de Suez il les baissera encore.

Seattle est le centre d'un important commerce. Il a été expédié quatre cent mille tonnes de marchandises à l'Alaska cette année tandis qu'il lui

---

(1) Ces deux Compagnies n'en font plus qu'une.

envoyait quarante mille travailleurs (mille neuf cent un de plus que l'année précédente). La rade abrite toute une flotte composée de mille soixante seize bateaux de pêche. Cette industrie paye annuellement un million quatre cent mille dollars aux cinq mille personnes qu'elle emploie. La valeur de son rapport est de trois à sept millions de dollars (quinze à trente-cinq millions de francs.)

La luxuriance du sol attire une affluence énorme d'émigrants. Plus de dix mille fermiers se sont établis cette année dans le Washington et au nord de l'Idaho. Le salaire des travailleurs est de 5 0/0 plus élevé que dans le centre et du double que dans l'Est. Logés et nourris ils gagnent de vingt-cinq à trente-cinq dollars par mois, un bucheron de trente-cinq à quarante.

Un acre (0,40 hectare) produit trois tonnes de pommes de terre, trois de foin et cent d'avoine. Le sol est aussi très propice à la production des fruits. Un propriétaire ayant planté dix-huit acres d'arbres fruitiers, pêchers, abricotiers, pommiers, en retirait cinq ans après huit mille six cent dollars (43,000 fr.) dont sept mille de profit. L'industrie du lait et du beurre offre aux petits capitalistes un bon revenu sans risque aucun.

Les manufactures vont grandissant à l'exception de celles de fer et d'acier restées en souffance depuis la grève des ouvriers qui dura cinq mois.

L'exploitation de bois est l'une des plus importantes. L'état de Washington en fournit aux quatre parties du monde. Le sol à Seattle en est jonché mais personne n'est assez pauvre pour le ramasser.

Il coûte cependant fort cher, à cause des difficultés de transport.

Toutes les grandes mines du Washington se trouvent à quelques milles de Seattle. Elles sont inépuisables. Cinq mille mineurs y travaillent au salaire de deux dollars et demi par jour.

Environ un million de tonnes de charbon furent en 1900 expédiées en Californie, au Mexique, à Havaï, à l'Alaska, aux Philippines, à l'Idaho, à Montana, et dans l'Orégon. L'année suivante l'exportation s'augmentait de cinq cent mille quatre cent vingt-sept tonnes.

Je terminerai ces statistiques par quelques chiffres, qui donneront une idée de la croissance fantastique de Seattle.

Le montant des sommes touchées à la poste s'élevait, en 1900, à quatre millions cinq cent soixante-dix-neuf mille sept cent trente-huit, excédant de un million de dollars celui de l'année précédente. Le montant des chèques passés dans les banques de la ville était en octobre 1900 de treize millions quatre cent cinquante-deux mille trois cent quatre-vingt-treize, et au même mois de cette année de dix-neuf millions trente-neuf mille trois cent quarante-trois dollars.

Le *Free public Employment Office* qui est tenu par la Ville ne coûte pas plus de mille deux cent soixante-seize dollars par année et a fourni en 1901 du travail à vingt-six mille cinq cent cinquante-trois ouvriers.

Vous croyez peut-être qu'après avoir donné souvent plus de douze heures à d'aussi prodigieuses affaires le Seattelois s'en retourne chez lui y jouir d'un repos si bien mérité? Détrompez-vous.

Il n'est pas une maison qui comme les bureaux n'ait son appareil téléphonique, dont la sonnerie dans un perpétuel mouvement est une cause incessante d'agitation fébrile. Les affaires, le ménage, les réunions, — tout s'arrange par téléphone.

On peut s'imaginer aisément les services que rend la communication électrique : la maîtresse de maison fait ses commandes aux fournisseurs, sans même avoir la peine d'écrire et de déposer la commande dans la boîte qui se trouve à la porte des grands *stores* (1) en Angleterre ou faire immédiatement rectifier une erreur; le professeur pris soudainement d'une migraine peut en informer ses élèves; la mondaine peut s'assurer que les amis chez lesquels elle se rend sont bien chez eux; le mari qui pour une raison quelconque est empêché de rentrer déjeuner chez lui peut prévenir, évitant ainsi à la maîtresse de maison les ennuis d'une attente désagréable. On n'en finirait pas d'énumérer toutes les grandes et petites facilités dues au téléphone, et qui font avec mille autres que la vie semble impossible autre part qu'aux Etats-Unis pour quiconque en a essayé.

Une Américaine à laquelle je disais la rareté du téléphone en France où elle allait partir, s'exclama, alarmée : « Mais comment fait-on pour vivre? ...»

Mais si on s'imagine le confort de la commu-

_____

(1) On peut ainsi avoir à Londres, du même store, en moins d'une heure, tout ce qui est nécessaire dans un ménage.

nication électrique, on peut s'imaginer aussi le désagrément d'être à la merci de tous les gêneurs auxquels il prend l'idée de vous déranger sans qu'il y ait moyen de se dérober.

Je n'ai jamais pu me faire à cette incessante sonnerie et ai énergiquement refusé d'y être exposée, au grand scandale de ma propriétaire : « Si, me disait-elle, vous ne voulez pas du progrès, retournez à votre vieux monde. » (Textuel.)

X

J'ai dit que l'Américaine était tout dans son pays : c'est inexact : avant elle il y a Sa Majesté « l'enfant », le souverain maître.

Livré à lui-même aussitôt qu'il peut se tenir sur ses jambes (1), il cause, juge, discute comme une grande personne. Il a de l'esprit et un esprit qui n'est pas enfantin.

Je demandai, à bord, à un petit garçon de sept ans sa nationalité.

— Irlandais...

— Où êtes-vous né?...

— A New-York...

— Mais alors vous êtes Américain?...

(1) Avant cela, la mère s'en débarrasse, ne permettant jamais à sa progéniture de gêner sa liberté. A l'Exposition de Chicago se trouvait un endroit où l'on gardait les enfants : on donnait à la mère une plaque de cuivre portant un numéro correspondant à celui d'une autre plaque attachée autour du cou de l'enfant.

— Mais pas du tout... Si vous étiez né dans une écurie ça ne ferait pas de vous un cheval...

Où que les enfants soient, le terrain leur appartient et il ne ferait pas bon de le leur disputer. En voyage ils sont une plaie.

Les parents qui le savent ont toujours le soin de les installer à l'autre extrémité de l'endroit où ils sont installés eux-mêmes.

Dans le peuple l'enfant est laissé dans le plus complet abandon. Durant une de mes pérégrinations je remarquai dans une salle d'attente, une mère qui venait de débarquer avec huit enfants dont l'aîné pouvait avoir neuf ans. Je m'approchai avec un mot de commisération : « Ils doivent vous donner bien de la peine? — Comment bien de la peine? mais pas du tout. Pourquoi cela? »

Elle avait raison : « pourquoi cela? » car je m'aperçus, l'instant d'après, que ces sauvages, sales comme des peignes, méchants comme des gales, insolents comme des portefaix et se roulant sur le parquet en une gigantesque et incessante bataille, cela à une distance respectable de la mère qui ronflait énergiquement, je m'aperçus, dis-je, qu'en effet rien dans leur tenue ni dans leur allure ne m'autorisait à croire qu'ils aient donné la moindre peine à leur mère...

A bord du *Saint-Louis* quand tous les passagers agonisaient du mal de mer et d'ennui les enfants avaient conservé toutes leurs facultés. Ils abusèrent de la situation et passèrent leur temps à courir d'un bout à l'autre du bateau y traînant d'énormes câbles qui vous battaient dans les jambes. Une bande de chevaux échappés n'eût pas été plus insupportable. Personne ne songea à se plaindre. Jamais on entend une mère américaine dire à son enfant : « Tiens-toi tranquille. » Et pour les laisser plus libres de faire les cent mille diables elles leur mettent des genouillères de cuir, résolvant ainsi le problème des genoux écorchés ou des bas troués...

Dans les pharmacies d'Amérique, qui sont aussi des cafés où l'on sert cette excellente « ice cream » dont les Américains se montrent si friands, sont placées, parmi les grandes, de toutes petites tables, entourées de chaises de poupées où prennent place des clients et clientes âgées de quelques années, humant à travers un chalumeau, les sorbets au soda, d'un air connaisseur.

Les enfants sont pénétrés de leur personnalité que chacun se plaît à établir. Le lendemain de l'assassinat du président Mac Kinley, une petite fille de neuf ans écrivit à la veuve une lettre de condoléances. C'est déjà pas mal. Ce qui est mieux c'est que la Présidente y répondit par un billet de faire part auquel elle ajouta un mot.

Au moment où le feu président présenta sa candidature il y eut un grand meeting au Grant Republican Club où la même enfant (qui décidément en tient pour M. Mac-Kinley), alors âgée de quatre ans, fît un speech, annonçant que si M. Mac-Kinley était élu, Seattle jouirait d'une prospérité qui ne s'arrêterait plus...

Après cette émancipation juvénile comment s'étonner de celle des jeunes filles?

Je me souviens de mon étonnement, avant d'avoir été en Amérique, de voir une ravissante jeune fille de dix-huit ans, faire seule le voyage de Londres à San-Francisco. Elle avait été amenée en Angleterre par sa sœur qui s'y était mariée. La première, ne pouvant s'habituer aux potins qu'avaient suscités dans le quartier ses retours du bal accompagnée de jeunes gens, avait un beau jour fait ses malles (il y en avait, je crois, vingt-cinq remplies de toilettes parisiennes), et s'en était simplement retournée comme s'il s'était agi d'une excursion de quelques heures.

Depuis j'ai vu mieux.

Miss Theodora Elwell vient de retourner au bercail n° 147 Pacific Street, Brooklyn, après avoir fait le tour du monde entièrement seule. Cette jeune fille est âgée de vingt-deux ans et douée d'une remarquable beauté. Elle a commencé son tour par l'Australie où elle allait visiter sa sœur qui y est mariée.

Interviewiée par le *New-York World* elle a déclaré que le respect dont les Américains entourent les femmes donnait à celles-ci une indépendance plus complète que celle des autres femmes.

Miss Elwell a été en route trois mois se faisant partout des amis. Ennemie du féminisme, elle donne à ses sœurs ce conseil : « Sans être timides ne vous mettez pas en avant, respectez-vous vous-même, et vous serez toujours et par tous respectées. »

J'ai vu plus fort encore.

Little Mabel Hedge, âgée de cinq ans, est arrivée ici de Minneapolis complètement seule, confiée aux soins du conducteur. Et ce matin c'était une petite fille de onze ans et son jeune frère, retour de Londres, où ils avaient été voir leur mère divorcée d'avec le père, un avocat de la ville. Ils avaient chacun un panier de provisions au bras. Ces deux enfants sont maintenant installés dans des chambres et prennent leurs repas au restaurant (M. X. vit à l'hôtel); elle fait les écritures de l'avocat à la machine, à son bureau, et lui attend une place quelconque que son père est en train de lui chercher.

Je ne cite pas ces exemples d'émancipation outrée, qui surprennent les gens du pays eux-mêmes, comme caractéristiques, mais pour montrer jusqu'où peut aller cette émancipation. Serait-elle une explication aux crimes de l'enfance si fréquents, et dont certaines personnes ont jeté dernièrement en France, la responsabilité sur « la laïque »? C'est un gamin de quatorze ans qui, au préalable, creusait la tombe d'une fillette de son âge qu'il avait projeté de frapper d'un coup de couteau et de traîner sur la voie ferrée pour faire croire à un accident.

Puis encore un bébé de cinq ans qui brûle sa petite sœur avec une allumette approchée de la longue robe de mousseline. Du petit jaloux dont les yeux noircissaient de haine inassouvie on ne put tirer que cette réponse farouche : « J'ai voulu la voir brûler toute. » Quelle étude pour les psychologues, que l'état d'âme de cette mère d'assassin et d'assassinée!

XI

Le commencement de l'hiver ramène les mineurs, et l'or coule à flots à Seattle qui est le port d'attache des navires venant du Klondike et de l'Alaska. L'agitation générale est extrême, et l'aspect de la ville très intéressant avec cette foule d'hommes vêtus de fourrure depuis la casquette jusqu'aux mocassins (bottes de fourrure) le couteau et le revolver à la ceinture.

Le teint basané par l'existence au grand air, le bord des paupières rougi par le reflet de la neige, errant ainsi sans but, jouissant de la civilisation dont ils ont été si longtemps privés, reconnaissant et saluant les visages familiers, regardant les devantures des magasins ainsi que des pioupious en congé ; ou bien encore assis derrière les vitres des hôtels, qui sont en Amérique comme celles des magasins, fumant d'énormes bouffardes, chiquant la joue enflée de tabac, envoyant à des distances considérables de vigoureux jets de salive qui noient les crachoirs alignés en rang devant eux.

Un Américain de l'Ouest sans son crachoir équivaudrait à une mariée sans voile : on a peine à se le figurer.

.   .   .   .

Quels dangers n'ont pas couru ces braves ! quelles difficultés n'ont-ils pas vaincues! pendant ces six mois d'énergie déployée, de prodiges accomplis, de souffrances subies et de fatigues endurées !... Aucun récit ne pourrait en donner une idée. La lutte avec les éléments, le froid meurtrier (jusqu'à 63 en dessous de zéro) sur de petites barques sur lesquelles ils ont vécu jour et nuit dans les glaces des mers polaires, où ils durent boxer pour ne pas périr dans un engourdissement meurtrier; incapable quelquefois de ployer leurs membres raidis dans les vêtements gelés. La lutte sur terre aussi, enterrés dans la neige ou blottis sous la tente où s'engouffre le vent glacial, pour se réveiller un membre gelé qu'il faut amputer. Et combien, après des tortures que les plus forts m'ont déclaré être intolérables et ne pouvoir être payées même par des millions, ne rapportent que juste de quoi se faire monter une épingle de cravate !...

Et pour rendre l'échec plus amer il y a le voisin chanceux du claim d'à côté qui a trouvé 15,000 dollars (75,000 fr.) en une semaine. Des milliers ont rapporté du Klondike d'immenses fortunes en quelques semaines. Ils content cela sans basse envie. Ils semblent heureux et en bonne santé. En effet il n'y a que les exceptionnellement trempés qui reviennent. Les autres ne résistent pas à l'épreuve. Il y a aussi parmi les victimes des disparus, assassinés par un associé cupide.

Le *Cottage City* ramène quatre-vingt-seize passagers et soixante-quinze mille dollars (375,000 fr.) Il ne faut pas croire que tous les passagers soient des chercheurs d'or. Il y a les ouvriers qui ont travaillé pour ces derniers. Beaucoup jugent plus avantageux de gagner l'or que de le chercher ; ceux-ci s'ils n'ont pas l'espoir de faire fortune n'ont ni risques ni désappointements. A Dawson City (Alaska) les ouvriers employés à construire les maisons, extraire et laver l'or recevaient un salaire de dix à quinze dollars par jour. Ils ont donc pu rapporter un magot, ce dont ne peuvent se vanter les trois quarts des *prospectors* de claims qui étaient au nombre de huit cents (1).

(1) Il faut compter 25 dollars de dépensés pour un de trouvé.

A bord il y a aussi les collectionneurs d'articles aussi laids qu'extraordinaires, pantoufles de soie ornementées de perles, chaussons de peaux de bêtes, ceinturons faits de dents d'ours, boutons de perle de Russie, incroyables poupées **vêtues de** poils avec un jeton d'ivoire pour tout visage, quantités d'objets d'ivoire, taillés dans des défenses de walrus, boutons, peignes, coutelas dont on se sert pour couper la neige et s'y frayer un passage, le tout œuvre des Esquimaux. Un marchand revient des côtes de la mer de Berhing où il a vécu trois mois, dépensant cent dollars : il a vendu toute sa marchandise à un musée de l'Est pour la somme de 5,000 dollars. Il y a aussi des bandes de vautours, dépouilleuses d'hommes, les suivant, les guettant, et fondant sur les mineurs au moment où ils sont couverts d'or. Nombre de ceux-ci ont trouvé une fortune immédiatement perdue de cette manière. Au printemps quand tous les préparatifs se font pour la chasse à l'or on lit chaque jour dans les journaux des annonces de ce genre : « Jeune veuve, désire faire la connaissance d'un gentleman riche allant au pays de l'or. » Celui-là est flambé, il lui serait tout aussi profitable de rester dans son fauteuil que d'aller courir l'or dans ces conditions...

Le *Centinnial* rapporte deux cent mille dollars (1 million) de l'Alaska ; le *Dolphin*, vingt-cinq mille dollars (125,000) du Klondike ; la *Nellie*, quinze mille dollars de Nome (Alaska). Le plus gros chargement jamais importé de l'Alaska est à bord du *Saint-Paul* ; deux millions de dollars (10 millions de francs).

Le mois d'octobre a vu entrer à Seattle une valeur de quatre millions quatre cent trente-cinq mille sept cent six dollars (22,178,530 fr.).

. . . .

Un incident m'a beaucoup amusée ce matin.

Un homme misérablement vêtu se présente au guichet d'une banque, la main tenant la poche de son pantalon. Il demande si l'on veut lui acheter de la poudre d'or.

J'avais désir d'en voir d'autre que celle déjà vue dans les devantures d'exposition nationale, et ce désir me semblant inoffensif je l'émets, m'adressant à l'homme.

J'aurais fait le mouvement de me jeter sur lui qu'il ne se fût pas enfui avec plus d'horreur. Je me mis à rire d'un rire vexé qui n'échappa pas au caissier. Celui-ci qui venait de me délester de vingt dollars que, *paraît-il*, il m'avait donnés en trop la semaine auparavant (1) voulut me rendre service, et rappelant l'homme :

« Mais, voyons, on ne vous veut pas de mal, cette lady désire voir de l'or, montrez-lui donc le vôtre. »

L'homme ainsi publiquement interpellé n'osa pas continuer à fuir. Il s'arrêta tournant autour de lui de gros yeux ronds dilatés par la peur, oui c'était bien de la peur qui emplissait sa prunelle hagarde tandis qu'il tirait de sa poche qu'il n'avait pas lâchée, un tout petit paquet gros comme le pouce fait d'un bout de papier très sale.

Cependant il l'ouvrit avec des soins de mère soulevant le lange d'un nouveau-né, et ses yeux s'apaisèrent, devinrent lumineux quand ils tom-

(1) J'ai eu constamment affaire à ce gentleman et pas une fois il n'a manqué de faire une erreur en sa faveur.

bèrent sur les infiniment petits morceaux qui représentaient vingt dollars (100 fr.) que palpaient les gros doigts aux ongles rongés. Il était heureux maintenant, rassuré par la vue de son or que nul ne pouvait approcher, et il s'apprivoisait, me contant qu'ayant été deux ans à Dawson dans le pays il avait trouvé cet or et beaucoup d'autre, à quarante pieds sous terre.

Et tout en parlant il faisait sauter les grains d'or qui scintillaient ainsi que des étincelles. Mais quand j'eus parlé de l'emmener chez moi, de l'autre côté de l'avenue où je désirais lui faire conter sa vie là-bas il referma brusquement le petit paquet comme un colimaçon qui rentre ses cornes et brusquement redevenu sombre il s'esquiva en courant.

Quand on songe au travail qu'il faut avant d'arriver à l'or on comprend cet homme de veiller si anxieusement sur son trésor.

J'emprunte ces quelques détails techniques à M. Ogilvie : «... Sur une surface de huit à dix pieds de long sur sept ou huit pieds de large, on enlève la couche de mousse et de glace où on creuse un puits de six pieds par trois environ, et on y fait du feu. Pendant la nuit ce feu fait dégeler la terre à une profondeur de six à douze pouces. Le matin suivant on enlève cette terre à la pelle et on répète la même opération jusqu'à ce qu'on ait atteint le lit de roche, qui se trouve généralement à une profondeur de quinze à vingt pieds. A dix pieds de profondeur à peu près on cesse de trouver des matières végétales, l'alluvion, et on entre dans une couche de gros gravier qui porte peu de trace d'arrondissement ou d'usure. Au fond de cette couche près du roc, on tombe sur la veine payante qui a rarement plus de trois pieds d'épaisseur, la partie la plus riche se trouvant sur le roc même. Ce n'est pas un roc solide, mais une masse de tuff angulaire, brisée, crevassée, qui ne paraît pas avoir été dérangée de sa place. Les interstices sont remplis de glaise et de gravier fin. Le mineur pénètre jusqu'à un pied de profondeur ou plus dans cette masse. Où la couche de minerai payant prend-elle fin ? Personne n'a encore enfoncé le lit de roc solide, de sorte que nous ignorons ce qu'il y a dessous. Il faut trois semaines et une grande somme de travail pour faire le trou par le procédé du dégel à l'aide du feu. »

XII

Tacoma.

Les dames de Tacoma m'ont fait l'honneur de me prier de venir dans leur ville une fois par semaine y tenir un club français. Ces clubs étrangers sont l'invention d'une société affolée d'activité et assoiffée du désir d'apprendre.

On se réunit une fois par semaine dans une maison amie, qui offre le thé; la réunion est présidée par un maître ou une maîtresse de français qui lance la conversation, la dirige et la soutient tout en éperonnant les timides et corrigeant les audacieux. On y fait des conférences, on y lit les journaux, on y conte des anecdotes, et l'après-midi s'écoule ainsi sans que nul se soit aperçu qu'il s'agissait de travail.

Donc les dames de Tacoma m'ayant fait cet honneur (après celles de Seattle), j'aurais mauvaise grâce de passer sous silence leur charmante cité, ce dont je n'ai nulle envie d'ailleurs.

Tacoma est situé sur le bras sud-est du Puget Sound sur une série de terrasses superbes.

On s'y rend par « *La cité d'Everett* » petit paquebot tout blanc dans le salon duquel, grâce à la disposition des fauteuils, on admire le paysage sans avoir même à tourner la tête. A mesure que l'on avance dans la direction sud-est le coup d'œil devient de plus en plus magnifique.

C'est surtout une noble et lente apparition, d'abord si indécise qu'on craint de la voir disparaître. Petit à petit elle se dessine, mais on ne distingue clairement que le sommet qui semble flotter immatériel. C'est le mont Rainier, cime isolée de la Cascade Range, et qui fut un volcan. Il s'en échappe encore des fumées.

C'est à Tacoma qu'il faut aller pour rencontrer les princes de la finance de l'état de Washington qui, fortune faite, se sont retirés de la bagarre. Plus de « rush » commercial, mais une paix aristocratique. On ne s'y bouscule pas comme à Seattle et l'on y marche sans enfoncer dans la boue jusqu'au genou. C'est là d'indéniables avantages. La population est de cinquante-cinq mille âmes.

. . . .

Rien d'amusant comme la rivalité jalouse de ces jeunes villes. Le gros sujet de discorde c'est le mont Rainier nommé ainsi par les Seattelois et mont Tacoma par les Tacomiens.

C'est dans les journaux des deux localités une contestation (j'allais dire une polémique) qui n'a pas cessé depuis leur création.

N'en déplaise à Tacoma, le mont Rainier ne saurait être autre, vu qu'il fut nommé ainsi par les Indiens.

Mais d'un autre côté Seattle persiste à s'intituler « City of Destiny » ce qui est un vol manifeste, car c'est Tacoma qui est connu sous ce titre : il faut rendre à César ce qui est à César et à Tacoma ce qui est à Tacoma.

La vérité c'est que pauvre Seattle ne peut digérer que sa rivale soit la station terminus du Northern Pacific Railway.

. . . .

L'autre matin en plein cœur de la ville de Seattle, seconde avenue, l'attention des passants était attirée par la vue d'un serpent de couleur grise d'une longueur d'un mètre cinquante dressant une tête hardie et sifflante, semblant tenir en défi tous les pionniers de l'Etat de Washington...

Si vous voulez irriter les Seattelois vous n'avez qu'à mentionner le fait dans toute sa sauvagerie. Vous les verrez alors changer immédiatement la conversation et surtout jeter alentour des yeux inquiets pour s'assurer qu'il n'y a personne de Tacoma présent.

Il y a neuf ans quand la « divine Sèrè » (Sarah Bernhardt) vint à Seattle y jouer *Fédora*, Third avenue Theatre, elle eut la bonne fortune (ou tout au moins s'en vanta) de tuer un ours dans les faubourgs de Seattle. Au premier abord cette chasse à l'ours dans un faubourg paraît une fable; mais quand on réfléchit que la ville venait d'être piquée en pleine forêt vierge, sans dire, avec un inconvenant plaisant, que l'éclosion de Seattle fut si prompte que les animaux sauvages n'ont pas tous eu le temps de s'en enfuir, on accepte le fait comme véridique. Une minute !... par « on » je ne veux pas dire les Seattelois; car ils n'ont pas encore pardonné à « Sèrè » d'avoir raconté cet incident compromettant, en France où elle emporta la peau de l'ours *après qu'il fut tué* comme trophée cynégétique. Ils prétendent que ledit ours était un animal apprivoisé, qui appartenait à un citoyen de la ville. Voilà un ours qui a tout l'air d'un canard?...

Quoi qu'il en soit, il y a moins de cinq ans un léopard surgissait, jamais on ne sut d'où, sans doute égaré, venant de quelque forêt voisine, et se faisait tuer par le premier venu, la pauvre bête ne sachant où aller dans son ahurissement. Ahurissement bien légitime. Ce n'était pas la première créature qui demeurait saisie devant la brusque apparition d'une belle ville au fond d'une baie ou dans les profondeurs d'une forêt...

Les Américains eux-mêmes ne peuvent en revenir. Ils sont frappés de surprise devant leur œuvre propre, et pareils à un enfant qui aurait construit, en jouant, un édifice de pierre ou de sable, plus haut que lui et arrêterait les passants pour leur faire partager son admiration, ils interpellent les étrangers, leur demandant à brûle-pourpoint ce qu'ils pensent de leur pays : « Epatant, hein?... »

BIBLIOTHÈQUE NATIONALE R.F. IMPRIMÉS

7

Ils sont avant tout curieux. Les interrogatoires qu'ils vous font subir dépassent en audace tout ce qu'on peut imaginer.

Combien de fois dans le train ou à bord n'ai-je pas eu à répondre à celui-ci :

— Que pensez-vous de ce pays ?...

— D'où venez-vous?...

— Toute seule ?...

— Pas mariée ?...

— N'aimez-vous pas les hommes ?...

— Quelle est votre profession ?...

— Vous avez de l'argent ?...

— Comment l'avez-vous « fait?... »

La sixième question fait souvent place à cette autre : « Je suppose que vous êtes institutrice?... »

Les premières fois on se rebiffe : « J'en ai donc l'air?... »

Mais après un court séjour dans le pays on comprend qu'il n'y a pas là offense, que cela était dit avec le même sentiment qui, accompagnerait : « Etes-vous Française ? ». Car en Amérique plus encore qu'en Angleterre, où la fille de Gladstone dirigeait un collège, tout le monde travaille.

La grande et générale doctrine est qu'il faut produire, être un « producer ». Les millionnaires comme les pauvres ont leurs travaux, sont les premiers à arriver au bureau et celui qui s'affranchirait de tout devoir serait méprisé.

Une jeune fille très riche me disait : « Mon père a voulu me garder près de lui, autrement je me serais faite avocat. » Celle-là aurait eu quelque peine à comprendre et à apprécier cette phrase éminemment française et qui dépeint, à ne pas s'y tromper, les usages d'un pays. Je l'ai lue dans un article du *Figaro* signé Pierre Loti (1), faisant le récit d'un bal improvisé à Pékin : « Et maintenant c'est l'heure du cotillon, après un bal forcément très court, car on avait pu réunir à peine dix danseuses pour près de cinq cents danseurs, et encore en y comprenant une gentille petite fille d'une douzaine d'années, une institutrice... tout ce que Pékin renfermait d'Européennes... »

Ce qui revient à dire qu'en France une institutrice n'est « qu'une manière de femme »...

Pour finir voici un autre échantillon d'interrogatoire *ex abrupto*, celui-ci fait à une dame en deuil qui vient de monter dans le train : Je donnerai aussi les réponses ne reculant pas devant une indiscrétion quand ce n'est pas moi qui en suis victime.

— Perdu un parent?...

— Deux...

— Qui?...

— Mon mari et mon frère...

— Ont-il été longtemps malades?...

— Pas très longtemps...

— Vous ont-ils laissé de l'argent?...

— Oui...

— Etaient-ils bons chrétiens ?...

— Je l'espère et je le crois...

— Eh bien s'ils n'ont pas été malades longtemps, s'ils étaient bons chrétiens et vous ont laissé de l'argent, vous devriez vous réjouir... pour sûr!... »

---

(1) Cette série d'articles a depuis été publiée en forme de volume sous titre de *Les Derniers Jours de Pékin*.

XIII

Seattle.

Mon premier déjeuner en ville.

Mrs B. est de San-Francisco et la table est dressée avec une élégance vraiment artistique. Les guirlandes de fleurs serpentent parmi les dentelles, les porcelaines et les cristaux les plus beaux.

C'est une industrie, en Amérique, que l'ornement de la table. Beaucoup de femmes douées d'imagination et de goût s'y font un gentil revenu.

J'ai connu à Londres une Américaine qui ne pouvait s'habituer à l'absence de luxe des tables anglaises. Quand elle recevait à dîner, elle consacrait une partie de la journée à la décoration de la table, se plaignant ensuite que nul convive n'avait paru apprécier le coup d'œil qu'elle leur avait offert au prix de tant de temps et de peine.

John Bull n'a pas beaucoup de palais, mais il n'a pas du tout d'esthétique : il s'occupe plus du contenu de son assiette que de ce qui l'entoure.

Mrs B. fut mariée toute jeune à un vieillard millionnaire de quarante ans plus âgé qu'elle. Il se ruina et mourut quelques années après, la laissant veuve avec deux enfants, et, dans le plus complet dénuement. Cependant ce veuvage la délivra d'un mariage odieux, « mariage français », dit-elle, et c'est le cœur aussi léger que la bourse que la jeune et jolie veuve vint s'installer à Seattle pour y chercher du pain pour elle et ses enfants.

Bien vite ce fut le confort, puis l'aisance.

Quelques années passèrent et un jeune et brillant avocat épris de Mʳˢ B. la demanda et l'épousa. Cette fois c'est un mariage d'amour « pas français ! »...

C'est ainsi que dans le Nouveau-Monde les vies, comme les fortunes, se refont.

Il n'est jamais trop tard pour recommencer, pas plus que pour commencer.

Sur les bancs des écoles on voit des personnes d'âge mûr, qui, en rentrant chez elles s'assoieraient au piano, pour y étudier des gammes avec une application candide, vraiment comique.

. . . .

Chez Mʳˢ B. le cuisinier est un Chinois, un maître qui ne souffre ni ordre ni observation, conserve avec patrons et serviteurs un mutisme digne et mystérieux.

Il nous envoie des croquettes dont il est impossible de dire la substance et inutile de s'en enquérir... Elles sont garnies de menues tranches de rognon et de lard d'une sécheresse remarquable. Puis ce sont d'autres croquettes, de riz, assaisonnées enfin d'une sauce merveilleuse à laquelle nous mélangeons de la marmelade de pomme.

Comme dessert, toutes sortes de pâtisseries de confection chinoise, un grand cake d'une blancheur floconneuse de neige nommé « gâteau des anges » ; puis un autre « gâteau de couleur » dont les tranches de différentes teintes sont surmontées de crevettes confites dans du sucre du plus beau vert.

. . . .

Lorsque Brillat-Savarin visita l'Amérique à la fin du siècle dernier, tant que dura son séjour il ne cessa de se plaindre de la nourriture.

Dans sa *Physiologie du goût* il décrit la cuisine américaine, comme il suit : « ... » C'est tout. Cette cuisine est un crime d'anti-gastronomie... Ni beurre, ni sel, ni assaisonnement d'aucun genre, une fadeur insupportable qui enlève fatalement l'appétit après quelques mois et finalement rend malade.

. Les restaurants de tous les pays, principalement allemands, sont tous les mêmes. Ils s'adaptent à leur clientèle du pays. Il en est de même de toutes les importations qui prennent toujours quelque chose du pays où elles arrivent.

On vous sert dans des soucoupes ovales en forme de baignoire à serin, tout votre repas à la fois : trois pommes de terre bouillies, quatre carottes, une énorme portion de viande dure, un plat sucré dont la vue chavire le cœur (gardez-vous bien d'y toucher), une tasse de thé vert, ou de café au lait et des cure-dents à discrétion (1).

Le tout varie de 15 à 60 cents.

La pâtisserie par exemple, est excellente, et les fruits aussi, surtout le délicieux grape nut de

(1) Les tables sont ornées de vases contenant de ces objets en immenses bouquets liés par des rubans rouges, ce qui fait qu'entre midi et deux heures vous ne rencontrez pas dans les rues une personne qui ne soit en train de se curer les dents.

Californie qui ressemble beaucoup à l'orange, et se mange coupé en deux en forme de bol, avec une cuiller.

Il y a un légume favori qui est une pomme de terre sucrée d'un jaune verdâtre, et qui se sert toujours avec la peau ; quantités de palourdes cuites à la sauce blanche et en soupe; de petites huîtres pas plus grosses qu'une pièce de vingt sous, ne coûtant rien et d'une fraîcheur délicieuse. En place de pain, des *crackers*, biscuits secs sans goût. Les garçons passent chargés de cruches qui en sont pleines et qu'ils vident dans des plats, et de même pour le sucre dans les sucriers.

Uncle Sam détient le record des excentricités de mélanges culinaires et autres : lard, haricots, sucre, fromage, fruit, confiture, banane et soupe au lait. Une habitude idiote partout observée, au Waldorf comme dans les « Business Restaurants », c'est l'emploi de couteaux à lame de ruolz avec lesquels il est impossible de rien couper. Cela ajoute au confort des domestiques qui n'ont pas la peine du nettoyage, mais nuit considérablement à celui du consommateur.

. . . .

Le mélangé, l'amalgamation se retrouvent partout, dans l'architecture, dans le sang.

Le type de l'Américain de l'Ouest n'est pas encore dessiné. S'il est né en Amérique, c'est de parents étrangers. De là sa taille de colosse. Il y en a peu qui comptent moins de six pieds.

Ce mélange est cause, aidé le plus souvent par le manque d'éducation, qu'il écorche la langue anglaise et même américaine de la plus épouvantable manière. Seulement il ne chante pas avec son nez comme le yankee et ne commence pas comme lui toutes ses phrases par « I guesse ». En revanche il les finit par un « ha, ha », qui saisit d'abord et prend sur les nerfs à la longue. Figurez-vous l'effet que peut produire, entendue pour la première fois une phrase telle que la suivante : « Faites-moi le plaisir de venir prendre le thé chez moi, ha, ha. »? Votre ahurissement est tel que vous ne pouvez pas répondre. Alors : « Prévenez-moi par un mot que vous pourrez venir, ha, ha, » Et ainsi de suite. Il y a aussi le « oui » et « non » qui ne se prononce pas, reste dans le gosier et se produit (c'est à l'autre à deviner) par un son de nez impossible à décrire sur le papier. Il n'est pas du tout rare que mon Américain ne puisse épeler le nom des pays qu'il a traversés. En revanche ses connaissances géographiques et topographiques sont renversantes ainsi que toutes celles ayant rapport aux voyages. Il sait compter aussi. J'ai vu dans un bureau de poste un garçonnet de six à sept ans au guichet des timbres, comptant et donnant la monnaie comme un vieux rond-de-cuir, et sur un bateau j'ai rencontré une gamine de huit ans qui me voyant barbotter dans trois sortes de monnaie, vint à moi m'offrant gentiment ses services ; elle me traduisit le tout sans une erreur.

Ce qu'on peut dire du type de l'Ouest c'est qu'il est d'une beauté masculine remarquable, de cette beauté faite de force et d'intelligence qui est la seule beauté masculine. Mais quelle société interlope, grand Dieu! Des aventuriers de tous les pays, et de toutes les classes sortant on ne sait d'où, des réprouvés peut-être, flétris du sceau de la justice, escrocs et décavés, auxquels la patrie refusait du pain, des indépendants et des ratés qui n'ont pas su courber l'échine sous le joug de la discipline et dont les carrières régulières n'ont pas voulu. Ils sont venus au pays qui n'a pas le temps d'exiger des diplômes ni de lire des certificats, et ne juge un homme qu'après l'avoir vu à l'œuvre; le pays qui engage comme le grand philanthrope de l'Evangile, les ouvriers de la dernière heure. Et chose étrange et magnifique, ces ouvriers de la dernière heure, ainsi que ceux de l'Evangile montent quelquefois aux sommets les plus élevés. Tel qui, dans son pays, individuellement, n'était rien et ne pouvait rien, au moins, ici se révélera une force, peut-être une puissance ou un génie.

Les délicats, les imbéciles, les hésitants sont balayés de cette société nouvelle, à part, qui ainsi épurée, se trouve composée uniquement de forts, de hardis et de capables. Et de ce colossal bloc humain est né un nouveau monde déjà très en avant de l'ancien. Vous chercheriez en vain un malade ou un débile, aucune infirmité que celles causées par les accidents sans nombre dans un pays en construction où il n'y a rien pour signaler le danger d'un gouffre ou d'un échafaudage, où tout fonctionne à la machine, et où toute mesure de précaution serait méprisée comme du temps perdu. « Times is money » et j'ajoute « Money is all ». Les manchots et les jambes de bois se rencontrent à tous les pas. On ne soigne pas, on coupe. C'est plus vite fait et plus sûr aussi. Des manières de l'Américain de l'Ouest on pourrait

dire comme Brillat-Savarin de la cuisine (1) : « ... »
Il a vécu dans les camps, au bord d'un fleuve,
ou dans le creux d'une montagne. Il est retourné
en arrière de la civilisation. Il entre partout le
cigare à la bouche, le chapeau sur la tête ; il ne
se lève pas devant une femme et ne lui offre point
de siège si elle se présente à son bureau. Il chique,
crache partout. Il ne se sert pas de mouchoir de
poche, pour commencer du moins. Vous le voyez
s'arrêter au beau milieu du trottoir ou de la
chaussée, baisser la tête, poser l'index au côté
droit du nez, pousser telle une machine à vapeur
en détresse, secouer la tête encore et encore.
Si cela ne suffit pas, il recommence du côté
gauche. Enfin ça y est ? Vous croyez peut-être
que c'est fini ? Pas du tout. Il se redresse, se-
coue ses doigts qui éclaboussent, et fouillant
dans sa poche en retire un mouchoir parfaitement,
un mouchoir avec lequel il s'essuie la face et les
mains.

Maintenant vous pouvez passer...

Mais ce qu'il perd en élégance il le gagne en
bonté. Or si la première vient de l'éducation la
seconde vient du cœur, ce qui est mieux. On ne
peut rien rêver de plus gentil et de meilleur enfant que ce type-là.

Ce sont là d'ailleurs des faits sans grande importance. Ce qui en a davantage et est une tache

(1) A côté de ce genre il y en a un très comme il faut, chez
les hommes qui viennent de l'Est par exemple et qui seraient
présentables partout, bien que se négligeant fatalement dans ce
milieu grossier. Même ceux-là crachent par terre et je connais
des millionnaires qui ne se servent pas de mouchoirs et se tiennent généralement les pieds sur leurs pupitres. J'ai vu un
clergyman cracher par terre pendant son sermon.

sur l'Ouest c'est ce lynchage encore en vigueur dans bien des endroits. Cette tache disparaîtra. Voyez plutôt le progrès. Il y a trente-cinq ans il se passait des scènes scandaleuses telles que celle-ci dont une ville de l'Ohio fut le théâtre. Un nègre ayant embrassé une jeune fille et esquissé un geste plus grave, un passant le saisit, l'entraîna au fort Halleck où on l'enduisit de goudron, le couvrit de plumes et le fit brûler. On le dépouilla vivant ensuite et on le laissa à moitié mort exposé dans la plaine jusqu'à ce qu'il fut dévoré par les vautours.

Maintenant voici ce qui s'est passé dernièrement à Détroit (Michigan) : Un riche mineur de cette ville, Numa Roumestan vivant, séduisit sept cents ouvriers par ses promesses gasconnes, de fortune, s'ils consentaient à l'accompagner. Quand les ouvriers comprirent qu'ils étaient dupés ils ne perdirent pas de temps en discussion. D'un commun accord ils se saisirent d'une corde, en fixèrent un bout à la plus haute branche d'un cèdre et nouèrent l'autre autour du cou de l'infortuné patron. Puis ils lui tinrent à peu près ce langage : « Tu t'es joué de nous en nous attirant ici pour nous y laisser crever de faim? Nous n'avons ni travail ni les moyens de retourner au pays; si tu ne nous donnes pas à chacun cinquante dollars qui nous sont nécessaires pour nous en retourner, tu vas danser au-dessous de cette branche. Décide-toi : tu as deux minutes. »

Le millionnaire s'obstina et les révoltés le suspendirent une, deux, trois fois. A la troisième excursion aérienne, la victime râlait, cria grâce... et s'exécuta.

XIV

Snoqualmie, Président's Cottage.

Combien j'ai aimé la sauvage solitude des Snoqualmie Falls ! Elles tombent de la Snoqualmie River qui court à quarante-cinq milles, est de Seattle, au pied des Cascades Range, dans un précipice de sombre verdure que coupent en raies argentées de nombreux filets d'eau transparente, s'entre-croisant, glissant dans la mousse avec une profusion sans pareille.

La violence de cette cataracte haute de quatrevingts mètres fournit la force hydraulique nécessaire à l'éclairage et aux cars électriques de Seattle, Tacoma et Everett (petite ville du Puget Sound). Je suis venue ici accompagnée d'un jeune et distingué Parisien, M. Emile Ridel, ingénieur particulier de M. Robert Lebaudy, envoyé en mission scientifique aux Etats-Unis, par ce dernier.

Nous avons été reçus d'une façon charmante chez M. Charles Bakers, président de la compagnie, dans un adorable petit cottage, élégante construction toute neuve, dont la minuscule rotonde se détache comme un gros point blanc sur le fond noir de la montagne, émaillé d'un cordon de lampes électriques.

Dans le livre où sont enregistrés les noms des visiteurs, nous lisons celui du général von Ketler avec cette remarque : « Je viens de faire le tour du monde et je n'ai rien vu d'égal aux Snoqualmic Falls. »

La plupart sont des ingénieurs venus de tous les pays pour étudier les merveilleuses machines américaines.

Toutefois le nôtre, comme toujours à l'étranger, brille par son absence. Je ne vois en fait de nom français que celui de Robert Lebaudy. Et il l'est si peu « français » ! ce cosmopolite *globe-trotter*, infatigable travailleur, qui fait des Etats-Unis une étude approfondie et philanthropique.

Après le dîner servi par un Chinois, tout de suite nous allons visiter l'usine si heureusement dessinée et si rustiquement construite de bois peint en rouge et vert foncé, qu'elle n'enlève rien de sa sauvagerie à ce coin pour ainsi dire vierge.

On nous fait entrer dans un petit bâtiment au toit pointu retroussé aux quatre coins, style indien, et portant des noms de célébrités scientifiques. Il fait nuit et la pluie tombe en déluge, je n'en puis déchiffrer que quelques-uns : Tesla, Franklin, Stanmietz, Home, Sprague, Ampère, Lesseps, Pelton.

Nous descendons par un ascenseur, le long du roc à une profondeur de 470 mètres, et nous pénétrons dans une immense caverne creusée à même dans le roc et badigeonnée à la chaux. Le bruit et l'éclairage sont tels que l'on a la sensation d'être en enfer.

C'est là que fonctionnent les roues tangentes accouplées aux dynamos pour la production du courant électrique. Elles sont connues en France bien qu'elles n'y soient pas en usage.

L'usine emploie trente-huit ouvriers au salaire de cent dollars par mois qui est supprimé s'ils prennent des vacances. Ils n'ont de congé que tous les deux dimanches et les journées sont de dix heures.

Des machines, l'eau s'élance dans la Fork River, à travers un tunnel creusé aussi à même le roc.

Au-dessus une étroite planche est posée. Nous y passons à la queue leu leu, dans les ténèbres ruisselantes au-dessus des chutes, culbutant, dans un effroyable grondement rendu plus effroyable encore par la nuit souterraine.

. . . .

Nous avons passé la nuit au Président's Cottage, dont toutes les pièces jetèrent leur feu comme il convient dans un pareil endroit jusqu'au matin, où on nous a offert un « breakfast » composé de porridge (bouillie d'avoine, mets national d'Ecosse), d'œufs sur du lard, de thé, et de petits pains chauds. Jamais, non jamais, excepté la veille au soir, je n'ai fait un meilleur repas de plus bel appétit. Ce Chinois est un fin cordon bleu.

Il fait petit jour. Nous venons de revoir une dernière fois la monstrueuse merveille.

Elle est là bondissante, rugissant en des frémissements mystérieux, sous la pâle clarté de l'aube virginale. Et au sortir du nid duveté, aux voûtes tendres noyées de lumière où nous avons passé la nuit, le spectacle saisit, prend à la gorge : il faut se taire.

XV

Seattle, 20 octobre.

M. J. Pierpont Morgan est passé hier en route pour Tacoma, où il se rendait en train spécial en qualité d'invité de M. J.-J. Hill.

Le passage d'un millionnaire équivaut en Amérique, à celui d'un personnage royal en Europe. Même curiosité, même sensation, même « excitement ». On s'étonne qu'il n'y ait pas d'illuminations : cela seulement manque à la fête.

Le mauvais temps fut cause que Sa Majesté ne put s'exhiber dans les rues. Ce furent donc les rues qui envahirent la station pour jouir du spectable d'un train contenant un millionnaire.

Ce spectacle n'est pas rare en Amérique (1) : il est toujours nouveau.

M. Morgan, a d'ailleurs, exprimé le désir légitime qu'on lui laissât la paix. Il a jeté à la voracité des reporters comme on jette un os à des chiens affamés, des détails sur son itinéraire, refusant tout interview public ou privé.

Et c'est regrettable. Par exemple il serait peut-être intéressant de savoir pourquoi M.-J. Pierpont Morgan est escorté d'agents de la sûreté (ce qui rappelle les temps où on ne pouvait traverser ces régions que le revolver au point) et de douze

____

(1) Le million américain se compte par dollars.

évêques et clergymen épiscopaux? car, comme chacun sait, M. Morgan est plus intéressé aux affaires de la terre qu'à celles du ciel.

A Tacoma même attitude anti-expansive : ces messieurs les reporters doivent se contenter de ce qu'ils ont vu. Et c'est ainsi que nous lisons dans les journaux du matin une série de sensationnels détails d'une haute valeur documentaire et d'un intérêt psychologique tout spécial.

Je vais vous raconter cela :

M. J. P. Morgan a fait à un magasin de fourrure une visite qui restera *a great event in the history of the establishement (sic)* (un grand événement dans l'histoire de cet établissement).

Aussitôt les portes furent fermées sur le visiteur et tout le personnel mis à sa disposition, tandis que le public le nez allongé collé aux vitres cherchait à voir.

M. Morgan s'asseoit, commence par dépouiller son courrier qui l'avait devancé et qu'on vient de lui remettre. Curieux détails : *He went through the pile of yellow envelopes like a race horse down the home stretch* (il parcourt la pile d'enveloppes jaunes (1) avec la rapidité d'un cheval de course rentrant à l'écurie). J'aime cette comparaison. Mais ce n'est pas tout. Vraiment ces rois de l'or ne sont pas banaux. Voilà que celui-ci passe la main sur une pelisse de fourrure « en une délicate caresse de femme ». Remarquez maintenant cette métaphore. Puis il dit : *Could anything be prettier ?* (Est-il rien de plus joli ?)

. . . .

(1) Les enveloppes des dépêches sont jaune brique.

La presse se venge d'ailleurs de cet interviewé constipé en nous déclarant qu'il est extrêmement laid. Encore une chose qui passerait ou passe inaperçue chez vous ou chez moi, mais devient ici digne de remarque.

Vous avouerez qu'il y a là de quoi faire crever Tacoma d'orgueil et Seattle de jalousie! Ah! Seattle peut garder le mont Rainier puisque Tacoma possède Morgan. Le premier est haut de quatre mille quatre cents mètres, mais le second est riche de un billion cinq cents millions...

. . . .

Les journaux américains détiennent le record du fantastique. Le *Times* du dimanche a quarante pages et deux cent huit colonnes imprimées en caractères minuscules comme pour en rendre la lecture encore plus laborieuse. Elles contiennent une abondance de matières confondante, — correspondance avec des pays étrangers, politique, tout ce qui se passe en détail aux Etats-Unis, des histoires pour tous les âges, des interviews avec des célébrités du monde entier et des gens parfaitement inintéressants, des illustrations laides à faire peur. Dans tout cela une note comique; jamais le fait le plus grave ne vous est présenté sérieusement. Ce matin c'était miss Stone flottant dans les airs au-dessus d'une quantité de mains tendues, implorantes.

Au bas ces mots : « Quand?... Quand??... Quand???... »

Il y a aussi des informations telles que le nombre d'épingles qui attache le maillot du nouveau-né Vanderbilt; des chroniques de mode, des annonces (environ dix offres d'emploi pour une demande). Et sous la rubrique *Personnal* la plus jolie collection qui se puisse rêver. Lisez plutôt : « Monsieur très bien, ayant du tempérament, désire rencontrer une jeune fille, but : s'amuser. »

« On demande dix jeunes filles pour essayer les pilules X. »

Puis voilà un particulier dont la jambe a repoussé, et qui va se mettre en route *illico :*

« Je désire vendre ma jambe de bois pour douze dollars cinquante, comptant, et me joindre à une excursion à Buffalo. »

Sans doute les douze dollars cinquante payeront l'excursion.

. . . .

« On lit aussi des demandes de conseils pratiques tels que : « Je suis un jeune homme amoureux de deux jeunes filles et les courtisant également. Elles semblent m'aimer beaucoup et chaque fois que je vais avec une l'autre se fâche. Chacune croit que je la préfère à l'autre. Que dois-je faire?

« ANXIEUX. »

Quel pathos dans cette facétie!

« Sir, je suis une jeune fille de dix-sept ans fiancée à un homme de trente-cinq et riche. Ce n'est que depuis peu que je sais qu'il est mormon mais je l'aime tant que je ne pourrais supporter les douleurs de la séparation. Me conseillez-vous de l'épouser même s'il refuse de renoncer à ses idées religieuses?

« MARY. »

« *P. S.* Est-ce bon ton de porter des gants en chemin de fer? »

. . . .

Il faut lire ces journaux pour bien se rendre compte du *bluff* américain.

Si vous connaissez les personnes ou faits dont il est question dans un journal, il vous est impossible de les reconnaître. On a qualifié la Californie de « pays des petites huîtres et des gros mensonges »; cette qualification s'applique parfaitement à tout l'Ouest. N'importe le contenu de l'article, ce qui importe c'est que le titre en soit sensationnel.

J'eus la néfaste idée de mettre à mon arrivée une annonce pour trouver un professeur de whist.

Le lendemain j'avais le reporter du journal sur les épaules. Vous allez voir dans quel but.

J'avais été tellement ennuyée de ces gens qui venaient sans cesse m'interviewer sur M. Lebaudy que je ne les recevais plus. Celui-là m'arriva par ruse et comme il était trop tard pour prévenir le danger je l'éludai, répondant quelques mots vagues.

Le reporter américain est Dieu en ce sens qu'il fait de grandes choses de rien. Le lendemain de cet interview obligatoire, paraissait dans le *Poste Intelligencer* avec ma photographie livrée par une indiscrétion et placée entre celles d'Edouard VII et d'Ibsen, toute une colonne sous ce titre abracadabrant en caractères hauts de deux centimètres :

POURQUOI LA COUSINE DE FERDINAND DE LESSEPS VEUT APPRENDRE LE WHIST...

Depuis le titre — je ne suis pas cousine des Lesseps — jusqu'au dernier mot ce n'était qu'un tissu d'inventions : mon père était *Prime Mi-*

nister, ma sœur la plus grande dame de Paris, mon frère, l'officier le plus distingué de l'armée française, moi personnellement j'étais tant de choses et sur un tel ton que je ne puis décemment que passer.

Le dithyrambe eut pour résultat de m'attirer chaque jour pendant des semaines une foule de curieux! Je dus prier le rédacteur de faire insérer une note arrêtant les frais, et pendant longtemps je n'osai plus me présenter nulle part.

Tout cela pour dire : « Que ceux qui négligent de lire les annonces apprennent ce qu'ils peuvent manquer. » Une manière de faire de la réclame à la réclame : vous suivez?...

. . . .

Ce n'est pas que dans les journaux que retentit cet éternel boum boum de grosse caisse, mais aussi dans les conversations. Les personnes que vous rencontrez viennent toujours de faire une affaire superbe. Dans les livres, sur les murailles. Des portions de murs entiers sont badigeonnés de couleurs criardes qui sont des réclames à tout enfoncer. Voici une mappemonde gigantesque; des amours chargés de chaussures se bousculent, s'écrasent les uns les autres sur une échelle; c'est une lutte corps à corps acharnée à qui parviendra au sommet pour y placer sa marchandise. Et c'est bien là l'image de la vie en Amérique.

Et quelle prétention! quelle audace!

« Il y a deux sortes de lampes : la mienne et les autres. »

Du comique toujours.

« Bon pour les mauvaises dents mais pas mauvais pour les bonnes. » En voici un caractéristique : « Tous les messieurs chiquent le tabac *** parce qu'il embaume l'haleine. Toutes les femmes le chiquent parce qu'il adoucit la gorge. »

Cette dernière ne manque pas de piquant. D'un côté un pauvre diable vidé, épuisé, qui jette des yeux de poisson mort à une petite femme qui le fuit en ricanant. De l'autre côté un gaillard aux muscles puissants. Il enlève dans ses bras vigoureux vers un ciel infini qu'il indique d'un regard étincelant, une femme qui se pâme par anticipation.

Les deux amants sont nus, voilés d'une gaze qui vole dans leur fuite ailée.

Vous avez sans doute deviné de quel élixir il s'agit. D'un côté c'est « avant » et de l'autre « après ».

Il faut à tout prix même à celui de la pudeur que les réclames attirent l'attention des passants, qui d'ailleurs n'ont pas le temps de les regarder.

XVI

28 novembre (Thanksgiving Day).

Le « Jour de Reconnaissance » est une fête annuelle nationale comme le 12 février, anniversaire de la naissance de Lincoln et le 22 du même mois anniversaire de la naissance de Washington.

Cette fête fut instituée par le général Lincoln en l'honneur de la victoire remportée sur les Indiens de Chattanooga, en 1863.

Le Thanksgiving Day fut d'abord une fête exclusivement religieuse en ces temps de puritanisme outré où les réjouissances profanes étaient condamnées et où les prédicateurs tonitruaient contre l'élégance des femmes, dénonçant en chaire celles qui s'abaissaient à s'occuper des modes comme méritant d'être chassées du temple saint à coups de pied (*sic*) : on y allait pas de... pied mort dans ce temps-là !

On rattrape maintenant le temps perdu. On retombe d'un abus dans un autre, et les *saloons* roulent des orgies. Mais c'est l'honnête fête de famille qui nous occupe ici. Il n'y a pas dans tout le pays une maison où ne soit servi le dindon traditionnel qui va de pair avec l'oie de Christmas en Angleterre.

Un steamer est parti l'autre jour transportant sur la côte sud-est de l'Alaska un chargement de cinq mille livres de provisions pour le *thanksgiving dinner* des mineurs, dont trois mille de *turkeys* (dindons) fourrés. Bon appétit aux mineurs, et surtout bonne santé... après.

. . . .

Les vitrines des magasins se sont mises en frais. Elles sont sans goût très cherchées et pas du tout trouvées. L'une est transformée en volière où marchent majestueux et ennuyés, de beaux dindons.

Une autre représente une cabane de mineurs, avec la petite couchette, recouverte d'une couverture à larges raies rouges et bleues, un tronc d'arbre servant de siège, et dans le coin, réchauffant cette nudité, une gaie lueur rouge répandue par un poêle dans lequel brûlent de belles bûches de sapin. Sur le bord de la petite fenêtre coupée en carré dans la planche est un énorme bloc de pierre portant cette inscription en gros caractères *If* (SI). Comprenez « si c'était de l'or !... » si vous pouvez.

Un magasin de nouveautés expose une personne en chair et en os (j'allais dire « en or ». Tout est à l'or, on en a la tête tournée), étendue couchée dans un lit sous de beaux draps ornés de fines dentelles et de broderies, sur des oreillers de dentelle. Il y a une inscription ainsi conçue : *Will wake up at eleven to night.*

Et une foule bouche bée contemple; attendra-t-elle jusqu'à onze heures pour voir s'éveiller une personne qui ne dort pas?...

. . . .

J'ai nommé les *saloons*. J'y reviens. Le sujet n'est pas joli, mais il est peu commun.

Le système de ces *saloons* vient de l'Alaska. Il n'y a guère que les chercheurs d'or à les fréquenter. Ce sont des sortes de cafés-concerts où l'on joue des charges et chante des chansons tout à fait innocentes ; et qui ne sont qu'un prétexte à autre chose qui l'est moins.

Chaque *saloon* possède une vingtaine de filles qui font le métier d'allumeuses d'hommes (il n'y va pas de femmes, j'y ai été accompagnée d'un détective) en les poussant à boire, à prendre des consommations sur lesquelles la maison leur donne un tant du cent.

Le spectacle de ces manœuvres est le plus écœurant qui soit. Une fille généralement bizarrement vêtue d'une robe courte et décolletée de bébé, les cheveux sur les épaules se tient à la porte extérieure, y guettant un nouveau venu. Elle s'en empare, l'introduit, le fait asseoir à une table, se place tout contre lui, s'accoude sur la table, attache ses yeux de flammes sur ceux de sa victime et le tient sous son pouvoir magnétique sans lui donner aucune chance d'y échapper.

Le résultat est ce que vous pensez. C'est l'histoire de l'oiseau fasciné par le serpent, oiseau bien vite déplumé, je vous assure...

Et c'est pitié de voir ces indomptables et audacieux colosses qui ont fouillé la terre et en ont arraché des trésors, tomber dépouillés et vaincus sous le pouvoir d'une petite fille qui n'a pas peut-être plus de quinze ans et dont ils briseraient la taille avec une de leurs mains puissantes !

Après un quart d'heure de cet édifiant manège le consommateur est ivre au propre et au figuré, devient un pantin dont la gredine fait remuer les ficelles. C'est la « ficelle » que je devrais dire, car il n'y en a qu'une qui va de la main à la poche. Plus de consommations, plus de commission. Mais ce n'est pas tout. Quand le client n'y est plus du tout, hébété par une idée fixe de désir qu'il faut satisfaire, la sirène l'emmène dans une des alcôves aux rideaux fermés qui bordent en galerie la salle. Là ça se corse. La fille assise sur les genoux de l'homme, le bras passé autour de son cou, la main caressant son visage achève l'œuvre de débauche. Elle promet tout, mais c'est un dollar de plus... puis deux... puis trois; puis tout ce qu'elle veut, c'est-à-dire tout ce qu'il a. Ces gentillesses sont assaisonnées d'autres que je passe ; toutefois la ligne est tirée *là* et jamais franchie ; c'est la règle de la maison : ces demoiselles doivent être des « rosières »... Et combien plus répugnantes que des prostituées, honnêtes dans leur profession avouée, sont ces perverses poseuses de lapin exploitrices de la faiblesse humaine!

J'ai vu dans ces alcôves aux rideaux mal clos des hommes, pendant que des paroles leur étaient murmurées à l'oreille, mettre la main à la poche six fois en vingt minutes, puis ruinés, titubant, défaits, être poliment reconduits à la porte par la donzelle qui en raccroche un autre et recommence ainsi toute la nuit.

Je le répète, je n'ai jamais rien vu de plus écœurant.

.   .   .   .

D'ailleurs Seattle passe pour la ville la plus dissolue de la côte du Pacifique.

Il n'y a pas plus de sept années le quartier extrême Est était souillé par des esclaves chinoises importées par des particuliers pour leur propre usage ou par des individus qui en faisaient le commerce en contrebande, car les Chinoises doivent payer trois mille dollars (15,000 fr.) de droit d'entrée. Cette mesure a pour but d'empêcher le mélange des races.

Ce quartier se nommait *Dead Line*. Cette phrase n'est pas commode à traduire : « ligne de la mort ». Au delà de la ligne Seattle n'existe plus. Ces bouges d'ailleurs ont été détruits. Avec le temps et la civilisation et surtout l'immigration des femmes honnêtes les mœurs de l'Ouest s'adoucissent. Il ne reste plus de cette honte qu'une maison tranquille aux portes grandes ouvertes. Montez, messieurs. Vous passez devant

une douzaine de pièces aux portes grandes ouvertes aussi, à moins qu'elles ne soient fermées
à double tour, simplement et pittoresquement ornées d'étoffes et de bibelots exotiques. Donnez-
vous donc la peine d'entrer... Vous voilà en présence d'une Chinoise légèrement mais décemment vêtue à l'européenne, assise au pied d'un
lit hermétiquement clos. Elle fabrique quelques
travaux d'aiguille avec l'application d'une pen-
sionnaire bien sage. Elle baisse la tête pudique-
ment, rougissant d'avance de ce que vous allez
lui dire. Si vous êtes venu en spectateur seulement, à votre guise : ni geste, ni œillades d'aucun genre ne vous retiendra. Ça vous a vraiment
un aspect général de respectabilité bourgeoise
très édifiante ; vous pourriez y amener votre
épouse, ce que vous ne pourriez pas faire dans
certains quartiers de Londres à cette heure-là.

.   .   .   .

Au coin de Main Avenue et de la Seconde Avenue est situé un vaste bâtiment brique et pierre
que l'on nomme en vertu du principe britannique
(partout en Amérique on retrouve la Nouvelle-Angleterre) de donner un nom français à tout ce qui
est impur, « Paris-House ». Elle se compose de
quatre étages. A l'entresol, se trouve un bar au
fond duquel sont de petites alcôves *wine rooms.*
Ce bar est en communication électrique avec les
chambres d'en haut habitées par des femmes qui
n'y sont qu'aux heures du travail, et retournent
ensuite dans de respectables homes.

La plupart sont Françaises comme à Piccadilly.
Où que ce soit à l'étranger l'élément français est

toujours ainsi représenté. De là, et aussi de la lecture des romans modernes et de la presse légère, notre mauvaise réputation à l'étranger (1).

Les autres sont Américaines, Anglaises, Espagnoles, Portugaises, Italiennes, mulâtresses, négresses, etc.

Vous voyez que Paris-House possède un assortiment des plus variés. Elle n'est pas la seule de ce genre ; les autres en diffèrent peu ou pas si ce n'est par l'importance. Il y a aussi les maisons de massage où les clients subissent le traitement des mains de femmes. Délectez cette fleur délicate que je cueille à votre intention dans le *Sunday Times* : « Jeune demoiselle, *nouvellement arrivée de Paris*, fait le massage pour les patrons select. »

Il y a aussi les industries privées qui s'étalent avec une impudence outrecuidante. Lisez maintenant cette invitation engageante, gravée sur une plaque de cuivre, fixée à la porte extérieure : « Miss Emma. Montez, s'il vous plaît. » Mais ce que j'ai vu de plus fort sur ce sujet, c'est cette autre annonce : « *Parisienne*, jeune, jolie, raccommode le linge des messieurs chez elle jour et nuit. » Voilà ce qui s'appelle réparer son linge « sale » en famille.

Pour finir, celle-ci au sous-entendu révoltant : « Monsieur, possédant un peu d'argent, désire faire la connaissance d'une veuve ayant une petite fille, et habitant seule. »

. . . .

---

(1) Au Cap (je tiens cette information d'un officier anglais qui en revient) c'est le même encombrement de prostituées françaises. Dans les rues et à la sortie des théâtres, elles distribuent aux hommes des pièces sur lesquelles sont gravés nom et adresse.

Les lois de la prostitution sont aussi d'une immoralité sans nom. Rien en vue de l'hygiène, mais tout en vue de faire de l'argent. La fin justifie les moyens. La prostituée doit payer une taxe de cinq dollars par mois. Si elle est surprise dans l'exercice de ses fonctions sans avoir son « permit » elle est passible de dix dollars d'amende ou à défaut de cette somme de six jours d'emprisonnement, la première fois et de treize la seconde.

Lorsque la ville fait une demande de fonds les autorités civiles ordonnent une descente de la police dans toutes les maisons suspectes (qui ne le sont guère) et les fonds demandés sont ainsi vite levés.

On n'est pas pour rien dans le pays des mines d'or. Il y en a une spéciale dont les femmes font encore en grande partie les frais.

Le métier de souteneur est défendu. La police effectue des rafles de ces gens qui sont mis en prison, à moins qu'une somme appelée « bill » et qui varie de vingt à cinquante dollars, ne les rachète. Ils le sont généralement par leur *sweet heart* (bonne amie).

Vous voyez l'illogisme de cette loi... et son but.

XVII

6 décembre, Bartow.

Je suis arrivée hier matin à la « Réserve » de la tribu indienne des Suquams, située au nord-ouest de Seattle, à l'ouest de la baie, sur ces mêmes lieux qui furent le champ de tant de tragédies sanglantes et où à cette heure une femme seule peut circuler plus en sûreté que sur le boulevard des Italiens, vu qu'il n'y a pas de pick-pockets.

Le vapeur m'a déposée dans l'île de Port-Madison d'où une fillette demi-sang m'a fait passer à la Réserve, dans une mauvaise barque que ses jeunes bras de dix ans manœuvraient avec une adresse et une vigueur qui eussent pu faire envie aux plus robustes de nos garçons.

Tout au milieu de la Réserve est piquée une église minuscule dont le petit cône de bois ressemble à ceux que l'on trouve dans les écoles de dessin. A l'intérieur pour tout ornement un porte-cierges taillé dans du bois par le couteau des Indiens, est posé vide de toute chandelle devant une planche qui sert d'autel. Au-dessus une grande croix.

Le Père Boulet, un Français jésuite, je crois, est le promoteur de cette cathédrale. Il fait sa tournée régulièrement dans les Réserves Indiennes s'arrêtant à chacune tous les trois mois pour y faire l'ouvrage en gros, en administrant les sacrements pour lesquels on ne l'attend pas toujours... C'est bien à tort que les Anglais ont la réputation d'être un peuple pris de la maladie de l'évangélisation. Et je n'en veux pour preuve que ce fait que tous ces Indiens furent convertis (ou soi-disant) par des Pères français ; ils sont tous catholiques. Le gouvernement américain ne s'occupe pas du tout de la question. Dans les écoles on n'enseigne aucune religion laissant ce soin à nos Pères.

Tout autour de la Réserve les eaux teintées d'un rose argent et un paysage de forêts opulentes où se jouent, dans la verdure immobile, les rayons d'un soleil souverain, tandis qu'au fond se déroule la ligne immense des montagnes. Ce coin a conservé toute sa sauvagerie primitive.

Les Suquams sont au nombre de 160 disséminés sur un terrain de trois mille hectares incultes à l'exception de quelques champs et de l'église dont je viens de parler.

Les Indiens préfèrent se faire entretenir par le gouvernement que de défricher la terre : ceci est bon pour les « usurpateurs », eux les « usurpés » se reposent. Ils n'ont pris de la civilisation que ce qui leur plaisait, à savoir : les alouettes qui leur tombent toutes rôties et les moyens de locomotion, tels que le chemin de fer qui les transporte gratuitement.

Quand toutes les villes des Etats-Unis furent créées, que les buffles furent détruits, les forêts giboyeuses, cultivées, les eaux poissonneuses rendues navigables, le problème de l'existence des Indiens ainsi dépouillés se présenta. Ce problème est insoluble : laisser les Indiens sans secours, livrés à eux-mêmes après leur avoir enlevé tous leurs moyens d'existence équivaudrait à un assassinat. Le gouvernement leur distribue donc des rations de farine, pain, sucre, café, bœuf et haricots plus que suffisantes à leurs besoins; ils reçoivent aussi de l'argent et des couvertures dans lesquelles ils s'enveloppent en place des fourrures qui servent maintenant d'ornement aux blancs. Cette ration coûte au gouvernement plus de cinquante dollars par tête. Ainsi pourvu, pourquoi l'Indien chercherait-il à subvenir à ses propres besoins? Sa paresse native se développe et voilà pourquoi le guerrier a fait place au fainéant au lieu du travailleur que rêvait la civilisation.

On a volé aux naturels du pays leurs propriétés, et il semble que ces secours soient la plus stricte justice. Mais quand on voit la justice devenir une source de maux, la conscience troublée ne sait plus où est le droit chemin.

Le résultat de cet état de choses est que l'Indien n'ayant pas besoin de travailler n'a que faire de l'éducation. Or comme la civilisation ne peut venir que de l'éducation le cercle est absolument vicieux.

Il y a deux cent cinquante-trois écoles d'Indiens dans les Etats-Unis, à beaucoup sont adjointes des écoles industrielles, qui coûtent au gouvernement plus de trois millions deux cent cinquante mille dollars (seize millions de francs). La grande difficulté est d'obtenir que les parents y envoient leurs enfants. Lorsque Christophe Colomb fit son apparition parmi les indigènes ils lui apportèrent de gros morceaux d'or en présent ? Cet âge candide est passé. La civilisation a du moins appris aux Indiens la valeur de l'or. Ils ne se vantent plus comme autrefois d'être seulement guerriers et de mépriser le commerce. Non seulement ils jugent qu'ils font une grande faveur aux écoles en leur envoyant leurs enfants, mais ils pensent que le gouvernement devrait les payer pour ladite faveur. Ces écoles instruisent, habillent et nourrissent environ vingt-deux mille enfants par année. La plus importante est celle de Carlisle (Pensylvanie) qui compte à elle seule 1000 élèves. La dépense totale des Indiens fut pour l'année dernière de cinq millions deux cent trente mille dollars (176,150.000 francs).

. . . .

Le but de mon excursion est de retrouver quelque descendant du chef Seattle. Je savais que sa fille, la princesse Angeline, reine des Suquams, était morte dernièrement, mais de sa descendance je ne savais rien.

Les Américains ont autre chose à faire que de s'occuper de ces détails puérils; et quand je leur demandai quelques informations je ne pus obtenir que cette réponse épique : « Nous ne connaissons pas plus les Réserves que les Parisiens ne connaissent la Morgue ou le musée du Louvre. » Là-dessus je m'étais décidée à faire mes recherches moi-même.

J'ai trouvé la petite fille de la princesse Angéline dans une cabane en bois tout au bord de la baie. Elle est la femme d'un Indien, mais est elle-même du blanc le plus pur. Pourquoi? Comment? Il ne faut pas insister.

C'est dans cette cabane que j'écris ces lignes assise dans le fauteuil du vieux chef Seattle. Alentour c'est en apparence le dénûment le plus complet. Ce dénûment cependant n'est que le résultat d'une incurable négligence, car en plus des secours ci-dessus mentionnés les Indiens font de l'argent avec le fruit de leur chasse et de leur pêche. Mais les femmes se complaisent dans une inaction révoltante. La maisonnette est entièrement dégarnie de meubles, ce qui rend la saleté supportable, car nulle mauvaise odeur ne s'en émane comme dans les vieux bouges. Il semble d'ailleurs que l'air violent qui souffle de la montagne doive purifier l'atmosphère en en chassant les miasmes. A ma question sur ce qu'on fait pour avoir un médecin en cas de maladie, on me regarde ébaubie : on n'a jamais vu de malade dans la Réserve. Cela leur viendra avec d'autres bienfaits de la civilisation; pour le moment ils ont des mines de santé qui rend presque agréable leur extrême laideur.

La cabane se compose de trois pièces, une dans laquelle dorment le père et la mère, les deux enfants et une nièce sur deux grabats sordides, une autre dans un coin de laquelle se trouve le fauteuil vermoulu du vieux chef Seattle, et enfin une troisième qui sert de cuisine. C'est là que nous déjeunons tout à fait à l'européenne, avec du poisson qui frétillait il y a quelques minutes, à la porte, des pommes de terre et d'excellents petits pains chauds que l'hôtesse vient de cuire elle-même, le tout arrosé d'un café à l'arome le plus savoureux.

Mrs Temple a des aspirations : sa petite fille porte des boucles blondes que la mère roule sur ses doigts. Coquette comme une Indienne, ce qui est tout dire, la gamine se pare de tout ce qui lui tombe sous la main en faisant des grimaces. Il y a aussi un petit garçon joufflu, avec une tête d'enfant Jésus primitif, il se nomme Virgile et il est impossible de savoir la raison d'un nom qui sonne bizarre dans ce milieu.

. . . .

Je suis allée visiter les vieux que l'invasion a surpris en pleine sauvagerie. J'en ai rencontré deux sordides et répugnants faisant tache dans l'espace ensoleillé. Ce couple à inspirer le pinceau d'un peintre peut avoir cent soixante années; lui, aveugle, elle, boiteuse. Tous deux avec des faces de bêtes, se traînent mutuellement, pieds nus, en haillons, chargés de rouleaux de *bedding*, nattes qui constituent leurs matelas, de quelques objets de quincaillerie estropiés et rouillés, et enfin d'instruments de pêche. Ils entrent dans l'eau glacée jusqu'aux genoux pour rejoindre un canot dans lequel ils montent avec leur incroyable déballage de bric-à-brac, et les voilà partis bien loin. Ils vont camper sous la tente sous prétexte de pêche, en réalité parce que le semblant de civilisation les oppresse et qu'ils ont de temps en temps besoin de la fuir, entraînés par l'instinct le plus fort.

Il y en reste peu de ces vieux et ils parlent si mal l'anglais qu'il faut renoncer à les interviewer. On voit cependant tout de suite combien ils tiennent les blancs en haute estime tout en restant fiers de leur race. Ceux-ci se sont imposés à eux au point que les premiers ont oublié la spoliation dont ils sont victimes. Et ce triomphe de la civilisation sur la sauvagerie restera la plus grande conquête de l'homme.

Ils copient les blancs par admiration d'une supériorité dont ils subirent tout de suite l'influence, comme l'enfant subit celle de ses maîtres et les imite. Les vieux de l'autre génération couchent sur des grabats infects cent fois moins confortables que leurs anciennes couchettes de feuillage; ils font usage du couteau et de la fourchette avec des mouvements gauches de jeune enfant, et si vous leur demandez pourquoi ils ont ainsi

adopté ces choses nouvelles et « incommodes »
ils répondent invariablement : « *Do like white*
(faire comme les blancs). »

. . . .

Un autre type encore, toujours au bord de l'eau
teintée de rose. C'est une mère dont on ne sait
la jeunesse que grâce au « papoose » qu'elle porte
sur son dos voûté, emmailloté et lié sur une
planche. Elle tient à la main un bâton dont elle
va se servir pour attirer à elle le canot indispensable à tout Indien et qui se balance mollement
sur l'eau clapotante.

Elle pose contre le tronc d'un arbre le bébé qui
ressemble ainsi à un gros hanneton piqué sur un
mur. Il ne crie pas, et ses grands yeux tranquilles
disent le contentement ou tout au moins la résignation à l'inévitable. Toutes ces choses on les a
vues aux expositions et plus on voyage plus on
comprend combien il est difficile de rencontrer
du nouveau. Mais ce que l'on ne voit pas aux
expositions c'est le décor local qui donne à l'ensemble un intérêt particulier.

. . . .

Je ne parviens pas à obtenir la moindre information précise sur le mariage de la princesse
Angeline. Ce n'est qu'à la fin de la journée que
je comprends que le monstre au visage de gnome,
à la peau rugueuse de serpent que représentent les
photographies exposées aux devantures des li-
brairies de Seattle, était une polyandre dont le
mari est impossible à désigner.

Le juge Kuka de la réservation m'a conduite au
cimetière où je désirais rendre hommage à la
tombe de Seattle. Je n'ai rien vu de plus repous-

'sant que cette tête hideuse et colossale telle que celles qui figurent dans les pantomimes de Drury Lane, et percée à la place de l'œil droit crevé, d'un trou gélatineux qui fait une tache blanche sur la peau rouge.

A moins qu'il ne s'agisse d'assassinat les Indiens font leur propre justice. Voici une anecdote qui montre combien leur idée de la justice était droite bien que primitive.

En 1785 un Indien ayant assassiné un citoyen de la ville de Pittsburg, les chefs des tribus Delaware furent invités à assister au jugement. Mais ils firent cette réponse laconique : « Frères, vous nous informez que N.N., assassin de votre compatriote de Pittsburg, va être jugé par les lois de votre pays et vous nous invitez à assister au jugement. Frères, sachant que N.N. est un mauvais sujet, nous ne désirons pas le revoir parmi nous et vous avisons, en conséquence, de notre désir de le savoir condamné par votre tribunal. »

En voilà un d'expédié!

La tombe de Seattle est un petit monument de pierre très insignifiant et portant cette inscription dans l'anglais le plus banal :

« Ici repose Seattle, chef de la tribu des Suqualms, décédé le 7 juin 1866.

« Il fut le fidèle allié et ami des blancs, jusqu'à sa mort. »

Mon pèlerinage terminé le juge me conduit à l'école, une pièce à trois fenêtres au travers desquelles on aperçoit une immensité de forêt et de montagnes. Le maître d'école, agent à tout faire du gouvernement, a donné son nom à la Réserve. C'est à lui qu'incombe le devoir de faire les mariages, d'enregistrer les naissances et les décès; il est aussi le maître de poste et c'est dans ses bras qu'est jeté le sac contenant le courrier appelé en Amérique « mail ». Ce mail se compose ici du journal et de quelques lettres à l'adresse de M. Bartow.

M. Bartow préfère être roi chez les sauvages que personne autre part; c'est juché sur ses ergots qu'il me dit sur un ton de comique omnipotence qu'il a reçu des ordres de haut lieu d'agir parmi ses sujets avec toute l'autorité d'un autocrate.

Et comme je me plains que Kuka est mal renseigné et ne peut répondre à aucune de mes questions, il me dit avec une suffisance impayable :

« C'est qu'il juge que cela me revient de droit et qu'il n'ose le faire sans ma permission. »

Décidément la domination a ses douceurs.

Ce maître d'école dictateur fait ses écritures pendant que quarante enfants assis devant des pupitres jouent avec des livres, des ardoises, et se débarbouillent avec les éponges destinées au nettoyage de celles-ci. Ils sont tous très agités et se tiennent fort mal. Certes, on ne peut attendre beaucoup d'enfants dont les grands-parents se promenaient tout nus la tête ornée de plumes; toutefois il me semble que l'on pourrait essayer tout au moins de les dresser, ou à quoi bon une école? Or il est clair que M. Bartow ne prend pas du tout, mais pas du tout, son rôle d'éducateur au sérieux.

On a cependant dit aux enfants dans un speech bien senti qu'une dame est venue du vieux monde pour leur rendre visite et qu'ils doivent faire de leur mieux. Ils n'ont pas compris un traître mot.

C'est en vain qu'on leur pose des questions. Ils se contentent de vous regarder d'un air hébété, sans plus. Ils me récitent en chœur cette scie, conception du maître :

> *Play while you play,*
> *Work while you work,*
> *One thing at a time,*
> *That is the way* (1).

On ne peut rien en tirer d'autre.

Il se trouve que M. Bartow est un lettré (que n'est-il pas ?). La première chose qu'il me glisse dans le tuyau de l'oreille pendant la soi-disant classe, c'est qu'il a écrit des poésies. Il a accepté ce poste indigne de lui (je cite ses paroles) en vue d'étudier les Indiens et d'en écrire un livre.

Ma visite à la Réserve est un événement et il envoie chercher sa femme. Elle arrive, le visage jeune encore sous ses cheveux tout blancs (les cheveux blanchissent très vite en Amérique). Elle accepte son isolement avec une philosophie et une bravoure tout américaines. Elle élève un tardillon qui lui est venu après trente ans de mariage. Quand ils se sont mariés les jeunes gens avaient vingt ans.

Tout de suite il est décidé que je souperai avec eux, et je ne sais pas d'accueil plus charmant que celui que je reçus dans ce petit cottage tapissé de peaux de bêtes, produit de la chasse du mari, grand tueur d'ours. Elle me montre avec orgueil une jolie capote faite de plumes de « divers » et

---

(1)   Jouez quand vous jouez,
    Travaillez pendant que vous travaillez,
    Une chose à la fois,
    C'est la bonne méthode.

de mouettes, toujours produits du coup de fusil de l'infatigable tueur, tandis que celui-ci, avec l'impitoyable cruauté des auteurs, me force à avaler toute une année d'un journal quotidien dont il a été le rédacteur. Le souper se compose d'un pâté de clams (1), dont les Américains sont très friands, pommes de terre sautées, avec des oignons, prunes cuites et biscuits confectionnés *at home*. Le tout servi par parts dans des soucoupes posées sur une nappe rouge et que l'on prend (ou ne prend pas) soi-même selon son goût et sa faim, ce qui évite à l'hôtesse la peine de faire des frais et à l'invité celle de les subir.

. . . .

Mais il paraît que c'est un jour sensationnel pour Barlow.

Voilà qu'un beau navire du gouvernement s'avance majestueusement dans une lueur qui pâlit sous le feu des étoiles éclairant la cime des pins. C'est *The Grand* qui visite la côte. Le capitaine Trojier envoie au cottage une barque qui vient inviter les habitants à se rendre à bord. Cet incident, infime en soi, prend dans ce désert les

(1) Ce clam est un mollusque qui tient à la fois de l'huître et de la moule ; il se mange de toutes les façons, cru, cuit, en soupe, en gâteaux, en salade, etc.

J'en avais un jour acheté un sac que je me promettais de déguster pour mon goûter. Je le déposai sur la cheminée, et me mis au travail.

Au bout de quelques minutes je fus dérangée par un léger bruit qui augmentait, devenant bientôt intolérable. Ces bêtes, s'ouvraient, crachaient, gloussaient, ruaient dans leurs coques avec une telle évidence de vie que de les manger telles quelles, eût été de l'anthropomorphisme, ni plus ni moins. Je ne pus m'y résoudre et, sonnant la domestique, je la priai de me débarrasser de cette bande bruyante et désordonnée.

proportions d'un événement. Les indigènes ne furent pas plus émus à l'approche de Christophe Colomb.

Le poète perd littéralement la tête. Il entasse dans un sac des vêtements comme pour un tour du monde. Le voilà prêt dans le cas où il serait invité (ce qui fut un rêve) à accompagner le capitaine, qu'il dit son meilleur ami, dans sa croisière. Il part sans prendre même la peine d'embrasser sa femme et son enfant.

Un quart d'heure après la barque revient et le matelot nous transmet le désir du capitaine de recevoir ces dames à bord.

Nous partons à notre tour. La nuit est resplendissante, d'un calme parfait qu'aucune brise, aucune vibration ne vient rompre. La barque file au mouvement vigoureux du matelot, la poitrine nue sous le froid intense.

Mais voilà qu'à quelques mètres des soufflements formidables retentissent dans le silence, tandis que des proéminences rondes et noires surgissent des eaux agitées.

Saisie d'étonnement et de frayeur, je demandai :

— Mais qu'est-ce que cela ?

— Des baleines, me répondit ma compagne du ton d'indifférence dont elle aurait dit « des merlans ». Un frisson me coupa l'épine dorsale et je n'aurais pas pu dire comme mon grand-oncle Bailly marchant à l'échafaud : « Je tremble, mais c'est de froid. » A bord nous trouvons joyeuse compagnie. Le capitaine, bon vivant, à la moustache grisonnante qui s'est fait une réputation en prêtant au musée de Tacoma une collection de curiosités indiennes par lui récoltées sur la côte et d'une valeur de cinquante mille dollars (250.000 fr.); un brillant lieutenant que sa jeune et charmante femme est venue rejoindre avec leur garçonnet, pendant les quelques jours que *The Grand* va passer dans la baie, et un jeune ingénieur qui nous montre de ces merveilleuses dentelles fabriquées et vendues pour rien au Mexique.

Nous voici de la sauvagerie retombés dans la plus raffinée des civilisations. Ces officiers de marine américains sont absolument délicieux.

. . . .

7 décembre.

J'ai passé la nuit dans la petite cabane où j'avais déjeuné, n'ayant trouvé aucun bateau pouvant me ramener à Seattle.

L'homme était à la pêche. La femme prit sa nièce et ses trois enfants dans son lit et m'a donné celui des derniers. Je m'y suis étendue sans enlever mes vêtements et à chaque mouvement que je faisais c'était une bouffée d'odeur nauséabonde à tuer un bœuf.

A minuit le pêcheur rentra : un colosse comme tous les Indiens, haut de six pieds. Son sombre visage d'une beauté superbe disparaissait dans l'ombre des bords du chapeau de feutre. Pour tout vêtement la chemise de flanelle dans la culotte de drap bleu et des bottes montant jusqu'au nombril.

Il m'apparut dans la lueur tremblante de la chandelle, magnifique et redoutable ainsi que quelque Barbe-Bleue. Et pourtant je ne pouvais en détacher mes yeux, frappée d'admiration devant tant de force et de beauté.

Il déroula son *bedding*, l'étendit sur le parquet et s'y coucha après avoir retiré ses bottes seulement. Alors la petite cabane des descendants d'un souverain déchu demeura immobile et muette. On n'entendit plus que le soufflement rythmé des baleines, alentour.

XVIII

Quels sont les sentiments religieux des Indiens? J'ai essayé de les tirer au clair. Ils m'ont semblés déistes sans aucune notion définie sur la religion catholique qui est censée être la leur.

Comme si l'usurpation n'était pas assez pour allumer la révolte dans ces âmes indépendantes les missionnaires s'en mêlèrent commettant l'erreur grossière de les exaspérer en parlant sans cesse des tortures que subissaient en enfer leurs ancêtres, ces fameux et nobles guerriers vénérés dans la mémoire du peuple, condamnés pour n'avoir pas pratiqué une religion dont ils n'avaient jamais entendu parler (1).

N'eût-il pas été plus adroit de se taire, et aussi de leur épargner des dogmes et des histoires excentriques qui ne peuvent passer que sucés avec le lait quand l'esprit inconscient ne peut analyser,

____

(1) On s'étonne qu'il y ait des gens intelligents et sérieux pour tenir un langage que je n'ose pas qualifier.

et que les Indiens avec toute leur ignorance avaient trop de bon sens pour accepter.

.   .   .   .

Un jour un missionnaire conta l'histoire de Jonas dans le ventre de la baleine, et ce ne fut pas sans peine qu'il obtint de son auditoire un acte de foi. Mais le prédicateur ayant eu la malheureuse idée de sortir celle du déluge, l'effet fut aussi rapide que déplorable. Un chef se dressant magnifique sous ses plumes qui lui en dressaient sur la tête s'écria : « Ça suffit. Nous voyons bien maintenant que tout ça sont des tas de mensonges; et nous ne croyons plus à l'histoire du gros poisson... »

Et ces néophytes récalcitrants ne voulant plus rien savoir forcèrent l'infortuné « habit noir (1) » à déguerpir *presto*. Une autre fois qu'un missionnaire expliquait comment Adam et Ève avaient, en mangeant la pomme, causé la damnation de leur postérité, un Indien sans s'étonner, car il avait déjà entendu tant d'énormités, se leva et répliqua avec la plus sincère gravité : « C'était en effet une faute de manger les pommes : le mieux est d'en faire du cidre. »

.   .   .   .

Durant l'été de l'année 1854, plusieurs chefs de tribus des Six-Nations s'assemblèrent dans l'état de New-York pour se consulter au sujet de la réponse à donner à un missionnaire de l'état de Massachusset, venu aidé d'un interprète dans l'intention de prêcher l'Evangile.

Après deux heures de délibération le chef Ja-

(1) C'est ainsi que les indigènes appelaient les missionnaires.

quette-Rouge (en indien Sa-qu-wha-hah) fit ce superbe discours qui mérite d'être lu comme spécimen de l'éloquence indienne :

« Amis et frères, la volonté du Grand-Esprit
nous a réunis ce jour.

« Il commande à toutes choses et nous a favorisés
du beau temps pour notre conseil. Il a levé le
voile qui couvrait le soleil afin que cet astre nous
éclaire de ses rayons, nos oreilles et nos yeux
sont grands ouverts afin que nous puissions voir
clairement et entendre distinctement la vérité que
vous êtes venus nous apporter.

« Frère, c'est à votre demande que nous nous
sommes réunis aujourd'hui. Vous désirez de nous
une réponse sincère. Nous vous en sommes reconnaissants car nous considérons que c'est notre
droit de dire ce que nous pensons.

« Frère, vous dites que vous voulez obtenir une
réponse catégorique à votre discours avant de
quitter cette place? C'est juste qu'il en soit ainsi
car vous avez parcouru une grande distance, et
nous ne voulons pas vous retenir si loin de votre
home.

« Nous allons d'abord retourner un peu en arrière, et vous répéter ce que nos pères nous ont
dit, et aussi ce que nous avons entendu de la
bouche des blancs.

« Frère, écoutez ceci : Il fut un temps que nos
pères possédaient cette immense île. Leurs sièges
s'étendaient du Levant au Couchant. Le Grand-
Esprit l'avait créée pour l'usage des Indiens. Il
avait créé le blé pour faire le pain, le buffalo (1),

(1) Avant la civilisation plus d'un million de ces animaux
étaient tués par année dans l'Ouest.

le cerf et d'autres animaux pour servir de nourriture et de vêtements. Il les avait envoyés dans le pays et nous avait appris à les capturer. Il avait fait tout cela pour ses enfants rouges parce qu'il les aime. S'il arrivait que quelque différend s'élevât au sujet des chasses ils étaient réglés sans que beaucoup de sang fût versé.

« Mais voilà qu'un grand mal descendit brusquement sur nous : vos ancêtres traversèrent le grand Océan, et abordèrent sur cette île. Le nombre en était petit. Ils trouvèrent en nous des amis et non des ennemis. Ils nous dirent qu'ils s'étaient enfuis de leur pays par crainte des méchants qui les persécutaient dans leurs croyances, et qu'ils venaient ici pour pratiquer leur religion. Ils mendièrent une petite place. Nous eûmes pitié d'eux, nous acquiesçâmes à leur requête, et ils s'installèrent parmi nous. Nous leur donnâmes du pain et de la viande, ils nous donnèrent en retour du poison (1) puissant qui a tué des milliers d'Indiens.

« Les blancs avaient découvert notre pays. La nouvelle s'en répandit, et d'autres arrivèrent. Cependant nous ne les craignions pas encore. Nous les traitions en amis. Ils nous appelaient leurs frères.

« Nous les crûmes et leur abandonnâmes encore du terrain. Mais leur nombre grossissait toujours. Ils voulaient plus de terre. Ils voulaient notre

____

(1) Le wisky qui leur fut distribué plus encore pour les démoraliser en vue de la conquête que pour leur tirer de l'argent. Ils en sont devenus très friands. L'effet déplorable que le wisky produit sur eux a forcé le gouvernement d'infliger une amende à quiconque leur en vendrait.

pays tout entier. Nos yeux s'ouvrirent, nous comprîmes et nous nous inquiétâmes. La guerre éclata. Des Indiens furent payés pour se battre contre les Indiens, et beaucoup d'entre nous périrent. Frère, nos possessions étaient immenses et vous étiez peu. Vous êtes devenus un grand peuple, et nous avons à peine de quoi étendre nos couvertures; mais vous n'êtes pas satisfaits; vous voulez maintenant nous imposer votre religion.

« Frère, continuez d'écouter : vous dites que vous êtes envoyé pour nous enseigner à adorer le Grand-Esprit selon son cœur; et vous nous déclarez que si nous ne pratiquons pas la religion que vous enseignez nous ne serons heureux ni dans ce monde ni dans l'autre. Vous dites que vous êtes la vérité et que nous sommes l'erreur. Comment savons-nous que ce n'est pas le contraire? Vous dites que votre religion est inscrite dans un livre? Si elle était faite pour nous pourquoi le Grand-Esprit ne nous l'aurait-il pas donnée avec le moyen de la comprendre? Comment pouvons-nous vous croire quand nous avons été si souvent déçus par les blancs?...

« Frère, vous nous dites qu'il n'y a qu'une manière d'adorer le Grand-Esprit? Si cela est pourquoi, vous, les blancs, différez-vous autant sur les sujets religieux? Pourquoi ne pas vous entendre puisque vous lisez tous le même livre (1)?

« Frère, nous ne comprenons pas ces choses. Notre religion nous a été transmise par nos pères et a passé de génération en génération sans ja-

______

(1) Je me permets d'attirer l'attention du lecteur sur la sagesse de cet argument.

mais varier. La voici : nous sommes reconnaissants des bienfaits qui nous sont accordés; nous nous aimons les uns les autres; jamais nous ne nous querellons au sujet de religion (1).

« Frère, le Grand-Esprit nous a tous créés; mais il a fait une grande différence entre ses enfants blancs et ses enfants rouges. Il nous a donné une couleur et des mœurs différentes. A vous il a donné les arts auxquels nos yeux sont fermés. Eh bien! pourquoi n'aurait-il pas fait aussi une différence de religion, nous en donnant une plus en rapport avec notre intelligence ?

« Le Grand-Esprit ne peut se tromper. Il sait ce qui est le mieux pour ses enfants : nous sommes satisfaits. Frère, nous ne voulons pas détruire votre religion ni vous la prendre. Nous voulons seulement jouir de la nôtre.

« Frère, on nous a dit que vous prêchiez les blancs dans ce pays. Ces gens sont nos voisins. Nous les connaissons. Si nous voyons que votre religion les rend meilleurs, plus honnêtes, moins disposés à voler les Indiens, nous considérerons de nouveau ce que vous nous avez dit (2).

« Frère, voilà la réponse à vos paroles et nous n'avons rien de plus à dire à présent. »

Cette sublime leçon que nombre de soi-disant chrétiens feraient bien de mettre dans leur poche fut suivie d'une autre leçon de largeur d'esprit

(1) A un missionnaire qui contait les guerres de religion un Indien fit cette réfléxion : « Frère, ce que tu nous dis ne peut être vrai. Ce ne sont pas les blancs qui font ces choses. Tu nous racontes là l'histoire du diable. »

(2) Toujours cette logique implacable.

qui pourrait servir aussi à certaines âmes mesquines de ma connaissance et de la vôtre (1).

Sa-gu-wha-hah s'avança bon enfant avec un mot de fraternel adieu, la main cordialement tendue vers le missionnaire. Celui-ci lui tourna le dos précipitamment alléguant qu'il ne pouvait y avoir de fraternité entre l'œuvre de Dieu et celle du diable *(sic)* (!)

Je vous le demande sans parti pris : lequel du chrétien ou du païen avait le mieux compris la parole du Christ — ce grand chrétien — : « Aimez-vous les uns les autres »?...

. . . .

Malgré ces erreurs la civilisation chez les Indiens est due en grande partie aux missions : il serait injuste de le nier. Elles ont fait des prodiges parmi ces sauvages qui, il y a quelques années, couraient la prairie traînant à l'arçon de leur selle des membres humains dont ils se nourrissaient, des crânes dont ils se glorifiaient.

Il est vrai que la civilisation a encore fort à faire. Il n'est pas rare que dans les réserves on entende des gémissements sortir de quelque hutte : c'est un vieux ou une vieille que les jeunes ont enterré là vivant en vertu de ce principe qu'il faut détruire ce qui n'est plus d'aucune ressource.

---

(1) A commencer par Mrs Sheperd qui fonda à New-York une maison pour les jeunes femmes chrétiennes, à condition qu'il n'y fût pas reçu de catholiques romaines. J'ai plaisir à lancer ce coup de dents, en ayant une, contre la fondatrice. En effet, je me suis présentée à cette institution, très souffrante, en quête d'un lit, pour la nuit, entre deux bateaux. Or à ma réponse : « catholique romaine », au questionnaire qui m'était posé je fus poliment mise dehors.

A la fête des chiens qui se célèbre une fois l'an et est présidée par le premier médecin de la tribu, les Indiens égorgent et mangent une meute de chiens. Ce n'est pas fête pour tout le monde!

Je sais pis. Il y a six ans à une fête, à Walla-Walla tout près d'ici, les Indiens mangèrent la chair pourrie de leur chef qu'ils avaient conservée tout l'hiver. Etait-ce là un hommage posthume ou simplement une régalade? L'histoire ne le dit pas.

XIX

La croissance de ces villes de l'Ouest est fabuleuse. On les voit positivement pousser comme des champignons. Après un mois d'absence on en trouve l'aspect changé : des routes ont été tracées, de vastes débarcadères construits, des maisons élevées.

Bien que l'on soit accoutumé à voir du fantastique en voyageant en Amérique on a peine à croire que, en 1889, le quartier des affaires à Seattle devenait la proie des flammes. L'Amérique est le pays du prodigieux à commencer par les catastrophes. Les incendies y sont constants, donnant au peuple l'occasion de déployer son extraordinaire énergie, et tout de suite, sur les cendres, s'élève une ville ou un quartier nouveau, plus vaste et plus beau que l'ancien.

Quand je suis arrivée, j'ai cru ne pas pouvoir parvenir à trouver un bureau : tout regorge, et si, par hasard, on tombe sur quelque chose de libre et qu'on s'éloigne deux minutes du bâtiment pour un éclair de réflexion, quand on revient il est trop tard. Pendant six mois j'ai suivi les annonces des journaux y cherchant un cottage à louer. Environ chaque matin il y en avait un ; je me précipitais immédiatement après mon premier déjeuner, trop tard. Alors je pris le parti de me rendre à l'adresse indiquée avant le déjeuner ce qui veut dire sur les huit heures, trop tard.

Cette chasse au logement est acharnée. Le propriétaire se soucie du locataire comme d'une guigne ; il sait bien que s'il le perd il le remplacera le même jour. Il n'est pas rare qu'il vous prévienne, en vous faisant la faveur de vous loger, qu'il vous délogera avec dextérité dans le cas prévu où se présenterait un locataire payant davantage. L'insolence de ces gens est confondante.

Si vous vous plaignez qu'un dollar que vous avez déposé sous votre matelas y est encore après trois mois on vous répond : « Si vous n'êtes pas content allez ailleurs. » Et en songeant que vous ne trouverez peut-être pas un autre gîte aussi facilement que votre homme trouvera un autre locataire, vous vous excusez de votre « impropriété » et passez.

Un de mes *landlords* m'ayant réclamé cinquante cents pour avoir brûlé mon gaz toute la nuit, je lui fis observer avec une politesse extrême (j'étais déjà dressée alors) qu'il faisait une erreur, erreur pardonnable, mais enfin une erreur. Il gouailla :

« Ah bien, vous n'allez pas jouer à la plus maline et me la faire, hein?... C'est cinquante cents. »

. . . .

Mais je m'éloigne de mon sujet qui était la façon dont on fabrique un bureau. Cette recherche est encore plus dure, car on n'a pas l'espoir quotidien de réussir : l'objet est trop rare. A mon arrivée un immense hall venait d'être construit par un jeune et entreprenant constructeur, M. Price, auquel Seattle devra beaucoup de sa grandeur.

Dans les quatre murs de ce hall, rien. M. Price me dit :

— Je peux vous construire un bureau, immédiatement.

— Quand, immédiatement ?...

— *Right away...*

Si on pouvait traduire cet américanisme on pourrait donner une idée de la maestria avec laquelle distances et obstacles se franchissent ici.

Je demande :

— Comment ?...

— En assemblant en forme d'angle deux cloisons dans un coin...

Il n'y avait pas à dire « deux cloisons en forme d'angle dans un coin » ça ferait bien un carré. J'acceptai.

Quatre jours après cet entretien électrique, j'avais un charmant bureau de bois vernis, chauffé au calorifère, éclairé au gaz et à l'électricité, fermant à clef et muni d'une sonnette électrique, un paradis de paix dans ce milieu d'affolement universel que rien ne peut calmer.

Aujourd'hui ce hall est divisé en treize sections, chacune occupée par plusieurs maisons d'affaires. Ce paradis est devenu un enfer ! C'est un charivari à ne pas s'entendre, dans lequel cependant retentit en coups de castagnettes le nom du *dollar* vingt fois en un quart d'heure (j'ai compté).

C'est une sonnerie assourdissante des téléphones, un *hallo ! hallo !* ininterrompu. Ce sont des giboulées de vendeurs et d'agents de publicité de tous les coins du pays qui viennent offrir leurs marchandises ou leurs services. Pour moi spécialement ce sont les pauvres, les sans patrie, les vaincus de la vie, qui croyant à un consulat français viennent voir ce qu'on y pourrait trouver. Ce sont aussi les Français, les Alsaciens, les Belges, fainéants en haillons ; je dis « fainéants », car il faut l'être pour rester en haillons dans ce pays ; ce sont des gens qui ne pouvant rester nulle part courent le monde, dans un continuel besoin de changement. Il y a les malchanceux aussi. Voici un monsieur comme il faut, un Français ; ému et solennel il vient me demander de l'aider à retrouver trace de sa femme qui l'a quitté... Ma situation ne sera pas une sinécure si j'entreprends ce genre d'affaires...

Tous les bureaux sont ouverts à huit heures ; ces messieurs ne quittent pas avant le dîner, et très souvent reviennent après pour y rester avant dans la soirée. Les heures de travail sont illimitées. Après cinq heures de cet effort phénoménal, les visages deviennent grisâtres, les traits se tirent, j'en ai vu de méconnaissables, ravagés par la fatigue effroyable de douze ou dix-huit heures de *struggle for life.*

Beaucoup viennent le dimanche. De retour à la maison, loin d'éprouver le besoin de rafraîchir et de reposer leurs cerveaux enfiévrés, ces forcenés se remettent tout de suite à causer affaires s'ils en ont l'occasion.

Il faut bien que le mariage soit une loi universelle à laquelle l'humanité doit se soumettre pour que ce genre d'homme se marie, car il n'a pas une minute à donner aux siens qu'il se contente de couvrir d'or. Le spectacle charmant si fréquent à Londres dans le « suburbs », de la femme et de l'enfant accompagnant à la porte du jardinet le chef de famille partant à ses affaires dans la Cité, le suivant d'un regard tendre jusqu'à ce qu'il ait disparu; celui non moins charmant du mari rentrant le soir, apportant aux êtres chéris, pour lesquels il vit, fleurs et jouets, n'est point offert aux yeux de l'observateur.

Avec tout ça, l'Américain est bon mari si par « bon mari » on entend « mari fidèle », ce qui n'est pas suffisant. N'ayant pas de temps pour sa femme ce serait trop fort qu'il en eût pour les autres... Cette tendance de tout son être qui le porte vers les affaires l'éloigne de toute idée charnelle.

Si les circonstances exigent qu'il soit dans sa famille il s'y montre bon et affectueux. A bord d'un bateau par exemple, il est tout autre que dans le tourbillon de la cité. C'est de sa femme uniquement qu'il s'occupera et cela avec une attention continue ; et si celle-ci est contrainte de garder le lit en proie au mal de mer il devient pour ses enfants d'un dévouement absolument touchant, en prend soin, les fait manger, les promène, les amuse du matin au soir. Ce n'est ni le cœur ni les sentiments familiaux qui lui manquent, mais le temps de s'y adonner.

A l'exception de l'Université dont je parle plus loin, Seattle n'a pas de monument qui vaille une remarque (1), si ce n'est un tout spécial comme il n'existe pas de ville qui puisse se vanter d'en posséder. C'est une colonne faite de quinze énormes écussons de bois coloriés représentant des masques hideux de monstres ou d'animaux grossièrement sculptés. Ce sont les dieux indiens volés aux tribus par les pionniers qui ont eu le mauvais goût de les faire monter en colonne plantée au milieu du Pionner's-Square, ce que les Indiens n'ont pas encore digéré, d'ailleurs.

La variété d'architecture proclame le mélange des races. Chacun apporte ses capacités et ses goûts individuels ; et il résulte de la combinaison des idées, un extraordinaire amalgame de dômes bizarres, de colonnes de toutes formes, de pignons coquets et hardis, de tourelles massives ou légères. Quelques constructions vraiment belles à côté d'infiniment petits cottages à deux pièces, tout un ensemble de gaie originalité jeté pêle-mêle dans un pittoresque désordre, parmi les terrains marécageux tapissés de mousse, encombrés d'arbres nouvellement abattus ou gisant là depuis longtemps oubliés. Il y a des gens qui bâtissent un petit cottage devant un gros arbre afin de n'avoir qu'à sortir et couper eux-mêmes leur bois à même le tronc quand vient le moment d'allumer du feu... Cet arbre énorme durera probablement plus longtemps que le cottage que le premier orage abattra.

(1) Depuis que j'ai écrit ces notes, la cité a voté une somme de un million de dollars pour la construction d'un government Building.

Une méthode de construction assez fréquente consiste en un haut perron conduisant à un hall extérieur recouvert d'un dôme soutenu par de lourdes colonnes. A la voûte est suspendue une lanterne de couleur de dimensions énormes.

Les portes des maisons riches sont généralement protégées par un grillage de fer comme celles des couvents. A travers ce grillage on aperçoit des rideaux ornés d'applications de dentelles magnifiques.

Pas un jardin : on n'a pas encore eu le temps d'y penser. Tout cela est d'une nudité de poulet sortant de la coquille. Quand le temps aura posé ces jolis feuillages rouges nommés lierre de Boston et qui couvrent les murs de beaucoup de maisons de New-York, Seattle sera tout à fait charmant.

Toujours et partout la réclame, le *go-ahead*, la volonté fixe d'être le premier. Le nom du propriétaire de la maison et sa profession sont inscrits sur une pierre posée sur le bord du trottoir afin de frapper les regards. On entre, très souvent introduit par la maîtresse de céans qui porte un tablier quelconque, ce qui fait que si c'est une première visite on croit avoir affaire à la bonne, autant parce que la dame a l'air d'une domestique que parce que celle-ci a reçu, dans les écoles libres, la même éducation que sa maîtresse, et qu'elle porte à peu de chose près les mêmes vêtements.

Tout de suite, sans essayer ainsi que le ferait une Européenne qui n'aurait pas manqué de mettre son chapeau, de faire croire à une sortie coïncidant avec le coup de sonnette, celle-ci explique tout bonnement (je vous prie de croire que mon intention n'était pas de faire un mot) que la servante est en congé : « *It is my maid's day out* (c'est le jour de sortie de ma bonne). » Donc la première fait le service de la seconde. Rien de plus simple et de plus naturel.

Suivez-moi dans un de ces intérieurs.

Les fenêtres à l'instar des fenêtres anglaises sont faites de deux châssis vitrés qui glissent verticalement dans la paroi ; ce système joint à l'avantage de pouvoir donner autant d'air qu'on en désire, celui d'éviter le battement des vitres qui en cas de courants d'air en cause si souvent le brisement.

Je n'ai pas vu trace du luxe criard légendaire. Tout, au contraire, est consacré au confort et est d'une élégance simple du meilleur goût. C'est un charmant négligé harmonieux et fantaisiste, pardessus tout une atmosphère de bien-être qui se sent depuis le cabinet de toilette aux immenses lavabos, jusqu'aux fauteuils capitonnés de coussins où l'Américaine passe beaucoup de son temps dans ce continuel bercement qui lui est cher et auquel elle est accoutumée depuis sa naissance, voire même avant. Les pièces sans portes sont tapissées de tapis moelleux dans lesquels on enfonce jusqu'à la cheville. Rien d'inutile : le bibelot est chose inconnue. (Je sais un des grands salons de Londres où il y a trois cents lapins de toutes tailles et de toutes substances.) Quelques bonnes peintures, le propriétaire visitant l'Europe chaque année. M^{rs}... arrive d'un voyage à Londres, Paris et Berlin. La fillette, une gamine de treize ans, très belle dans sa haute taille, d'une hardiesse qui chez nous serait de l'effronterie, me montre un énorme paquet de photographies, souvenirs de son voyage. Elle a tout vu, tout compris, tout apprécié, tout retenu. Les bains romains du musée de Cluny sont restés très nets dans sa mémoire de petite femme. La Vierge de Murillo au musée du Louvre l'a remplie d'une admiration qui éclate dans ses grands yeux de vibrante. Elle préfère le maître espagnol à Rosa Bonheur dont elle a vu les œuvres au musée du Louvre et à celui de New-York.

Dans la conversation elle remarque que sa mère ressemble à Mme Récamier ; et cette ressemblance est si frappante que je défie tout Seattlois qui lirait ces lignes de ne pas reconnaître le modèle de cette esquisse.

Et tout cela est dit sans pédanterie aucune, simplement, — comme c'est senti.

M^{rs}... est une adepte zélée de la Christian Science, secte religieuse grandissant dans toute l'Amérique et qui répudie l'assistance du médecin et l'application de tout remède physique, et soigne les malades par la foi. « Jésus guérissait sans remèdes. » Il s'agit de croire et de vouloir. Les sectaires ont leurs docteurs qui n'administrent que la persuasion. La police a les yeux sur eux et je trouve M^{rs}... nerveuse et pleine de réticences lorsque je tente de l'interviewer. Elle sait que je compte publier ces notes et se tient sur la réserve. Elle ne s'aventure pas à dire ce qu'elle ferait en cas de graves maladies ou d'accidents. Toutefois hier le petit garçon ne pouvait se rendre à l'école à cause d'un mal de cœur ; elle l'étendit sur un sofa et, employant les moyens dont je viens de parler, le remit sur pied après un quart d'heure. C'est le magnétisme : rien autre. Pas un médecin de science pratique n'a franchi le seuil de cette demeure.

L'hospitalité américaine dont nous avons les oreilles rebattues n'existe pas dans l'Ouest. La société de Seattle est très fermée et pour y pénétrer il ne faut rien moins qu'y être poussé par deux millionnaires, comme je l'étais ; et même ainsi escortée ça ne va pas tout seul. Cet effort pour copier la morgue traditionnelle de la haute société anglaise est à la fois comique et lamentable, comique surtout.

XX

Seattle.

La ville de Columbia (Nouvelle-Orléans) vient d'être le théâtre d'un drame sanglant causé par une révolte des nègres contre les blancs, provoquée par l'arrestation d'un nègre qui tenait un restaurant sans avoir le permis nécessaire à ce genre de commerce.

Il faut dire que les têtes avaient été excitées quelques jours auparavant, un nègre ayant été brûlé vif pour avoir commis des voies de fait sur une femme.

La force armée dut mettre le feu au restaurant pour en déloger les révoltés qui tiraient sur elle, ce que voyant, ceux-ci redoublèrent la fusillade et tuèrent et blessèrent plusieurs hommes de police. Les survivants ripostèrent et massacrèrent le res-

taurateur dont il ne resta qu'une masse informe
de chair et de sang.

Un prédicateur noir arriva sur le lieu de la tuerie, armé d'un fusil mousquet et reçut une balle
qui l'étendit mort sur le coup. Quand le combat
fut terminé les nègres s'enfuirent dans les bois
comme des lièvres, laissant sur le carreau dix
morts dont trois femmes et un enfant, et nombre
de blessés.

Ces incidents, quoique isolés, montrent que le
vieux préjugé est encore là, rendant les uns tyran-
niques et les autres rebelles. Bien que les nègres
aient les mêmes droits, soient soumis aux mêmes
lois, et s'instruisent aux mêmes écoles que tout
autre citoyen américain, le mélange ne se fait pas.
La légende qu'ils descendent de Caïn et que leur
noirceur est une malédiction de Dieu circule encore.

A l'hôpital de Chicago j'ai vu d'affreuses choses,
— des noirs dans le plus complet abandon moral.
Je n'ai pu faire dire à aucun d'entre eux qu'il était
bien soigné. Les plus audacieux répondaient car-
rément « non », tandis que les autres n'osaient que
se taire jetant alentour des regards épeurés. Entre autres une malheureuse femme affligée d'un
constant crachement qui déchirait sa poitrine
amaigrie de petite fille. Couchée sur le ventre pour
pouvoir plus facilement satisfaire à ce besoin continuel d'expectoration, elle gémissait, suppliant
qu'on eût la charité de lui lire la Bible : « Elle n'attend plus rien de ce monde, elle ne désire plus
que Jésus »; et cette plainte suppliante est affreuse
à entendre ; j'ai compris ce jour-là le bien que peuvent faire les saintes âmes qui visitent les hôpi-

taux. A l'heure où j'écris est-elle morte cette martyre de la vie ? Souvent son souvenir me revient comme un cauchemar.

Et ce n'était pas que le corps qui gémissait, mais le cœur, déchiré aussi par quelque plaie intime. Je lui demande si elle est fille ? Non, mais elle est seule.

Il l'a torturée... Comment cela ? Alors elle me fait cette réponse qui est toute une leçon. « Ah ! vous êtes donc sage que vous ne savez pas comment *ils* font souffrir ? » J'avais reçu une réponse équivalente d'une gamine de quinze ans, une blanche celle-là, de la salle des maladies vénériennes où elle devait rester encore trois ans, un ange de beauté candide qu'on eût dit descendu d'un tableau de Raphaël.

Ce qu'il y a de curieux c'est que les nègres se méprisent eux-mêmes. A l'un qui avait fait une immense fortune, on demandait pourquoi il ne se mariait pas. Il répondit :

« Non, moi pas marier ; femme blanche veut pas moi.

— Mais pourquoi ne pas épouser une demoiselle de votre race ?

— Seigneur ! massa, moi veux pas marier vilaine négresse. »

Ce patricien était noir comme l'ébène. Cette répugnance du blanc pour le noir est toute physique et instinctive, car autrement il n'y a rien pour la motiver. Un orateur de la Nouvelle-Angleterre déclara dans une de ses conférences que « s'il voulait trouver un bon cœur il le chercherait sous la peau noire et une bonne tête sous la chevelure crépue ».

Les partisans de l'esclavage prétendaient que les autres étaient intellectuellement inférieurs aux blancs. Comment les facultés morales d'un esclave auraient-elles pu se développer? Les propriétaires d'esclaves s'efforçaient de garder les nègres dans la plus honteuse ignorance. Je recueille dans un journal de Charleston daté de l'année 1823 l'information suivante : « Le grand jury de Charleston se plaint du nombre d'écoles tenues par les noirs qui existent dans la ville et croit qu'une ordonnance défendant aux noirs sous de sévères pénalités d'exercer l'instruction, serait accueillie par le public avec une générale approbation. »

Or, comme l'accès des écoles tenues par les blancs était interdit aux autres on comprend le résultat d'une telle loi ? L'affranchissement a prouvé que les nègres étaient susceptibles d'intelligence et de raffinement. On ne peut souhaiter de meilleurs serviteurs. Il m'est arrivé parfois de me trouver des jours et des nuits seule avec l'un d'eux dans le même compartiment, et jamais je n'ai oublié le dévouement et la sollicitude dont je fus alors entourée.

Voici un autre extrait d'un journal de Cumberland daté du 27 octobre 1822 : « Mr W. Powlling, citoyen de cette cité, a été assassiné par un nègre appartenant à Mr Stewart, de l'Etat de Virginia. La femme et les enfants de cet esclave avaient été vendus à Mr Powlling. Celui-ci accompagné de Mr Melbourne alla quérir son acquisition à domicile. L'esclave guettait leur arrivée et au moment où ils apparurent logea une balle dans les côtes du malheureux Powlling qui ne survécut que quelques heures à sa blessure. »

Je vous recommande spécialement *malheureux Powlling*, cet adjectif, dans la circonstance, est tout un poème...

Personnellement j'ai toujours aimé les nègres. Ces grands diables aux dents éclatantes dans un sourire d'enfantine candeur, à la démarche souple et gracieuse, au ton poli et doux, sont délicieux. Il y a quelque vingt ans une maîtresse de maison n'eût jamais consenti à se servir d'un nègre. Robert Lebaudy qui arrive de la Floride et a reçu des confidences de noirs dont le métier consiste à promener les dames dans des sortes de pousse-pousse (je crois) sous les allées ombreuses de certain parc, pourrait raconter des choses qui tendent à prouver que les sentiments des blanches à l'égard des noirs se sont considérablement adoucis... Mais ceci est une histoire qui ne nous regarde pas.

. . . .

Pour bien les voir dans leur élément, c'est-à-dire à leur avantage ici, il faut assister à une de ces extraordinaires *Cake Walk* qui sont leur danse nationale. On ne regrette pas son temps.

J'en ai vu une donnée par les employés du chemin de fer. L'invitation était ainsi conçue : *The S. C. P. (Seattle Cake Prize). Club extends an invitation to yourself and friends to attend the Third Annual Smokers Grand Prize Waltz at Germinia Hall, Wednesday October, 23 1901. Ladies free.* (Entrée libre pour les dames.)

Prizes :

First : Gold Handled Umbrella for gentleman ; Pair gold bracelet for lady.

*Second : Handsome shaving Cup for gentleman ;
Pair kid gloves for lady.*

Le concours a lieu entre deux couples évoluant devant le groupe du jury. Cette danse est quelque chose d'unique avec ses dodelinements d'un dégingandé harmonieux au son d'une musique bizarre et rythmée sur les mouvements des danseurs.

Ce jour-là l'un de ces couples se composait de professionnels, artistes de je ne sais quel théâtre. Elle, de grands-parents noirs, mais tout à fait blanche, n'ayant conservé de sa race que des yeux de feu, braise flamboyante dans le globe jaune, trouant largement la face d'une remarquable beauté. Elle porte une étrange toilette rose où scintillent des paillettes d'or, le corsage tombant mollement jusqu'à la taille que ne gêne pas la moindre ceinture ; et si éblouissante est cette nudité triomphante, si artistique aussi, qu'on n'en voit pas l'indécence.

Le couple qui leur fait vis-à-vis est absolument noir. D'une souplesse immatérielle, les danseurs ondulent avec des mouvements mignards qui sont des caresses ; la jeune femme est vêtue d'une robe blanche de laquelle elle émerge infiniment longue et mince, tel un lys noir, d'un cornet de soie blanche.

Le dernier entrechat les déposa aux pieds de la tribune du jury à quelque distance l'un de l'autre. Alors il mit un genou en terre et elle accourut cambrée très en arrière, secouant en saccades un petit ventre rond et dur, à la façon que l'on croit à tort américaine et qui est une importation d'Afrique. Elle vint ainsi dans un geste d'abandon de femme qui s'offre se poser sur le genou ployé tendu vers elle. Puis ils tendirent la tête l'un vers l'autre et leurs lèvres provocantes d'un rouge sanglant, dans un mouvement aussi brusque qu'inattendu, se rencontrèrent. Ils restèrent ainsi unis dans une légèreté ailée de libellules accouplées.

Un frisson courut dans la foule où se fit un grand silence.

XXI

San Francisco, 25 décembre.

Les voyages aux États-Unis se font sur l'aile des fées tandis que chez nous tout est admirablement organisé pour assommer les voyageurs ; ici tout est combiné pour leur confort.

Ne pourrions-nous pas copier quelques-uns de ces systèmes, par exemple la *Transfer Company* qui résoud adroitement et économiquement la question des bagages ?

Les employés de cette Compagnie, qui a un contrat avec celles des chemins de fer, viennent offrir aux stations leurs services aux voyageurs. Vous leur donnez le numéro sous lequel sont enregistrés vos colis et votre adresse à l'hôtel. A leur tour ils vous donnent comme reçu un numéro correspondant et en cas d'accident (il n'en n'arrive jamais) la Compagnie du chemin de fer est responsable.

J'ai traversé les États-Unis, séjournant dans les

villes et faisant suivre ainsi de nombreux bagages sans avoir autre chose à faire que de passer mon numéro de Compagnie en Compagnie.

Si vous avez retenu votre chambre à l'hôtel, la *Transfer Company* s'y fait payer et vous trouvez votre colis vous attendant dans votre chambre quand vous arrivez tranquillement de la gare en faisant l'école buissonnière.

Quand vous partez, l'hôtelier téléphone à la Compagnie de venir chercher vos bagages qui repartent comme ils sont arrivés.

.   .   .   .

Le seul désagrément des voyages, il n'est pas mince, ce sont les invraisemblables retards des trains, causés par la longueur des distances et par de fréquents déraillements; il n'est pas de pays plus fécond en accidents de tous genres. C'est ainsi que le 22 décembre le train de Saint-Paul à Portland ayant été arrêté par un encombrement sur la voie, arrivait à Tacoma avec sept heures de retard, ce qui est une peccadille ici, outre le désagrément d'attendre dans une salle ventée (la pluie diluvienne qui s'arrête rarement l'hiver en Orégon s'opposait à ce qu'on mît le pied dehors), les voyageurs eurent, grâce à ce retard, celui de manquer le train de Portland qui devait les conduire à San Francisco. Nous dûmes coucher à Portland au Central Hôtel, le seul qui eût envoyé un omnibus à la gare et qui est bien le plus inconfortable auquel je sois jamais descendue aux Etats-Unis. D'ailleurs *Uncle Sam*, très philosophe, ne se plaint jamais; d'une inaltérable gaîté, toujours voyant à toute chose un bon côté et le prenant, on ne l'entend jamais se plaindre.

Le lendemain à huit heures et demie nous fi- lions dans la vallée de Wilamete entre les *Coast Range* (chaîne côtière) à l'ouest et les *Cascade Monts* à l'est.

On a vite fait connaissance et les conversations s'engagent entre les voyageurs. Un paysan de l'Etat de Pensylvanie, colosse à la face bestiale, aux doigts gros comme des mollets de nouveau-né devenus noueux et tordus à la peine, conte qu'il a fait sa fortune et va en voyageant la semer sur les routes.

Une jeune femme, presque une enfant, aux yeux de braise, aux traits tirés d'hystérique, ne pouvant faire tenir en place un bébé de deux ans, l'étend violemment sur la banquette et avec trois passes qui n'ont pas duré une minute, l'hypnotise et le bombarde dans un profond sommeil. C'est une professionnelle du spiritisme. Elle déclare que lorsque le moutard aura cinq ans elle en fera de l'argent *wil make pounds of money with him.* Et c'est ainsi que chacun entretient son voisin de ses succès et de ses espérances financières : on ne peut entendre autre chose.

D'heure en heure passent des marchands vous imposant leurs marchandises : journaux, fruits, maïs en grappes passées au four, etc., en vous les plaçant sur les genoux, obsession insupportable à laquelle on finit par céder, ce qui ajoute à l'énorme dépense du voyage, mais aide à passer le temps les voyageurs que ne captivent pas les beautés du paysage.

J'ai la chance d'avoir un lit occupant la place in- férieure, ce qui veut dire que je suis à hauteur des fenêtres ; tenue éveillée par la majesté du spec- tacle, saisie comme d'une angoisse à la vue de ces montagnes gigantesques, de ces ravins, de ces gorges, de ces cascades, de ces forêts de sapins dessinant des ombres fantastiques sur les pics de neige, je me crois l'objet d'un rêve. Toutefois le rêve se change en cauchemar quand le train passe sous les tunnels pratiqués dans le roc; c'est alors une des sensations les plus épouvantables que l'on puisse éprouver, celle d'être enterré vivant, dans quelque bière mouvante et la position horizontale devient presque intolérable.

Ce qui est moins connu que le sleeping car ordinaire ce sont les *tourists cars* : ils sont très curieux. Les *tourists*, outre qu'ils payent moins cher, n'ont pas la dépense exorbitante du *dining car* ou des hôtels ; ils vivent plusieurs jours dans le wagon comme chez eux... Des familles composées de six ou sept membres apportent d'immenses paniers de provisions, viande, légumes, café, etc., et toute la batterie de cuisine.

Une cuisine avec un grand fourneau toujours allumé est mise à leur disposition, et à l'heure des repas des planches sont ajustées devant les banquettes et le couvert dressé. C'est alors un échange général de courtoisies et de nourritures. J'ai été souvent visiter le *tourist car* à l'heure des repas et y ai toujours reçu l'accueil le plus empressé arrosé du meilleur café.

Mais quand on rentre après un bain d'air de montagne dans cette atmosphère où on a vécu, mangé et dormi pendant plusieurs jours sans qu'aucune fenêtre ait été ouverte — au contraire des Anglais qui arrêtent les portes et les fenêtres pour établir un courant d'air, les Américains ont horreur de l'air — c'est à tomber, tout simplement.

Peu ou pas de voyageurs profitent de la plate-forme; les beautés du site ne les attirent pas. *Uncle Sam* est trop occupé de négoce qu'il discute au fumoir pour s'intéresser à autre chose.

A six heures nous passons le mont Shasta. Il surgit de la Sierra Nevada, à une hauteur de 4,400 mètres et dans la nuit, sous la blanche lune, sa blancheur éclatante s'illumine de la clarté des étoiles qui brillent dans ce ciel d'Amérique d'un éclat incomparable.

On s'est couché de bonne heure, forcés de faire place aux lits et on se lève de même. Les hommes font leur barbe le miroir attaché à la croisée, les femmes passent au cabinet de toilette, les mamans avec leurs enfants, et en ressortent vêtues et coiffées de frais.

(Les trains sont chauffés pendant l'hiver à une température de 26 degrés centigrades et les bureaux de 28.)

Il fait jour. C'est maintenant le *Castel Crag*, sortant des profondeurs sombres des crevasses pour monter déchirer la voûte bleue de ses rocs abrupts et déchiquetés.

Pour ajouter à toute cette sauvagerie voici deux loups qui traversent en courant un ravin. Tout à l'heure c'était un aigle au vol lourd et majestueux. Nous stoppons à Dunsmuir. Toutes ces stations sont de mauvaises cabanes de bois construites sur des tréteaux, au milieu des villages. Aucune barrière, seulement un poteau portant un écriteau : *Keep away from the car.* C'est tout. Aussitôt des gongs, des cloches, des carillons éclatent dans l'espace embaumé. Ce sont les appels à déjeuner des auberges. Employés et voyageurs se précipitent, s'installent aux mêmes tables, nègres et millionnaires, puisqu'en ce pays on est tous logé à la même enseigne.

Cette cérémonie se renouvelle plusieurs fois par jour, elle aide puissamment à passer le temps agréablement, évitant de plus au voyageur, qui ne peut s'offrir le *dining car*, les horreurs du repas étalé sur les genoux.

A Reading (260 milles de San Francisco), nous entrons dans la vallée de Sacramento), Comme nous avançons la végétation devient de plus en plus luxuriante. Ce sont maintenant de belles *farms-houses* et de magnifiques pâturages où paissent d'immenses troupeaux de moutons de taille gigantesque.

Le train est entièrement enfermé entre la montagne et la Sacramento River, où l'on pêche ce délicieux poisson que l'on ne trouve nulle autre part, le *striped-bass*, et nous semblons courir sur l'eau, car on ne voit pas les rails, seulement le roc et la rivière dans leur primitive sublimité.

Quelques maisonnettes de chercheurs d'or se détachent sur le vert foncé des sapins. L'esprit se reporte aux charmantes nouvelles de Bret Hart qui, avec leurs héros gentlemen qui remuent le sol comme des manœuvres et épousent des filles d'aubergistes, semblent aux ignorants des romans d'aventures, quand elles sont en réalité de vivantes études de mœurs américaines.

Les plantations de palmiers, d'orangers, et d'arbres fruitiers de toutes sortes, excepté les fruits tropicaux, apparaissent. La végétation est extraordinaire; des oranges grosses comme deux poings; des fleurs et des fruits colosses, des violettes grosses comme des pensées et j'ai vu une pomme de terre pesant 3 livres (1).

Des colons éleveurs et cultivateurs parcourent la campagne montés sur des chevaux qui ont la gracieuse joliesse des bêtes arabes. Les selles ont de bas dossiers et les étriers en cuir sont en forme de sabot. Ils sont vêtus de hautes guêtres, de chapeaux à larges bords, et sous les vêtements grossiers on reconnaît souvent le gentilhomme. Beaucoups de mulets (2). Des attelages de quatre, six, huit mules, traînent les instruments de labour.

Voilà deux jours et une nuit que nous avons quitté Portland et nous approchons du but de notre voyage. A Benicia, nous passons sur le plus grand bateau-bac qui soit. Il peut transporter 16 wagons et 6 machines en même temps. Le train est coupé en morceaux, la machine revient sur nous, nous éblouissant de son gigantesque œil électrique qui évoque quelque monstre apocalyptique, et nous traversons la Sacramento River large de 4 milles. Le train est reformé à Port-Costo et réfile vers Okland pendant 32 milles.

A Okland le nègre époussette vigoureusement

(1) La superficie totale de la Californie est de 40,397,956 hectares dont 6,240,000 susceptibles de culture. Elle a produit en 1900 vingt-cinq millions deux cent mille boisseaux de blé, et quatre millions cent seize mille huit cent quatre-vingt-six douzaines de légumes ; cent quatre-vingt-quatre millions six cent quarante mille livres de fruits, sans compter les oranges qui, à elles seules, réprésentent un nombre supérieur ; quatorze millions six cent quatre-vingt-seize mille trois cent soixante et un gallon (un gallon est 4 litres) de vin et trois cent sept millions trois cent dix-huit mille d'eau-de-vie. La population est de 1,485,053 habitants dont 820,531 hommes. Elle s'est accrue de 276,923 en dix ans.

(2) L'Angleterre en a acheté aux Etats-Unis cinquante mille à expédier au Transvaal.

les voyageurs, en Amérique on se sert de balai sans manche en guise de brosse. Après avoir quitté le train nous passons sur un autre bac. De chaque côté de l'entrée sont des escaliers conduisant à une pièce de 197 mètres de longueur sur 14 de largeur, tapissée de rouge écarlate et lambrissée de marbre.

Les femmes circulent pimpantes, le teint frais, l'œil éveillé, la chevelure abondante. Elles portent avec une élégance comme il faut de province, des toilettes claires de léger foulard; tandis que les enfants, qui se tiennent et conversent comme des grandes personnes, sont vêtus de coutil, — les fillettes charmantes avec ce beau teint de santé que tout le monde a ici, leurs cheveux nattés avec de petits pompons de couleur piqués de chaque côté de la tête, le grand chapeau orné de longues brides tombant à mi-jambe.

La vue de la baie de San Francisco (Frisco, ici) est une des plus merveilleuses qui soient. C'est d'abord beaucoup d'autres bacs, se rendant à différentes destinations. Illuminés *a giorno* on dirait des villes de lumière flottante. Et partout se balancent des bateaux et des barques de toute espèce.

La ville rutilante de feux multicolores s'étend sur le fond pittoresque des montagnes, à l'ouest de la baie, au nord d'une presqu'île que forment cette baie et le Pacifique.

A l'est la Goat Island, ou Yerba, s'élève en mamelon, toute verte et brillante ainsi qu'un gros arbre de Noël, chargé de verroterie de couleur. A l'ouest, sur l'Océan, brille la planète Vénus, éclaboussant l'azur de ses rayons étincelants, si vifs que l'onde ne peut en supporter l'éclat.

Mon voisin, dont c'est la première visite en Californie, se refuse à y croire, déclare prosaïquement que c'est là la lampe d'un ballon captif. Mais un bébé aux bras de sa mère, tend ses petites mains vers cette grande lumière devant laquelle pâlissent toutes les clartés électriques d'alentour. Et, en juvénile admiration, à ce cri d'âme qui retentit délicieusement cette nuit de Noël : « Maman! Regarde... L'étoile de Bethléem!... »

Dans les rues la foule est très grande, assemblée devant les étalages de beaux magasins, parmi les camelots marchands de fleurs et d'oranges posées en immenses piles. Chacun porte des branches de « berries » ou d'orangers chargées de fruits. Dans l'air vif du soir passent des sonneries triomphales de trompettes vendues par toute la ville 5 cents, « a nickel ».

Les cables-cars mis en mouvement par des câbles souterrains qui roulent en un grondement de tonnerre, grimpent et descendent les avenues à pic qui étaient des collines avec une rapidité effrayante (les accidents sont très fréquents) coupant les groupes qui parlent haut, gesticulant, agités. Ils sont pris d'assaut par les voyageurs qui en escaladent les marchepieds, se cramponnent aux barres verticales. Ces cars sont censés contenir trente personnes, or j'en ai vu transporter jusqu'à cent vingt voyageurs.

L'abondance de la lumière électrique est éblouissante : pas un nom de magasin ou de théâtre qui n'étincelle de feux aux mille couleurs. Au Palace Hotel c'est un incendie dans un décor fantastique.

Au milieu de l'immense hall entouré de piliers de marbre, parqueté de marbre, dans un jardin d'hiver aux palmiers colossaux, est planté, sur un lit de neige, un arbre de Noël enguirlandé de longs rubans d'argent; à la cime plane une étoile bleu blanc rouge sur laquelle tombe de la voûte de verre, une lueur vive. A la base brûlent des braseros dans des coupes d'argent. Autour sont groupés une vingtaine de prêtres en surplis accompagnés d'enfants de chœur. Ils chantent les hymnes de Noël, tandis que se fait la quête parmi les tables ruisselantes de cristaux et d'argenterie auxquelles soupe, en grande toilette, joyeuse compagnie.

Cette cérémonie extraordinaire a un cachet particulier, inoubliable.

Et la ville est ainsi en fête toute la nuit.

Ce Palace Hotel est bien nommé. Il a sept étages, et les couloirs richement tendus de moelleux tapis rouges sont bordés d'une rangée de rocking-chairs et d'une autre de crachoirs en cuivre le plus brillant. Le Palace Hotel a coûté 8,700,000 dollars (43,500,000 fr.). Bien caractéristique de l'Ouest, d'ailleurs, tout pour le *showing off*. A mesure que l'on y pénètre on va de désappointement en désappointement. Le service fait par des gens de couleur est atroce, les chambres sont sales et dans les lits mal faits il y a des puces. J'aime mieux ne rien dire de la nourriture. En bas, autour de la vaste pièce qui sert de bureau et de fumoir sont assis en rang, tout autour, les milliardaires ayant défriché les forêts ou creusé les mines et arraché leur fortune des entrailles de la terre. Les mains lourdes couvertes de diamants, la poitrine traversée d'une grosse chaîne d'or à clinquantes breloques, les pieds bosselés éclatant dans la chaussure élégamment vernie, ils sont là, arrosant les crachoirs souillés de longs jets marrons, chiquant, fumant en causant *business*, jamais d'autre chose, de même que le Français cause de femmes et l'Anglais de sports.

Cette habitude de chiquer est universelle. Ces gens chiquent même lorsqu'ils fument : le cigare n'est qu'une contenance et un prétexte; ils en mâchent l'extrémité, puis le jette. Et c'est ainsi que la chaussée est jonchée de cigares entiers, mangés du bout. Les femmes mastiquent de la gomme ainsi que les enfants.

.   .   .   .

Une tranquillité heureuse a fait place à l'excitation d'hier, quelque chose entre la gaîté bruyante de Paris et la morne gravité de Londres ce jour-ci.

Nous sommes à l'époque de l'année la plus froide (8 degrés) et on ne peut le croire par cette radieuse matinée.

A Saint-Ignatius Loyola, superbe église, don de Mr Welch, les 5,350 tuyaux d'un colossal orgue électrique, aux colonnes soutenues par des anges grandeur naturelle, sonnant la trompette du jugement, jette à toute volée les sons de l'*Adeste Fideles*, qui résonnent étrangement dans l'aveuglant soleil pénétrant à flots dans la nef, par les portes grandes ouvertes.

Ce n'est pas du tout cela Noël.

.   .   .   .

Le premier comptoir de ce territoire y fut établi en 1776 par Francis Palou et Menito Cambon, et reçut le nom de Yerba Buena (bonne herbe).

Les colons y vivaient dans des huttes; les premières maisons apportées en morceaux de l'Est en doublant le cap Horn, ne firent leur apparition qu'en 1848.

En 1835, une partie de la baie est comblée et on élève les premières fondations d'un village qui prendra en 1846 le nom de San Francisco et comptera 200 habitants. Le 19 janvier 1858, un Américain Mr James W. Marshall découvrit les mines d'or en creusant un fossé pour construire un moulin à Coloma, à 45 milles au nord-est de Sacramento. Ce fut alors un flux d'immigrants venant pour la plupart de l'Est, de la côte du Pacifique et de l'Australie.

Entre les mois d'avril et de décembre de l'année 1849, trente-cinq mille passagers débarquèrent de cinq cent quarante-neuf bateaux, tandis que quarante-deux mille arrivaient par terre.

Le commerce est le plus important de la Californie. La valeur des produits manufacturés qui était en 1880 de 77,801,949 dollars (389,009,745 fr.) s'élevait en 1890 à 135,625,754 dollars.

La valeur actuelle des produits importés et exportés est de plus de 150 millions de dollars.

San Francisco, qui est à cette heure la troisième ville des Etats-Unis pour l'industrie, est échelonné sur douze collines qui représentent une superficie de vingt-sept mille hectares ; il compte 342,782 habitants.

Les larges avenues sont bordées d'hôtels, qui, malgré leurs vastes dimensions et leur réelle beauté, ne sauraient être qualifiés de somptueux, le bois dont ils sont faits leur donnant forcément un aspect pacotille. Cependant l'ensemble est harmonieux et charmant. Ces habitations sont de tous les styles, de toutes les époques avec leurs élégants chapiteaux, leurs fins clochetons, leurs pittoresques tourelles, leurs hauts perrons peints de toutes couleurs, abrités de palmiers et d'eucalyptus et ornés de rosiers mêlés aux marguerites. Ces constructions extrêmement fines et légères sont placées sur des tréteaux qui en permettent le transport sans rien y changer; si l'on est fatigué du site ou du climat, il suffit alors de les placer sur des rouleaux et elles sont ainsi traînées par quatre chevaux. Rien n'est plus drôle que de les voir avancer comme un décor de théâtre.

Le Golden Park est un prodige de labeur et d'adresse. Le terrain était, il y a vingt-cinq ans, des dunes de sable. On y a amené de la terre, des engrais et planté sur une superficie de mille treize acres (soit environ 1150 hectares) de nobles allées qui offrent les plus magnifiques promenades à pied, à cheval, en voiture et à bicyclette. Il est après celui de Philadelphie le plus grand des Etats-Unis et assurément le plus harmonieusement dessiné. On y voit de belles et nombreuses statues, — Francis Scott Key, l'auteur de l'hymne national *Star spangles Banner*, major général Halleck, un groupe de bronze de Gœthe et Schiller, etc.

Des hauteurs de Strawberry Hill, où grimpent les plantes grasses, la vue est incomparable. A l'est c'est le Museum dont les portes sont gardées par d'énormes sphinx. Le centre est orné d'un colossal vase vénitien dessiné par Gustave Doré ; puis une serre où se trouve, parmi d'autres plantes exotiques, le *Victoria regia* d'une grande rareté et d'une délicate beauté; puis encore une immense volière où prennent leurs ébats une quantité d'oiseaux dont le plumage écarlate éclate parmi la fourrure gris-souris des écureuils, et enfin la Lone Mountain au sommet de laquelle est piquée une gigantesque croix de bois, en mémoire des missionnaires espagnols.

Au nord c'est la Golden Gate où se rencontrent les eaux de l'Océan et de la baie. Les roches d'une sombre beauté se découpent sur l'intense bleu de la mer, de ce bleu pur et profond propre à l'Amérique. Et les voiles toutes blanches passent, très petites à cette distance, filant parmi les steamers ainsi que des météores.

Il y a de tout dans ce parc, voire même un pavillon et une cour de jeux pour les enfants (une large part leur est faite ; ils possèdent vingt-quatre jardins dans la ville), avec chevaux de bois à vapeur, balançoires, gymnastiques, etc. Ils goûtent dans le pavillon tout enguirlandé de berries nouées avec des gros nœuds de papier écarlate. Voici un gamin, la raquette de tennis sous le bras. Il s'installe tout près de moi bruyamment. Alors commence le gaspillage américain. Il picore gâteaux, tartines, sorbets, ne finissant rien, et part après avoir payé, sans attendre sa monnaie, autre trait caractéristique de l'Ouest, 50 cents, un goûter qui en a bien coûté 10.

Tout contre s'étend un *pic-nic ground* où sont dressés tables et bancs pour les amateurs de repas en plein air.

Le Jardin japonais dessiné et entretenu par les petits hommes jaunes, avec sa verdure sèche, ses rocailles grises, ses bassins, ses cascades, ses plate-bandes miniatures, où poussent des plantes tordues, est laid et ratatiné comme la race. Des magots mâles et femelles servent un thé atroce dans des coupes grandes comme des dés et des biscuits de forme et de couleur de feuilles mortes, dans des assiettes de poupée.

La porte d'entrée en bois ornée d'oranges pendues à une gerbe de paille nouée et aplatie à la manière dont les Japonaises arrangent leurs cheveux, est un spécimen parfait de l'art oriental.

Une cigogne, seul animal de ce lieu mélancolique qui ressemble à une mauvaise étude de nature morte, erre entre quatre grillages, tournant douloureusement alentour, un œil vide d'oiseau empaillé.

Dans l'Est, il y a trop de monuments et trop beaux : l'œil se fatigue de tant de grandeur. Dans l'Ouest, il n'y en a pas assez. On ne peut guère en citer que deux à San Francisco.

Le City Hall est un superbe spécimen d'architecture corinthienne. Il contient toutes les salles de l'administration de la police, des archives, une bibliothèque publique, possédant quatre-vingt-huit mille sept cent soixante-quinze livres (il y a dix bibliothèques publiques dans la ville), un hôpital et une prison. Il a coûté 6 millions de dollars. Devant l'une des façades est un beau monument dû à Frank Happersberger, et représentant les différentes périodes de l'histoire de la Californie. Au pied de ce monument luisent les cuivres finement ciselés d'un canon orné de couronnes de fleurs de lys. Il fut fondu en France le 23 mai

1759 et fit partie de l'armement espagnol durant le règne de Joseph-Napoléon en Espagne.

Il porte cette inscription :

« Le prince de Condé.

Ultima

Ratio Reginus
Louis-Charles de Bourbon,

comte d'Eu,

duc d'Aumale

Captured at Santiago de Cuba July 17, 1898 by the Fifth Army Corps U.S.A. commanded by Major General Wm Shafter and presented by him to the city of San Francisco.

Je rentre de l'Opéra. Il est très beau et la mise en scène, les décors, les costumes d'une richesse extrême. Les huissiers, de jeunes garçons de quinze à seize ans, un large ruban rouge en sautoir supportant une sacoche à programmes ornée de glands de soie, se tiennent à toutes les portes.

Au foyer, faisant pendant à un portrait de la princesse Angéline, laideur célèbre, fille du chef sauvage Seattle, et dont j'ai déjà parlé, est pendue une immense toile, représentant le Christ devant Pilate. On ne sait ce que ce sujet sacré vient faire là.

La pièce est tirée de *Une Dame de qualité*, le beau roman anglais de Mrs Hodgson Burnett ; mutilée, pressée, fourrée en cinq actes, l'œuvre perd de sa valeur littéraire et psychologique. Les acteurs y sont pitoyables. Ces gens vulgaires avec leur accent nasillard, intolérable sur la scène, et leurs manières gauches, se démènent misérable-

ment dans des costumes de *great* lords et de
great ladies d'un autre âge. Les révérences, par
exemple, sont ridicules. D'ailleurs *Uncle Sam* veut
rire, et ce beau drame intime d'une émotion an-
goissante le laisse froid et ennuyé. Parlez-moi de
la Marraine de Charley que l'on donnait hier à
l'Alhambra, ce bijou de théâtre avec ses loges en
bois sculptés ressemblant à des confessionnaux
de gais péchés. La spirituelle comédie de Mr Bran-
don Thomas devient ici une farce outrancière
qui jette la salle en une crise épileptique ininterrompue. Pendant trois heures les spectateurs se tordent littéralement les uns sur les
autres en des hurlements sauvages. Ah! c'est là
qu'on ne s'ennuie pas !

.   .   .   .

Les Américains pensent comme M. Brieux qu'il
est temps que l'ignorance et la fausse pudeur fas-
sent place aux connaissances et à la vérité.

Le docteur Jordan a ouvert, Market street, à tout
venant sans restriction, comme à Washington, un
musée de cire représentant non des personnages
imaginaires, mais de ses malades décédés.

Nous y voyons une complète collection d'ava-
riés pourris jusqu'à la moelle, grandeur naturelle, de beaux mâles à la moustache soignée,
rongés à mort par le hideux poison. Ce « sermon
laïque », pour se servir de l'expression de M. Ca-
mille Pelletan est une leçon, plus éloquente assurément que n'importe quel traité de science morale, et qui ne saurait manquer de frapper ceux
à qui elle s'adresse.

A côté, car ce musée éminemment pratique est
toute une physiologie du mariage, l'aimable

docteur nous offre des accouchements compliqués
de fers, etc., 'dans toutes leurs phases. L'accou-
chée et l'enfant sont au complet, nous ne voyons
de l'accoucheur que la main qui manœuvre au
bout du bras nu sortant de la manche relevée. Il
y a du sang partout. Ce réalisme aigu donne envie
de crier. Et pour clore cette exhibition sexuelle
voici une hermaphrodite dans une posture accroupie qui ne laisse aucun doute.

Et notez bien qu'il n'est pas, dans les musées
d'art de toute l'Amérique, une seule nudité dépourvue de l'inévitable feuille de vigne !...

. . . .

La radieuse série de beaux jours continue ;
toujours et partout des fleurs, des fruits, sous le
grand soleil d'or. San Rafael blotti avec ses villas
fleuries dans la paix embaumée des collines, est
un délicieux lieu de repos. C'est un défilé choisi
de charrettes haut perchées sur les roues fines
qui ressemblent à de colossales sauterelles. Des
enfants tout jeunes font galoper à grande vitesse
des poneys à longs poils.

On monte de San Francisco au mont Tamal-
pais, situé au nord-ouest à 13 milles de la cité
et qui domine le Pacifique, les Coast Range, les cascade Mountains, la sierra Nevada, les montagnes
de Santa Cruz et la baie de San Francisco, par
un petit chemin de fer qui grimpe en courbes
si brusques que l'on court parallèlement à la
ligne que l'on vient de quitter. Les immenses
pins diminuent à mesure que l'on approche du
sommet pour devenir tout à fait nains et enfin
disparaître complètement faisant place à un vert
tapis de velours sans culture aucune.

Un parfum sauvage monte des montagnes qui s'étendent en étages et de la baie toute d'argent, au ciel bleu cru que n'adoucit pas la pâleur d'une nuée. A l'Ouest, au-dessous de moi, moutonnent les nuages caressant les cimes des montagnes où se balancent de longs lambeaux blancs, et cela donne l'illusion de lames se brisant sur le roc, tant ces nuages dans leur dense blancheur ressemblent à de l'écume. Sur cette hauteur de 794 mètres au-dessus du niveau de la mer, pas une âme, pas un bruit, pas même le vol d'un oiseau. Ce calme exquis pénètre l'âme, l'isole du reste du monde, l'enveloppe, extasiée.

San Francisco, 2 janvier.

Le steamer *Sheridan* est parti ce matin transportant à Manille quatre détachements du 11e régiment de cavalerie et du 27e régiment d'infanterie, sept cent quarante-sept recrues, dix-sept ambulanciers et huit familles d'officiers ; pas de chevaux, on en trouvera aux Philippines.

Les troupes vêtues de bleu, le petit collet relevé doublé d'écarlate, offraient une apparence martiale et élégante. Le défilé, musique en tête, fut accueilli par le public sans enthousiasme, et nous sommes loin des acclamations enlevantes de la foule britannique au départ des troupes pour le Transvaal. *Uncle Sam* ne se compromet pas à faire une ovation à des pauvres bougres qui partent à la conquête de la gloire. Ah ! s'il s'agissait de la conquête du tout-puissant dollar !

Plus d'une des recrues — des enfants — essaya de filer dans les *saloons* (bars) qui bordent East

street, mais fut aussitôt ramenée par son officier.
Un soldat chercha même à s'esquiver sérieusement; le sergent et un policeman lui coururent
sus et ce fut une chasse à l'homme par les
rues. Rattrapé à temps le malheureux fut embar-
qué au dernier moment.

Incident comique maintenant : toutes les bou-
teilles et gourdes de whisky apportées par les
soldats sont brisées et jetées à la mer parmi les
grondements d'indignation.

Cet embarquement devait être fécond en incidents. Une institutrice qui s'en va chercher fortune là-bas est en retard et manque le bateau.
Elle ne perd pas la tête, et se fait conduire en
barque à Alcantraz où le *Sheridan* doit stopper ;
là elle dut grimper à bord par une échelle de
corde. Un lieutenant et sa femme dans le même
cas, mais moins audacieux, grâce à madame qui
se démène au milieu de ses bagages, devront
attendre le prochain *troop ship* qui partira le
16 de ce mois.

J'eus dans l'après-midi l'idée d'aller en pèlerinage au campement que les recrues viennent de
quitter.

Trois régiments d'artillerie, de cavalerie et d'infanterie sont casernés au Presidio, coin paradi-
siaque au nord-ouest de la presqu'île. Les casernes, constructions sympathiques et plaisantes,
les charmantes villas des officiers sont disséminées
parmi les buissons de marguerites, dans un jardin
aux allées bordées de triples rangées de boulets.

On y arrive par de vastes avenues de sapins.
Au travers des branches d'une finesse argentée
de filigrane on aperçoit des immensités d'eau

bleue entourée d'un cercle de collines où passent
des lueurs roses. C'est là que sont plantées les
tentes des recrues, très larges et très hautes, avec
au sommet pointu un tuyau de poêle. Elles sont
ouvertes toutes vivantes encore. Et cela est d'une
infinie tristesse, évoquant des visions sangui-
naires dans la profonde paix de ce panorama en-
chanteur.

. . . .

Un des plus vifs plaisirs de l'Américain c'est
l'eau. Quand il voyage en France il se plaint d'en
manquer. Notre vieux sol n'a pas la violence du
sien. Quand on tourne un robinet en Amérique
c'est une trombe qui vous part au nez dans un
mugissement de cataracte. L'établissement de
bain de Sutro, à six milles de la ville, est le plus
beau du monde. On s'y rend par le car de Cliff-
House, cette curieuse construction française du
XVIIe siècle, jetée sur le flanc de la falaise en face
des Seal Rocks où, contraste curieux à la civilisation, s'ébattent jusqu'à un millier de phoques
énormes dont les aboiements rauques retentissent, se mêlant à la sonnette des cars.

Dans le hall voici, empaillé, *Ben Butler*, le monarque des phoques pesant cinq cents kilogrammes qui fut trouvé mort sur le rivage, et toutes
sortes de curiosités maritimes. Six piscines
creusées dans le roc, contiennent de l'eau de
mer froide et chaude, dans laquelle le baigneur
se précipite la tête la première en glissant à toute
vitesse sur une planche suspendue en pente rapide, très haut. Il y a aussi des tremplins et des
gymnases complets.

Autour des piscines sont disposés, en amphithéâtre, trois mille sept cents sièges tandis qu'autant de promeneurs peuvent circuler dans des promenoirs arrangés en jardins d'hiver.

C'est très amusant d'assister aux exploits gymnastiques des baigneurs. Ces Américains grands et petits, hommes et femmes, ont vraiment une audace, une adresse, une agilité sans pareilles.

Le Sutro-Bath est tout en verre.

.   .   .   .

Visité en détail la Chinatown. Elle occupe quatre blocs de cent maisons chacun.

Les premiers immigrants jaunes furent deux hommes et une femme amenés par le vaisseau *Aigle*, le 2 février 1848. Deux ans après il en arrivait quatre cent cinquante et l'année suivante deux mille sept cents. En 1852 ils étaient dix-huit mille ; en 1890, vingt-quatre mille six cent treize, dont la plupart travaillaient dans les mines au salaire de 5 cents par jour.

A cette heure c'est le blanchissage leur principale entreprise. Ils exécutent aussi des travaux d'orfèvrerie d'une finesse merveilleuse. Ils dépensent à peine, font vite une petite fortune — leurs prix sont exorbitants — et s'en retournent vieillir paisiblement au pays.

L'immigration devenait si envahissante que le gouvernement ne reçoit plus que ceux qui sont munis d'une autorisation spéciale.

Beaucoup de ces monstres à la face graisseuse où il y a la fois de la couleuvre et du crapaud ont adopté le costume européen, en partie du moins. Toutefois la majorité conserve le costume national, — les femmes la blouse et le pantalon large comme des jupons, les cheveux lissés à la

graisse maintenus sur le cou, légèrement de côté
par une épingle de métal ou une broche de pierre,
les chevilles et les poignets ornés de cercles d'ivoire.
Elles sont atroces. Et j'en cherche en vain une
qui réponde même de loin à ce signalement que
j'ai trouvé dans un journal de Tokio, *Le Nippon* :
« Je suis une femme d'une grande beauté. Mon
abondante et ondulante chevelure m'enveloppe
comme d'un nuage. Souple comme un saule est
ma taille. Doux et brillants sont mes yeux, et ma
peau a le satin d'une fleur. Je possède une fortune suffisante pour marcher main en main avec
mon bien-aimé. Si je rencontrais un gracieux seigneur, bon, intelligent, distingué et de bon goût,
je m'unirais à lui pour la vie et plus tard partager
avec lui le bonheur de reposer à ses côtés, dans
une tombe de marbre rose. »

. . . .

De vrais amours les bébés, avec leurs longues
culottes noires, à revers de couleur bleue et rose,
leurs serre-tête ornementés de paillettes et d'applications d'or, leurs petites queues qui se dressent
toutes raides sur le milieu de la tête. Ils sont
chaussés de bottines de cuir rouge en attendant
le soulier à semelle de bois, instrument de tor-
ture. Les tout petits ont sur le devant du sarreau
une grande poche pour mettre les jouets.

Les plus grands, surtout les fillettes, tressent
leurs cheveux avec des écheveaux de soie ou de
laine de toutes couleurs. La lourde queue est terminée par un long gland de soie.

Le dimanche tout ce monde jaune reluit dans
une élégance orientale, très pittoresque.

Leur église, la *Joss-House*, avec ses portes

ornées de magnifiques sculptures de bois doré,
drapées de lourds rideaux éclatant de riches broderies, contient plusieurs autels soutenus de colonnes d'ébène sculpté, recouvrant des figures de
dieux monstres qui ressemblent à des diables.
Voici le dieu du Céleste Empire, Gwan Gwin
Shing Te ; puis son secrétaire, Lee Poo ; puis son
garde du corps, Tu Chong. Plus loin, un lavabo,
cuvette et linge où ces divinités sont sensées aller
faire leurs ablutions. Gwan Gwin perché sur un
trône domine un poney qui n'est pas plus gros
que sa jambe. On se croit devant quelque étalage
de jouets à bon marché.

Autour de ces autels des cordons de lampions
éclairent des urnes sacrées, des bassins d'argent
ciselés où brûlent des encens dont le parfum mystique se mêle à celui du musc. Devant des tables
où se pratiquent les tripotages de vin et de riz
pendant les prières rituelles, sont offerts les dons
de viande, fruits et légumes aux fêtes du jour de
l'an.

Au centre de la *Joss-House* se trouve un colossal
vase d'argent ciselé chef-d'œuvre d'orfèvrerie où
sont déposées les cendres des vases sacrés à la
même époque. Ces cendres sont en grande quantité. En effet le Chinois empêché de se rendre à
l'église s'y fait remplacer par un morceau de carton à brûler devant son dieu.

Les murs de la Chinatown sont couverts d'affiches pour la plupart écarlates. Aux étalages em-
poisonnent d'une odeur de pourriture, de poissons, des oiseaux séchés, ouverts, désossés, apla-
tis ainsi qu'au sortir d'un herbier et les plus
informes déchets.

Je tiens à dire un mot d'une industrie scandaleuse qui a lieu à San-Fransisco. Je veux parler de ces guides qui monopolisent le quartier chinois au point qu'ils ont persuadé aux habitants de ne recevoir que les visiteurs qu'ils amènent.

Nous sommes une société de vingt personnes et chacun de nous doit payer un dollar. Le guide nous conduit dans des ruelles noires et fétides, bordées de repaires de mystérieuses débauches, totalement dépourvus de cheminée. On y cuisine dans des sortes d'auges et des poutres qui forment le plafond tombent de lourds paquets de suie.

Dans les tavernes des fumeurs, *opium dens*, l'atmosphère est intolérable et une dame de notre société s'évanouit. Le spectacle aussi, il faut bien le dire, est intolérable ! Sur ces nattes d'où s'échappe une odeur infecte, sont couchés, les jambes recroquevillées, les fumeurs appuyés sur des coussins aussi noirs que la suie dont j'ai parlé ; près d'eux est posée une lampe au-dessus de laquelle ils font cuire l'opium roulée en boule à l'extrémité d'une longue baguette qu'ils tournent ainsi qu'une broche à rôtir ; lorsque l'opium est à point, ils le placent dans d'énormes pipes qui sont de véritables pièces de quincaillerie, longues d'un mètre et contenant tous instruments que nécessite l'opération. L'opium n'est pas le seul vice de ces taudis ; comme nous entrons à l'improviste, ces brutes vivement se retournent en rajustant leurs boutons. Et ce ne sont pas que les momies qui nous sont exhibées ainsi que des bêtes. En sortant nous rencontrons un jeune garçon américain, rampant dans une ruelle dont il bat les murs en titubant ; l'œil vitreux, la bave aux lèvres abjectes ; il lève un haillon souillé de sang pâle découvrant un membre pourri qui fut un bras ; il y fait une injection de cocaïne et, immédiatement se produit une boursoufflure violâtre sur une autre boursoufflure, car il n'y a plus sur ce bras tuméfié une seule place saine où l'aiguille meurtrière n'ait déjà infiltré son venin.

Si vous demandez à ces condamnés — ils ne survivent pas plus de dix ans à leur métier — ce qui les pousse à se tuer ainsi, ils répondent, en des balbutiements d'ivrogne, que c'est une habitude à laquelle ils ne peuvent résister. Ils sont en réalité des professionnels du vice, autorisés par un gouvernement coupable, encouragés, poussés par les guides qui les montrent pour de l'argent. N'est-ce pas là un crime de lèse-humanité et de lèse-société dans un pays civilisé, sur une terre chrétienne, et contre lequel les autres nations devraient s'élever ?

Et je n'ai nulle part rencontré un plus révoltant abus du fort sur le faible. Le guide durant cette heure a fait cent francs (notez que nous sommes peut-être la troisième ou quatrième société qu'il promène) et il jette à ses victimes cinq cents !

Ces scènes nauséabondes et dégradantes ne sont pas dignes d'un grand peuple.

. . . .

Je n'en n'ai pas fini avec les horreurs.

Au pied d'un escalier délabré, grimpant à un noir mystérieux le guide nous fait signe de l'attendre tandis qu'il monte frapper à une porte fermée à double tour. Un silence répond à son lourd coup de marteau. Cinq minutes s'écoulent et plusieurs hommes sortent de ce repaire nous y faisant place.

Une femme est là. Quel est son âge? On ne saurait le dire. Sa profession ? On ne l'oserait. La face cacochyme, huileuse, tirée, aplatie, et que n'entourent pas les cheveux tendus, ressemble à celle d'un pendu. Sa maigreur gracile de fillette disparaît dans l'ampleur des vêtements sacs, rendus plus amples à l'œil par la petitesse des mains et l'absence des pieds.

En effet, l'obscurité que ne dissipe pas les lanternes rouge sombre rend invisibles, au premier abord, deux petits moignons de la malheureuse torturée, sortes de boules débordant légèrement de souliers de grandes poupées, long de six centimètres, faits de velours richement brodé, où les sequins scintillent en points phosphorescents. Les mêmes nous sont offerts. C'est là le commerce... pour les dames, de l'habitante de cet antre.

Elle en demande deux dollars. On les donnerait volontiers pour n'être pas entré.

. . . .

San Francisco, 4 janvier.

Je laisse San Francisco dans une grande agitatation. Les trottoirs devant les bureaux des rédactions sont encombrés de monde guettant les nouvelles, publiées d'heure en heure sur de grands tableaux noirs que l'on peut lire de l'autre côté de la rue.

Le steamer *Walla-Walla* parti d'ici mercredi matin, contenant cent soixante-cinq passagers et se rendant à Victoria et au Puget Sound, a coulé en quinze minutes, à une distance de 11 milles du cap Mandicino, perforé par un quatre-mâts français le *Max* qui n'en vogue que mieux.

En un quart d'heure le navire et quarante personnes étaient engloutis.

Le steamer *Nome City* a amené ici six survivants qu'il a recueillis. Parmi eux se trouve le Révérend Henry Erickson qui a été transporté à l'hôpital Sainte-Mary dans un état physique et mental déplorable.

Séparé de sa femme et de ses deux petites filles qui sont parmi les victimes il est tombé à la mer avec son fils dans les bras. Un large radeau les recueillit, ils y passèrent la nuit submergés par les vagues, et à l'aube l'enfant expira, toujours dans les bras de son père qui priait.

Puis c'est une famille entière, père, mère, sept enfants, — émigrants venus demander au Nouveau-Monde la fortune. Ces pauvres gens appartenant au *steerage* sont condamnés. Ils s'unissent dans une dernière étreinte qui continue dans la mort.

Un jeune officier au moment de sauter par-dessus bord est arrêté par une jeune fille qui le supplie de la sauver. Il la saisit et à la nage cherche quelque refuge où déposer son fardeau humain. Voici une barque mais le moindre poids supplémentaire la ferait chavirer! Il aperçoit ensuite un radeau, il y porte la jeune fille et il s'en va à la recherche du salut pour lui-même. Et c'est un soulagement de se dire qu'il est sauvé.

. . . .

La panique fut si grande parmi les passagers qu'ils se jetèrent dans les chaloupes à demi vêtus.

Un malheureux n'avait pris le temps que de passer
son caleçon lorsqu'il fut suspendu par la corde
qu'on lui avait jetée de la *Nome City;* le caleçon
ne suivant pas le mouvement, glissa, fit cerf-vo-
lant laissant son propriétaire état nature!... J'espère que le lecteur me pardonnera ce détail comique au milieu de ce deuil, et ne m'accusera
pas de faire de la réclame aux « pydjamas ».

XXII

Seattle, 20 janvier.

Dans quelle ville d'Amérique est-on préservé
de cette vermine chinoise? Pas à Seattle assurément, où ils ont monopolisé les industries de
blanchissage et de la pêche. Ceux qui s'adonnent
à la première font vite un petit pécule et c'est
justice, car ils excellent dans l'art. Le linge — tout
est empesé — a des blancheurs luisantes de marbre. S'il s'agit de petits blanchissages ils vous sont
retournés sans jamais aucune erreur bien qu'ils ne
soient pas inscrits (les Chinois ne peuvent écrire
l'anglais) dans des paquets de papier glacé, noués
de ficelles rouges, bleues, vertes, dont la joliesse
permet à la femme la plus élégante de les porter
elle-même. Leurs prix sont si élevés que beaucoup
d'hommes ne portent que la chemise de flanelle
et trouvent plus économique de renouveler chaus-
settes et autres articles communs que de les faire
blanchir. Les autres deviennent serfs, se louent à
l'avance 100 dollars pour un an de servage.

Gee Hee, important « contracteur », a engagé à Portland deux mille hommes pour les pêches de l'Alaska l'été prochain. Il les paye de 100 à 200 dollars pour la saison.

. . . .

Où que ce soit, les Chinois sont le déshonneur de l'endroit. Ces gens qui se targuent d'annales remontant à cent mille ans n'ont pas fait un pas dans la voie de la civilisation depuis dix ans qu'ils sont installés parmi un peuple âgé d'un siècle. Ils demeurent indifférents à l'activité progressive des villes qu'ils souillent de leurs quartiers fétides.

Joueurs et fumeurs ils se livrent à leurs vices favoris avant dans la nuit et se lèvent fort tard. Pour bien les voir dans leur crasseuse abjection, il faut aller dans une des immondes boutiques de blanchisserie nommées, Ok-Hand, Le Hang Ye-Lee, Laundry, etc. Si c'est l'heure du déjeuner, ils sont là sur le parquet jamais lavé, nus dans des blouses flottantes, avec des pantalons au fond ballant jusqu'aux jarrets, accroupis parmi le linge souillé de taches, autour d'une fontaine en fer-blanc de laquelle ils tirent le café qu'ils boivent dans des bols de grossière faïence, accompagné d'extraordinaire hachis où domine l'oignon. Leur premier de l'an et les fêtes dureront jusqu'au 20 février. Tout ce temps seront brûlées des sommes énormes de feux d'artifice qui suffiraient à toute l'Amérique pour les fêtes du 4 juillet.

Le quartier chinois est à cette heure en plein festoiement. Les grincements des violons de bambou retentissent mêlés aux parfums de l'encens, des porcs rôtis, des fruits et des légumes offerts aux dieux par les fidèles en reconnaissance des bienfaits de l'année qui finit et de celle qui s'ouvre.

Le Chinois commence ses dévotions à la *Joss-House* par des actions de grâce devant l'autel de son saint patron et les continue devant ceux de différentes idoles; monstres de bois doré en des niches où brûlent des lampes et des encens dans les vases sacrés.

Ils n'ont ni heures ni jours spéciaux pour leurs oraisons. Les Joss-House sont constamment ouvertes aux fidèles. Elles ne sont d'ailleurs pas des lieux sacrés, mais bien plutôt des clubs où l'on se réunit pour jouer aux cartes, aux dominos en fumant.

Pendant la période des fêtes elles sont un éblouissement de lanternes de toutes couleurs et de dimensions gigantesques, pendues au plafond tandis que des centaines de « Christmas cards » de papier écarlate éclaboussantes de caractères d'or dansent aux murs parmi les cartes de visite des Seattleois.

Du thé froid, des bonbons, des cigares sont offerts en abondance à ceux-ci. Voilà qui assure des bons sentiments des jaunes envers les blancs. Toutefois si le cœur s'émeut l'estomac se révolte, l'atmosphère est empoisonnée par les bouffées empestées que les fumeurs tirent des pipes d'opium qu'ils prennent dans de larges baquets de ferblanc placés tout autour de la *Joss-House*. La plupart des habitués de ces lieux sont des joueurs de « fantan ».

Les deux partenaires avant de commencer la partie, prient à la table de jeux que la chance leur soit favorable. Le vaincu jamais ne se lasse. Il se contente de dire : « Ce n'est pas encore mon tour ». Les pertes cent fois réitérées ne parviennent ni à ébranler sa foi ni à refroidir son zèle. Il se remet à prier après chacune d'elle et à brûler de l'encens devant son idole favori. Et cela jusqu'à ce que le succès lui arrive enfin.

Le dieu en chef des Chinois représente une célébrité, un Fo-Ki ou un Koubli-Khan quelconque. Le premier qui peut être tracé fut, 550 avant Jésus-Christ, Confucius qui fit place à Hong Wing Wong.

Hong Win Wong eut un rêve. Il avait été au ciel et à son retour contait avoir trouvé Dieu, empereur des cieux comme de la terre. Sous son commandement, étaient de hauts personnages, empereurs, hommes d'Etat, généraux et savants. Pekin construisit à ce voyageur céleste et imaginaire une magnifique *Joss-House* où les générations n'ont cessé depuis de venir l'adorer.

Dans l'une des deux *Joss-Houses* de Seattle se trouve le portrait de Quan Quong flanqué de son frère et de son fils. Quan Quong était un grand général qui réunit les trois pays chinois en le grand empire actuel.

Quand il aura été dieu pendant six mille ans, c'est-à-dire dans quatre mille cinq cents ans, il se retirera millionnaire, « un Vanderbilt » comme dit un Chinois d'ici.

Car il reçoit quantités de présents en argent et autre. Alors il cessera d'être adoré (il paraît que les Chinois diffèrent des Américains sur ce point).

Qui succcédera à ce dieu prospère ?

Peut-être Li Hung Chang.

XXIII

Seattle.

Quels voleurs que ces Américains, en gros et en détail !...

Les Européens qui ont fait fortune parmi eux ont d'abord commencé par perdre le peu qu'ils avaient, une ou plusieurs fois. Les premiers admettent que c'est ainsi qu'eux-mêmes réussissent. C'est un sport américain qui date de la naissance de l'Amérique de *fool* (duper) *the Europeans*. Et l'expression est je crois de Marc Twain. J'ai la coûteuse habitude de quitter les magasins où j'ai fait des emplettes, sans attendre qu'on m'ait rendu ma monnaie. Il arrive constamment qu'en France et en Angleterre on me rappelle : en Amérique, jamais.

Un chercheur d'or venu du vieux monde s'arrêtait l'autre jour dans un magasin d'une ville de l'Ouest pour s'y faire équiper. C'était un gaillard à l'allure de paysan, coiffé d'un chapeau à larges bords, chaussé de guêtres, la taille ceinte d'une cartouchière. A peine sur le seuil de la porte, il ouvrit sa vareuse et en sortant un revolver il le plaça sous le nez du marchand, lui tenant ce langage : « Je viens acheter un équipement (1). Si vous me surfaites, vous êtes un

(1) L'équipement complet coûte 200 dollars environ (1,000 fr.)

homme mort. » Comme on connaît les Américains on les honore.

. . . .

Tous les moyens sont bons *that bring money*. Si vous allez chez un dentiste avec une mauvaise dent il se gardera bien de vous l'arracher, car cela ne lui rapporterait que quatre dollars, tandis qu'en vous détériorant les bonnes, ce qui rend un traitement nécessaire, il fait une petite fortune sur vos ruines. Le traitement ne finira que lorsque lassé et éclairé vous irez chercher la police. Alors on vous arrachera votre dent gâtée : quatre dollars ce n'est pas aussi gentil que cent, mais c'est gentil tout de même.

D'ailleurs Dieu sait si les dentistes et les médecins le sont autrement que pour avoir une plaque sur la porte ! Dieu sait aussi ce que les derniers vous fourrent dans le bras quand ils vous vaccinent. D'où sort ce virus ? Mystère. Les règlements sanitaires ainsi que les lois sociales et commerciales sont encore en enfance dans l'Ouest.

A Tacoma sur cinq personnes vaccinées par le même docteur quatre meurent, la cinquième est défigurée. Une dame à laquelle je demande si elle se fera vacciner à la jambe ou au bras, me répond par cette plaisanterie qui, hélas n'en est pas une: «Cela dépendra de ce que je préférerai perdre.» J'ai cru moi-même y laisser ma peau ou tout au moins mon bras.

Ce vaccin était devenu une atroce plaie béante, le bras tuméfié, marbré de taches violâtres me causait d'intolérables souffrances. J'étais alors à San-Francisco. L'idée d'avoir affaire à ces charlatans m'épouvantait, et je décidai de m'adresser à un hôpital pensant y trouver un médecin sérieux. Quelle pérégrination, dieux justes ! Laissez-moi vous raconter cela pour votre édification personnelle.

Je me présente à l'hôpital du City Hall où je suis reçue comme un chat dans un jeu de quilles :

« Nous ne faisons pas de pansement aux malades du dehors. — Ne pourriez-vous manquer au règlement par humanité? Je ne connais personne ici et mon bras me fait affreusement souffrir. »

Mon interlocuteur visiblement agacé me montre la porte en en prenant lui-même une autre...

Souffrant beaucoup je me mets en route et me décide d'aller frapper à la porte d'un médecin privé. C'était un dimanche ; pas un n'était chez lui. Enfin je trouve la femme d'un médecin qui m'affirme que son mari absent ne tarderait pas à rentrer. Après une heure et demie d'attente j'y renonce et me remets en campagne, souffrant toujours davantage.

L'idée me vient d'aller demander conseil au consul, qui naturellement était absent (1). Alors je me décide à vaincre ma répugnance pour toute institution française à l'étranger et à me rendre à l'hôpital français.

Je suis reçue là par un jeune cuistre qui n'était d'ailleurs, j'ai plaisir à le dire, pas Français. A peine fûmes-nous enfermés dans la salle des consultations qu'un autre cuistre entra sans frapper, le chapeau sur la tête, sans paraître s'aper-

______

(1) Je n'ai pas souvenir, durant mes voyages, avoir jamais rencontré un consul français à son bureau. S'il y en a un dans la ville — ce qui est loin d'être toujours le cas — il est en voyage ou chez lui.

cevoir de ce qu'était malséante sa présence en face d'une femme à demi dévêtue. Il apportait je ne sais quel bibelot qu'il montra à l'autre et ces deux cuistres causèrent et rirent ensemble pendant que j'attendais, fort gênée, que l'on voulût bien me faire l'honneur de s'occuper de moi. Cela dura quelque temps après quoi, sans même examiner la plaie il déclara :

« C'est *all right* : dans deux jours il n'y paraîtra plus. » Le moindre cataplasme eut mieux fait mon affaire et je demandai timidement que quelque chose fût faite pour soulager une douleur devenue insupportable :

« Nous ne faisons pas de pansements. »

Il y avait trois heures que je courais la ville sous un soleil brûlant, en proie à une affreuse douleur, à bout de courage devant ce refus en tout semblable au premier, démoralisée, voyant le moment où il me faudrait renoncer à tout soulagement j'éclatai en sanglots.

Cela du moins eut pour résultat de provoquer l'attention de mon médecin. Il se retourna me dévisageant curieusement les deux mains dans ses poches, et :

« Tiens, est-ce que ça vous prend souvent ?... » gouailla-t-il. J'aurais pu lui répondre que ça ne m'arrivait pas souvent de souffrir en voyage à six mille lieues de chez moi, dans l'absolue impossibilité d'obtenir des secours. Je préférai me revêtir en silence et sortir.

Dehors mon état de souffrance et de démoralisation qui aurait ému une borne, provoqua la pitié d'une bonne âme. Après que je lui eus conté mon affaire elle me posa cette question surprenante :

— Avez-vous proposé de payer le médecin que vous avez vu au *City Hall ?*

J'expliquai que jamais l'idée ne m'en serait venue, tant je considérais que cela allait sans dire. Alors elle me donna le conseil d'y retourner en parlant de payer la consultation, ajoutant que je ne connaissais pas encore les Américains.

J'y retournai sans manquer de suivre les indications de la bonne âme. L'effet fut magique. Il paraît que l'on faisait des pansements, après tout... Je me dévêtis pour la seconde fois et en apercevant le membre devant lequel un quart d'heure auparavant l'autre avait dit indifféremment : « C'est *all right* », celui-ci s'écria alarmé : « Oh, mais vous êtes en danger de perdre votre bras ! » Cinq minutes après je sortais miraculeusement soulagée et allégée de deux dollars. (J'aurais donné jusqu'à mon dernier pour arriver à ce résultat.)

J'ai raconté la chose au consul de France, M. d'Allemagne, qui vint me faire visite au bureau. Il m'a promis de faire enquête à l'hôpital français. Malheureusement je n'ai pas pu lui donner le nom de mes cuistres. Ce sera un regret de toute ma vie de ne pouvoir l'exposer ici.

La morale de cette histoire— si j'ose employer ce paradoxe — est que dans un pays où la pauvreté peut coûter si cher, on ne peut trop en vouloir à ceux qui veulent en sortir à tout prix.

Il ne fait pas bon être pauvre en Amérique, fichtre non!...

XXII

Seattle.

West Seattle est tout à faire. Ces immenses terrains ni cultivés ni même défrichés, ombrés de verdure aux teintes très vives, parmi laquelle se dressent quelques villas de plaisance assez importantes, donnent une sensation de solitude et de repos où il est délicieux de se recueillir après la « bataille » de Seattle.

Nulle tristesse sur ces rives ensoleillées, malgré leur solitude, et c'est un épanouissement qui dilate le cœur à la vue de ces eaux d'un éclat intense, de ces hardis promontoires, de ces îles d'éternelle émeraude dans le lointain grandiose.

Lorsque Vancouver exprima ce qu'il avait vu en passant le long de ces bords magnifiques on douta de lui tant ses récits semblaient irréels; il fallut que plus tard, Wilkes vînt les confirmer pour que l'on y crût.

Un bâtiment, la High School, vaste édifice de brique et de pierre, semble perdu dans ce désert. Telle une impératrice somptueusement placée sur son trône, attend la cour dans les vastes salles encore désertes, la High School attend que l'immigration envahissante de la cité sœur lui envoie la bande de jeunesse éveillée et avide de savoir, pour laquelle sont grandes ouvertes les belles salles d'étude toutes neuves et presque vides, où reluisent les cartes aux couleurs fraîchement peintes

et où sont rangés les livres aux pages non encore
coupées.

J'entre sans rencontrer une âme ni entendre
une voix. Un seul signe de vie, le bruit faux d'un
piano douloureusement gratté par quelque fillette
dont nul ancêtre n'a jamais frappé une note.

Aux murs d'une nudité blanche je remarque le
seul tableau qui y soit attaché, une gravure sous
verre représentant une pauvre femme assise dans
une misérable chaumière. Elle a déposé sa que-
nouille pour confectionner du mieux qu'elle peut
un drapeau. Cette légende que je voudrais pouvoir traduire, sans rien altérer de son charme
glorieux, est écrite au-dessous :

« Le général Washington le dessina, et la veuve
Bessy Ross (représentée dans le portrait ci-dessus)
le fabriqua dans son humble home 299 Arch street,
à Philadelphie, il y a cent vingt ans. Elle fit seulement treize étoiles au drapeau qui flotta dans les
airs à la tête de l'armée continentale, et maintenant il y en a quarante-cinq, mais les bandes demeurent les mêmes, sept rouges et huit blanches ».

« Quand l'immortel Washington demanda à la
veuve Ross si elle pouvait faire un drapeau, elle
répondit : « Je ne sais, j'essayerai. » Le drapeau
qu'elle confectionna de son humble aiguille a eu
une progéniture qui se compte aujourd'hui par
millions. On le voit flotter sur toutes les
mers. Il est connu de tous les pays, ses étoiles
et ses bandes se distinguent si facilement et sont
si complètement identifiées avec l'idée de la Liberté que l'on peut dire, sans crainte d'être contre-
dit, que le drapeau américain est reconnu aussitôt
qu'il s'aperçoit, et ne manque jamais de faire

vibrer les cœurs qui connaissent l'histoire de son origine, si rapide fut le cours des événements depuis qu'il fut déployé au vieux fort Schulyer le 3 décembre 1777.

« Les Etats-Unis sont devenus si puissants qu'il semble qu'une éternité se soit écoulée depuis que Bessy Ross fit le drapeau dans son humble home. Il existe encore aujourd'hui de ses descendants qui ont entendu des lèvres de Mrs Ross ce récit et peuvent le répéter. »

. . . .

C'est le jour des élections de l'agent voyer. Elles ont lieu dans la salle d'attente du ferry boat, masure en bois d'un aspect misérable. Deux hommes très salement vêtus sont assis à une table crasseuse sur laquelle on a posé un pichet de whisky et une vieille boîte à tabac où est pratiquée une ouverture qui permet d'y passer les bulletins.

C'est là que chacun va déposer le sien, les pieds englués dans une épaisseur rousse produite par les crachats accumulés.

Il est six heures. Derrière les montagnes drapées dans leur manteau de neige rose, descend sur l'Océan resplendissant, l'immense astre rouge. Ses flèches vont piquer les fines dentelures des pins où passent des lueurs lumineuses éclairant les ondulations molles de la grande mer. Le spectacle est féerique.

Chacun, les yeux attachés sur la boîte à tabac, barbotant dans la mare fétide, tourne consciencieusement le dos au coucher du soleil.

. . . .

Seattle, 26 janvier.

Nous voici sous cinq pieds de neige.

En été le baromètre monte rarement au-dessus de quatre-vingt-dix degrés ; en hiver, il descend rarement à zéro. Aujourd'hui il marque dix-neuf degrés. Mais le vent qui cingle soulevant des tourmentes de neige est tout simplement d'un glacial intolérable.

Prise ce matin dans l'une d'elles j'ai compris pour la première fois que l'on mourût de froid : je ne crois pas avoir jamais tant souffert.

C'étaient positivement des coups de fouet d'une violence atroce, un me passa sur l'œil le laissant noir, poché, tuméfié : je n'y vois plus.

Impossible de se tenir debout. J'ai dû ramper jusque chez moi à quatre pattes sur la neige, aveuglée, asphyxiée par des flocons de neige gros comme des pelotes de coton, me bouchant les yeux et la bouche.

La frénésie des affaires ne s'en est pas ralentie le moins du monde. Au contraire, cette température fortifiante meut d'une poussée vigoureuse le sang, et rend encore plus effrénée l'activité de ces étranges gens. Quelques traîneaux et toutes les fourrures ont fait leur apparition.

La neige ayant tombé toute la nuit, les cars n'ont pas cessé de courir à vide pour conserver la voie carrossable.

Il a gelé assez fort. On n'a pas eu le soin de mettre de la paille sous les pieds des voyageurs, pas même sous ceux du conducteur qui est là debout toute la nuit dans un cloaque de neige fondue comme je n'en ai jamais vu d'aussi froide.

Personne n'a non plus l'idée de déblayer le devant de sa porte. Et voilà huit jours que l'on enfonce dans la neige ou titube sur la glace selon les endroits.

Les charrettes des enfants ont fait place à des traîneaux, une simple planche posée sur deux autres planches. Les enfants s'y couchent à plat ventre et ainsi placés, les pieds plus hauts que la tête, ils se lancent du sommet de la ville de la trente et unième avenue jusqu'à la première, ce qui représente deux milles et demi, tout d'un trait, avec une rapidité que l'on devine et qui rend impossible toute direction.

travers d'une rue transversale si un car ou

Quand le traîneau file comme une flèche au quelque autre véhicule vient à passer au même moment l'enfant ou les enfants, ils sont quelquefois plusieurs à califourchon, jusqu'à trois ou quatre risquent fort d'être écrabouillés, ce qui est arrivé plusieurs fois. Mais cela n'a aucune importance : un de perdu, deux de retrouvés.

Ce sont ces casse-cou qui dans quinze ans se lanceront dans quelque folle entreprise dont ils sortiront millionnaires ou ruinés.

Personne ne songe à intervenir et les policemen, qui sont en très petit nombre et ne se commettent pas à se mêler des affaires des autres, ne bronchent pas. La vie n'a aucun prix ici.

Un jour qu'un éboulement se produisit dans une mine de charbon, un mineur nouvellement engagé n'eut que le temps de s'asseoir sur sa bêche et de dégringoler jusqu'en bas. Lorsqu'il se plaignit au patron de l'avoir laissé travailler dans un endroit qu'il ne pouvait ignorer être dangereux, celui-ci fit cette réponse caractéristique : « Bah! Si nous pensions à cela nous ne pourrions pas extraire un morceau de charbon... »

. . . .

Quant aux accidents de chemin de fer ils sont si fréquents que dans presque toutes les gares on vous offre des tickets d'assurance qui vous donnent droit à une somme proportionnée au dommage. Le violoniste Kubelick a fait assurer sa main droite pour dix mille dollars (50,000 francs).

Il y a vingt-trois suicides clubs en Amérique. A chaque meeting annuel les membres tirent au sort et celui qui sort un haricot noir doit se donner la mort. La caisse du club se charge des frais de l'enterrement. C'est justice.

XXV

Seattle.

Le Kindergarten est le premier pas dans l'éducation américaine. Puis viennent la Gramma School, la High School et l'Université. Toutes sont gratuites. Elles sont uniques. Il n'y a pas de choix. On n'y entendrait pas la question posée par mes amis d'enfance à tout nouveau venu, au Jardin public du mail de la ville d'Angers où mon père exerçait les fonctions d'avocat général : « Qu'est-ce que fait ton père? » Il n'eût pas fait bon alors de répondre qu'il vendait quelque chose... Ici le fils du millionnaire est assis à côté du fils du pauvre, partageant ses travaux et ses jeux.

Dans vingt ans il se peut que le premier, installé dans un riche office du Wall street reçoive la visite du second. Un vieux *chum;* tout de suite on se sert la main : « Comment vont les affaires? » Le millionnaire a pris la succession de son père et continue à amasser des millions. Il se trouve que le second est doué d'un cerveau créateur, une idée y a germé, quelque opération, quelque entreprise, qui peut remuer les mondes, mais il n'a pas les fonds. Vous voyez tout de suite ce qui va résulter de l'entrevue des camarades ? De ces puissances alliées, — la fortune et l'intelligence, — va sortir une de ces œuvres fabuleuses dont l'Amérique a le monopole.

Quelle chance pourrait bien avoir le pauvre bougre de nos pays aristocratiques en pareille circonstance, je vous le demande? Comment pourrait-il se présenter chez les riches, inaccessibles comme ils le sont?

En Amérique nulle supériorité hiérarchique, partout la poignée de main qui nivelle, établit une confraternité universelle.

Je vais voir Samuel Hill, le président de la Compagnie du gaz, le gendre de J.J. Hill. Un vrai Américain celui-là, mais agréablement mitigé d'une excessive bonté qui fait qu'il a toujours du temps à donner aux autres. Père de huit adorables bébés, Samuel Hill est le modèle des maris, des pères, des amis et des hommes d'affaires. D'une activité dévorante, faisant le tour du monde comme vous iriez de la Madeleine à la Bastille (plus facilement, car vous auriez à attendre l'omnibus trois quarts d'heure), le premier et le dernier au travail, M. Hill passe son existence à faire des heureux, des affaires et des enfants... Doué d'une éternelle bienveillance joviale il vous accueille avec un : *What can i do to make you happy?* (Que puis-je faire pour votre bonheur ?) accompagné d'un frottement de mains bruyant, qui suffit à vous mettre en joie. M. Hill a quitté Minneapolis où il était président d'une grande banque pour monter d'autres affaires dans l'Ouest. A sa question : « Pourquoi pensez-vous que je sois venu me fixer à Seattle ? » Je réponds sans hésitation : « Mais pour faire de l'argent... »

« Pas du tout fit-il, tout simplement parce qu'il y a plus à travailler... »

Et on lit la sincérité aussi bien que la bonté et la volonté dans les yeux bleus éclairant une face douce et puissante de bon géant.

Donc je vais voir M. Hill à son bureau qui se trouve au fond du magasin. En le quittant je lui dis de ne pas se déranger, que je vais m'arrêter au magasin y acheter un poêle à gaz pour mon appartement. Il m'y accompagne, me conduit vers un commis élégant et joli homme et nous présente l'un à l'autre. Naturellement il ne me restait plus qu'à tendre la main à ce gentleman, ce que je fis avec un grand plaisir.

Voici un autre incident très caractéristique aussi. Une fillette européenne, se promenant dans les rues de Seattle dans lesquelles son œil fin de petite femme ne discernait aucune différence, eut cette question qui vaut toute une description :

« Mais où sont donc les dames?... »

A cette question on aurait pu opposer cette autre : « Mais où sont donc les ouvriers ?... »

L'autre matin on frappe à la porte de mon bureau : « Entrez! »

C'est un individu comme tous les autres ici. Il est vêtu d'un complet convenable, porte le chapeau rond, la chaussure soignée. Toutefois il porte de la même main que son parapluie des outils qui jureraient avec l'ensemble autre part qu'à Seattle où l'on est accoutumé à toutes les bizarreries. Je lui offre une chaise. Mais lui, indiquant du doigt l'appareil de chauffage : « Je viens réparer cet appareil qui ne marche pas, m'a écrit le propriétaire. »

Une Américaine, miss Alice Stevens, publiait dans le *Harper* du mois de janvier un article sur l'éducation en France dont elle a fait une étude spécialement approfondie.

Elle s'y étonne en ces termes : « Les différences entre les classes des maisons d'éducation montrent que les Français en dépit des révolutions et des bouleversements sociaux font encore une différence marquée parmi les classes et élèvent leurs enfants en accordance.

« Le fils d'un ouvrier sera un ouvrier; donc qu'il reçoive une éducation selon la position qu'il doit occuper dans la vie. Et ainsi de suite le long de l'échelle sociale. De tels raisonnements ne pourraient jamais être acceptés par les traditions américaines qui sont de prendre les gens pour ce qu'ils valent et non pour ce que valaient leurs parents. »

. . . .

Le mélange des classes et des sexes commence sur les bancs des Kindergartens pour se continuer d'un bout à l'autre de la ville.

Très amusant ces Kindergartens : très instructifs aussi; après y avoir passé quelques heures on comprend déjà tout le système d'éducation américaine. On y donne des *object lessons;* dès le plus bas âge l'enfant est mis en présence de l'objet qu'il doit étudier et du fait qu'il discute; ainsi l'aridité de la théorie abstraite lui est évitée.

Voici une salle d'étude gaiement ornée de jolies choses qui flattent le regard et intéressent le cerveau. Aux murs, des tableaux représentant de gros bébés joufflus, aux couleurs éclatantes à la Rubens, vivantes images de ceux qui sont assis sur les bancs, ou plutôt aux pupitres, car chaque élève a sa chaise à dossier, s'il vous plaît et son pupitre détachés.

Ils sont au nombre de cinquante serrés autour de la maîtresse, comme une nichée de poulets sous les ailes de la mère.

On commence par des danses accompagnées de mimiques et de figures entrecroisées, adornées de banderoles et de fleurs, un cotillon en miniature. Tout le temps des chansons accompagnées de grelots, etc.

Maintenant au travail. Chacun prend sa place. La maîtresse distribue un morceau de terre glaise à chaque enfant qui le modèle en forme de balle. C'est une grande affaire de temps, de force et de patience. Et quel enseignement pour ces petits êtres destinés à prendre part à l'âpre lutte, que cet exercice de persévérance, stimulés par le succès du voisin et aussi par la curiosité et l'intérêt de ce qui va suivre; car la balle va subir toutes sortes de transformations jusqu'à ce qu'elle soit formée en un objet quelconque qui peut-être méritera les louanges du professeur.

Un bébé de trois ans d'une taille lilliputienne, jette de droite à gauche des regards inquiets et jaloux; il est en retard, il s'agite dans un effort qui fait perler des gouttes de sueur à son jeune front de lutteur. Ses doigts de poupée pénètrent dans la terre glaise ainsi que des cordes qui détruisent tout à mesure. Il n'en peut plus. Il s'arrête. Il a réussi quoique la balle ne soit pas ronde, mais en forme d'œuf. Ceci fait il s'agit d'aplatir cette boule en forme de galette. Nouveaux efforts de patience et de persévérance. Il se lève pour décupler ses forces. J'ai rarement rencontré un plus âpre vouloir.

Cette fois le petit bout d'homme ne réussira pas. C'est impossible. L'énergie humaine a ses limites. Mais voilà qu'une idée lui vient : vite il divise la grosse boule en deux et en jette la moitié sous la table; ainsi diminuée la boule est facilement aplatie. Ce n'est pas juste, certainement puisqu'il s'agit d'un concours ; mais la ruse n'a-t-elle pas de tout temps et à tout âge suppléé la force?...

Maintenant les boules sont de beaux ronds sur lesquels on applique un croissant de papier. Chacun des petits ouvriers armé d'une allumette en dessine les contours, et l'opération terminée, voici la lune dans un coin de ciel.

Puis ce sont de longues bandes de papier colorié que l'on coupe, entrecroisant verticalement ou horizontalement, indiquant la position au fur et à mesure, et qui deviennent de jolis bibelots pour les mamans.

Et c'est ainsi durant quatre heures qui passent très vite sans un bâillement, sans une larme.

La leçon de lecture est illustrée par des dessins de scènes représentées sur des ardoises. Chaque créature ou objet porte la première lettre de son nom. L'élève, les yeux tour à tour du tableau au livre, fait la lecture à haute voix.

Cette leçon qui est un amusement, évoque celles de mon enfance. Le souvenir m'en est resté très vif. Aucune gravure alors ni sur les murs ni sur les pages. Il fallait suivre l'interminable ligne noire des caractères, se dressant fantastiques et redoutables devant mon jeune cerveau. Quand il en était un que je ne pouvais pas lire, mon professeur se contentait de poser le crayon sur la difficulté et, sans un mot, sans un sourire l'y laissait, tandis que lui installé confortablement au fond de son fauteuil attendant que l'effort de ma pensée eût réussi à percer les ténèbres dans lesquelles elle était plongée pendant d'éternelles minutes : jamais je n'ai oublié l'angoisse aiguë de ces minutes-là...

Au système d'illustrations explicatives est dû le joli parler de la petite génération qui sur ce point en remonterait aux parents.

Un jour que j'étais plongée dans l'admiration devant l'admirable baie encerclée de forêts et de montagnes, mon attention fut attirée par une voix de bébé : « Regarde, maman! les mouettes... Elles trempent leurs petites pattes dans la mer, puis elles s'envolent. »

Je me retournai : c'était une petite fille de trois

ans. A dix-huit ans cette fillette sera une Mary Wilkins, ou signera de ces charmants articles qui font la joie des magazines américains.

. . . .

A la Grammar School ce ne sont plus des jeux, mais des exercices de gymnastique qui ouvrent et closent les classes. Ils sont accompagnés au piano et au triangle joués par des élèves.

Toujours la même intimité entre maîtresses et élèves. On discute ce qu'on vient de lire, et ainsi les esprits et les jugements se forment sans qu'aucune autorité abrutissante vienne en arrêter l'essor.

Ni récompense, ni notes, ni punitions : on travaille, parce qu'il le faut d'abord, et aussi parce que le travail est rendu agréable par la manière simple et familiale avec laquelle il est pratiqué. La jeune institutrice, charmante dans sa claire toilette circule, va de l'un à l'autre encourageant, indiquant qualités et défauts avec le même ton de grande sœur. Et comme je lui fais part de ma surprise devant tant d'aménité gaie, elle se met à rire et pose ses belles mains sur les jeunes têtes en une caresse qui dit la tendresse et la sympathie : « Ces chers enfants il faut qu'ils sachent qu'ils sont capables de bien faire ».

Toute la méthode est là : supporter et encourager la divine ambition, la développer maintenant pour qu'elle soit satisfaite plus tard.

J'ai lu avec un vrai plaisir plusieurs devoirs de style. Là encore l'observation est exercée, et l'exactitude imagée des faits et des choses dont l'auteur fut témoin est remarquable : déjà la première éducation pratique a son effet.

14

De la Grammar School les élèves sont promus à la High School. Garçons et filles y reçoivent la même éducation qui permet aux dernières de briguer les postes considérés autrefois comme étant le monopole des hommes. Est-ce un progrès? Si les hommes n'y prennent garde ils finiront par disparaître sous le flot montant des femmes. Celles-ci ne reculent devant aucune situation : elles sont docteurs, dentistes, shérifs, graveurs, jardiniers, explorateurs, mineurs. Annie Pantenburn, une fillette de seize ans surnommée *The Queen of the Range*, depuis la mort de son père dirige un ranch de 3,000 acres et 800 têtes de bétail.

C'est une femme qui est maire d'Oskaloosa (Kansas). Miss Mary Colman vient de faire acquitter après une plaidoirie magnifique son client assassin ; le barreau s'entend pour lui reconnaître de grandes qualités de finesse et de pénétration.

Les femmes prirent une part active à la récente campagne électorale à New-York. Leurs agences distribuèrent six cent cinquante mille circulaires parmi les électeurs et inondèrent la cité de feuilles dont la valeur et l'efficacité sont indéniables. La ville de Fort-Worth (Texas) compte trente-quatre chaires occupées par des prédicateurs féminins qui prêchent toute l'année quotidiennement matin et soir. C'est le même envahissement des métiers manuels. Deux jeunes filles viennent d'ouvrir en Californie une maison de cirage de chaussures qui réussit à merveille; les funiculaires d'une des villes de l'Ohio sont conduits par des jeunes filles.

Leur audace ne s'effarouche de rien. Mrs Rose Leach passe l'hiver seule avec une camarade dans une petite cabane perdue dans les glaces du nord de l'Alaska où le thermomètre marque cinquante degrés au-dessous de zéro, à la recherche de documents pour des travaux littéraires.

Des chroniqueurs reçoivent un salaire de quarante mille francs par an. Les salaires sont dans l'Ouest le double que dans l'Est, partout ils ne sont que d'un quart plus bas que ceux des hommes. La pêcherie Onffroie sur la côte du Pacifique emploie des écrivains à la machine au salaire de cinq dollars par jour (1). Un vieil invalide du *Soldier's Home* de Saint-Paul, partisan du féminisme, me disait : « Pourquoi les femmes n'auraient-elles pas le même salaire que les hommes si elles font le même travail? » Soit. Mais Femina aurait pu faire cette autre question : « Si elles font le travail des hommes, qui fera le leur? »

Il est, certes très consolant de savoir que les victimes du veuvage ou du divorce savent se tirer d'affaires. Je connais une veuve dont les parents sont riches. Mais plutôt que s'adresser à eux elle gagne sa vie et celle de son fils dans l'achat et la vente de propriétés. « Mes parents sont riches, mais je n'ai pas besoin d'eux : j'ai ma tête. » (Je cite ses paroles.)

Je connais également une femme divorcée d'un mari qui buvait ; elle a monté une assurance sur la vie qui lui assure une confortable indépendance;

(1) Ce chiffre ne doit pas être considéré comme ordinaire.

une jolie rousse aux yeux noisette, gaie et contente
d'être débarrassée de son ivrogne.

C'est par milliers qu'on pourrait citer de ces
exemples. Mais il est alarmant de voir l'absolue
incapacité de l'Américaine pour tout ce qui est
travail manuel et du ménage. Elle ne sait ni
coudre, ni faire la cuisine, et serait même, je crois,
très embarrassée de donner un coup de plumeau.

Si elle se trouve dans une situation précaire ou
seulement modeste (il n'y a pas de domestique
à moins de cent cinquante francs par mois), le
résultat-de son éducation purement intellectuelle
est que c'est le mari qui fait le service de valet de
chambre et de bonne. J'en ai vu plumer la volaille pendant que madame lisait le journal et un
autre monter le charbon de la cave pendant
qu'elle faisait la grasse matinée.

A la High School c'est la même cordialité con-
fiante, nulle gêne comme dans les pensions·euro-
péennes où les maîtres et maîtresses sont toujours
craints, rarement aimés, mais une familiarité
digne de la part des maîtres, un abandon respec-
tueux de la part des enfants auxquels ni la discipline ni le travail ne coûtent.

J'assiste à la classe de français faite par une
Anglaise — puisque mes compatriotes ne veulent
pas émigrer — qui ne me comprend pas et à
laquelle je rends sa politesse. En Amérique on
commet la même erreur qu'en Angleterre de
plonger les élèves dans un torrent de difficultés
que notre Académie n'a pas encore résolues et sur
lesquelles nos meilleurs écrivains diffèrent d'avis.
Par exemple cette orthographe : « des cartes de
visites », des « tisanes d'herbe ». On leur pose des

questions à désarçonner Larousse lui-même :
« Quels sont les verbes dont le subjonctif ne se termine pas à la première personne par un *e*? Vous et moi nous nous serions tout simplement exclamés : « Il y en a donc ? » Eux répondront peut-être, mais une fois lâchés dans les rues de Paris ils ne sauront pas demander leur chemin ni se faire comprendre dans un restaurant. Le *board of education* est responsable d'un mode d'enseignement que nécessitent des examens grotesques qui comprennent de pareils sujets.

En fait de littérature, une lecture remplie d'idiotismes et de mots inutiles tels que :

— Tu sais que je suis un bon enfant, répondit Francis, c'était le nom du voisin, à nous deux, l'ours, deux hommes valent mieux qu'un.

— C'est selon, dit l'autre, et il continua de scier son troisième lingot.

Pour le bouquet on traduit... Zola! Vous avez bien lu. Et ce fait de donner du Zola, quel qu'il soit, à des jeunes filles de quinze ans montre combien peu la maîtresse le comprend, c'est la foi qui sauve. Après la classe j'ai suivi ces demoiselles qui allaient répéter les cris de triomphe officiels avec lesquels elles vont accueillir la semaine prochaine les exploits des garçons dans un match de foot-ball avec le team de Tacoma. De ces hurlements, qui sont un reste de sauvagerie, je ne puis rien distinguer et n'était le tableau noir où ils étaient inscrits, vous auriez manqué ça :

Booma lacha! Booma lacha!
Bow wow wow!
Climper lacha! climper lacha!

Chow! chow! chow!
Booma lacha! Clinga lacha!
Rip! Rip! Bow!
S. H. S. give her room!

Je vous entends d'ici bisser, et m'exécute avec cet autre :

Ashew Wou! Wou!
Wiskey key wee wee!
Wily Mucky!
Old Seattle!
Washington!
Seattle!

La férocité de cette cacophonie sera rendue encore plus brutale par un accompagnement de trompettes. Ce jour-là, on rencontrera par les rues ces demoiselles se rendant à Tacoma portant en sautoir la trompette, avec la crânerie d'un vieux de la garde.

. . . .

L'Université de l'Etat de Washington est un vrai bijou, au contraire des baraques françaises nues et dépourvues de tout ce qui constitue le confort et l'agrément. On y arrive en longeant ce magnifique lac Washington qui déroule ses eaux profondes dans un solennel paysage de montagnes.

Les bâtiments, qui datent de l'année 1862, sont du style Renaissance. Ils sont faits de pierres jaunes et couverts de toits de bois vert que l'on jurerait être de la mousse. Les terrains alentour ne sont pas défrichés ; ils ont conservé une sauvagerie boisée délicieuse, et l'on devine l'air qu'y respirent les heureux élus de cette oasis en vue des lacs Washington et Union dont pas la moindre haie ne les sépare, lorsqu'ils se livrent aux sports pendant les récréations.

Du dehors on peut voir dans les sous-sols réservés aux laboratoires, éclairés à la lumière électrique, une soixantaine de jeunes hommes et de jeunes femmes travaillant avec la gravité sérieuse de vieux savants, celles-ci agiles et gracieuses dans des blousons de toutes couleurs, la manche protégée par de hauts poignets d'osier; c'est faux de dire que leur éducation a fait des Américaines des garçons.

Elles sont femmes malgré tout. Elles adorent la société des hommes. Elles s'adonnent sans vergogne à la flirtation. Une flirtation pas commode, par exemple, faite d'une coquetterie honnête dont l'abandon ne dépasse pas une limite qu'on ne peut discerner qu'avec une grande expérience et qui déroute le Français toujours nourrissant des arrière-pensées malpropres et se livrant à un déshabillage mental inconnus à l'Américain. Et le premier le sait si bien que dans une société cosmopolite s'il est un débutant il ne s'attaquera pas volontiers à une Américaine ou s'il le fait il met de l'eau dans son vin. Comme me le disait un Parisien qui a fait le tour du monde : « Avec une Américaine *on n'oserait* pas, elle se respecte trop elle-même. »

Ce qui fait dire que l'Américaine n'est pas coquette c'est qu'elle mêle à ses rapports avec l'autre sexe une camaraderie bon garçon à laquelle on peut se tromper au premier abord. Ayant été élevée avec les garçons depuis le Kindergaten, il est clair qu'ils n'ont pas pour elle comme pour la Française l'attrait du fruit défendu. Et elle voit en eux l'ami, je n'ai pas dit le camarade, ce qui n'est pas assez, jusqu'au jour où elle verra le mari, le mari qu'elle choisira elle-même, selon son cœur ou ses ambitions, sans qu'aucune influence paternelle ou maternelle vienne jamais s'interposer.

De même que l'enfant livré à lui-même peut se lancer dans les jeux les plus dangereux et s'y casser le cou, la jeune fille veille à son avenir, le choisit à ses risques et périls. Rien d'étonnant alors que veuve ou divorcée elle ne compte pas sur des parents qu'elle n'a pas consultés et qui se lavent les mains d'une union pour laquelle ils ne sont pas responsables.

De l'Université et même de la High School datent bien des fiançailles. Ce ne sont pas les occasions qui manquent! Un scandale est pour ainsi dire chose inconnue bien que la liberté des jeunes gens soit complète. Lorsque j'ai visité l'Université la première chose qui a frappé mes yeux était une grande affiche coloriée représentant une dame en toilette décolletée. C'était une invitation de ces demoiselles à ces messieurs à venir passer la soirée du 11 novembre à leur *dormitory.* « On dansera. » Toute cette jeunesse s'amuse gaîment, sainement, loin de toute surveillance qui serait inutile et semblerait inconvenante.

Comme je l'ai dit, on exagère beaucoup la soi-disant absence de coquetterie des Américaines.

A cent mètres du collège se dressent deux bâtiments de même couleur et de même style que le premier. Ce sont les *dormitories* pour les deux sexes. Les élèves y logent et y mangent sans subir les ennuis d'aucune surveillance de leurs faits et gestes ni de leurs allées et venues. Vous entrez et tout de suite vous êtes frappé de l'aspect d'intimité et de confort qui se dégage des moindres choses.

Le plus souvent un salon et deux chambres à coucher sont partagés par deux amis qui ont ainsi l'existence moins isolée et à meilleur compte.

Ces pièces disent la charmante vie d'étude et de plaisir qui s'y écoule, avec leurs murs tendus de filets dont les mailles soutiennent des gravures parmi lesquelles se trouve souvent l'*Angelus* de Millet (il est partout), des photographies, souvenirs de famille et de voyage. Tout autour sont posés et pendus des objets de sport, jambières de cricket, *golf clubs*, etc. De légers poufs et de moelleux fauteuils autour des tables chargées de plateaux à thé qui attendent les amis de la maîtresse ou du maître de céans.

Les examens d'admission comprennent la littérature anglaise, la géographie, l'arithmétique, l'histoire, le latin, le grec, et une langue vivante étrangère. Il n'y a pas de limite d'âge; le coup d'œil de cette société de tout âge, de toute situation, de toutes races, est unique. Des blancs, des noirs, des rouges, des jaunes : toutes les couleurs de l'arc-en-ciel !... Des jeunes gens de bonne famille n'hésitent pas, s'ils sont très pauvres, à servir dans un magasin ou autre part pour faire l'argent de poche nécessaire à l'éducation universitaire, tandis que des serviteurs se placent à mi-gages se réservant le temps de suivre les cours du soir. Ce détail explique les allures familières qui existent entre maîtres et serviteurs, le nivellement toujours. Ceux-ci ne sont pas nommés *servants* comme en Angleterre, mais *boys* et *girls* (garçons, filles) et tout le monde se salue d'un *good morning, how do you do ?* au premier déjeuner.

Pour les pensionnaires, la pension est au prix de revient soit onze dollars par mois, et des arrhes de cinquante-huit dollars qui sont rendus à la sortie, doivent être déposés à l'entrée.

Après les cours complets, qui durent quatre ans, un élève peut sortir gradué, à même d'entrer dans la voie qu'il a choisie et préparée. Les études de l'Université de Washington ne sont pas considérées comme d'un *standard* très élevé, et beaucoup d'élèves vont les parfaire dans l'Est.

Les professeurs sont au nombre de cinquante-trois (1) et les élèves de quatre cent quarante-huit hommes et cent soixante-quinze femmes, deux cents de plus que l'année précédente.

L'Université fournit les occupations les plus variées, une bibliothèque de cent quarante mille volumes et de douze mille deux cents brochures. La salle de lecture est meublée de sièges et de tables d'une physionomie de bien-être engageant.

Le Muséum contient des sections de géologie, botanique, ethnologie; une collection de poissons, de coquillages, de coraux et de fossiles. Il y a des sociétés de littérature, de géographie, de pharmacie, de machinerie, de langues modernes, de musique, de physique et de mathématiques.

Les clubs ne se comptent pas. Les uns et les

(1) Le salaire des professeurs est d'environ 100 dollars (500 fr.) par mois.

autres se réunissent une fois par mois dans le superbe Denny hall, qui porte le nom de son fondateur que j'ai déjà nommé comme premier pionnier de Seattle. Il contient un millier de personnes; on y donne des représentations théâtrales et des professeurs éminents viennent de partout y faire des conférences.

Bien que je me sois arrêtée un peu longuement sur ce sujet je ne peux pas passer sous silence la salle de gymnastique *drill hall*. C'est une vaste construction en bois de sapin, augmentée de belles pièces qui servent de cabinets de toilette et de salles de bain. Il m'a paru que le jeu le plus en vogue était le *base ball*. Il consiste à jeter en l'air une balle qui doit retomber dans un panier suspendu au mur très haut. Les joueurs sont divisés en deux camps, chacun s'efforçant d'empêcher l'autre de réussir. Toujours la même règle du *foot-ball*, du *hockey*, etc.

Pour bien vous rendre compte de la violence de cette race nouvelle, allez voir une partie de *base ball*, vous reviendrez fixé.

Les combattants, pour n'être pas gênés dans leurs mouvements désordonnés, sont vêtus de jerseys et d'un pantalon de lingerie blanche, flottant, s'arrêtant haut au-dessus du genou. Après les dix premières minutes ledit pantalon, qui est réduit à un chiffon mouillé et collant, en conséquence équivaut à zéro. On voudrait pouvoir cueillir quelques feuilles de vigne dans les musées de l'Est et les importer au *base ball*.

Je me sens impuissante à décrire cette effroyable lutte, qui ne peut guère se comparer qu'à ces batailles de chiens mal élevés qui ont quelquefois lieu dans les quartiers pauvres ; dans l'Est il existe des règles de jeu assez sévères, ici aucune et tout moyen est bon qui arrive au but, même la lutte corps à corps. Et alors rien n'est plus effroyable que la vue de cette gigantesque boule humaine craquante, hurlante : on dirait quelque monstre apocalyptique tournant, dans un incessant mouvement de vertige, ses têtes et ses membres multiples.

Les jeunes filles aussi s'adonnent à ce jeu, sans toutefois y perdre, comme les garçons, toute notion de leur position verticale; elles n'osent pas encore s'exhiber en plein air, *We are afraid the boys should laugh at us* (Nous avons peur que les garçons se moquent de nous), me disent-elles. On ne pourrait, fichtre ! pas leur en vouloir, aux boys !...

Les joueuses portent la culotte, cela va aux fillettes, minces et jolies; aux vieilles grasses et laides cela va moins bien... Les visages sont pour la plupart tuméfiés par la chaleur et l'effort des mouvements qui ne laissent pas d'être gracieux tant l'Américaine a de souplesse et d'entraînement; mais il y aura toujours la question insoluble des cheveux qui sont une protestation vivante contre les sports violents pour la femme. Quelques-unes ont pris bravement le parti de laisser peignes et épingles sur le plancher qui en est jonché comme une boutique de coiffeur mal tenue; d'autres s'obstinent aux petits chignons qui ne veulent rien savoir. Le spectacle est hideux, et comme ces demoiselles jouent mal il n'y a pas même la compensation de l'intérêt du jeu. Après la partie elles se retirent dans les salles de bain desquelles se dégage alors au déshabillage une atroce odeur de sueur! Cela suffit à condamner un plaisir qui déforme la femme et en fait un objet d'horreur et de dégoût qu'il faut cacher aux *boys*. Le *foot-ball* est aussi très en faveur, mais pour les hommes seulement... Ils y jouent du poing et du pied, ce qui est extrêmement dangereux.

La manière dont la partie commence est amusante : un des joueurs se couche à terre, tenant, entre ses mains levées en l'air, le ballon qu'un autre vient lancer de toute sa force, du pied chaussé de chaussures à gros clous qui sont des pavés. Que celui-ci manque son coup!... On m'en montre un qui vient d'avoir la clavicule brisée de cette manière. Puis un autre qui a le nez cassé par un coup de pied donné dans la bagarre; les joueurs doivent porter un nez de caoutchouc recouvrant l'appendice naturel, mais on conçoit aisément que ce cataplasme dans des circonstances pareilles doive être intolérable, et le nez protecteur pend généralement au bout d'une ficelle autour de la taille.

XXVI

Seattle.

All Mighty Dollar, nous avons eu ce matin la *Salvation Army* un service en ton honneur :

Ces « salvationists » quels fous : fous à lier, fous dangereux et d'une folie contagieuse. Il s'agissait de recevoir le colonel French. La salle était très joliment décorée, le plafond tout couvert de branches de sapins où couraient des banderoles multicolores parmi des lanternes chinoises et des lampes électriques. Sur l'estrade cinq officiers jouant des instruments de cuivre et de la grosse caisse, et deux très jolies filles de la guitare ; au-dessus une immense pancarte : « Quiconque croit que Jésus est le Christ est né en Dieu. »

Cela commence gaillardement avec des chants d'allégresse et des « Alleluias » qui finissent invariablement, je ne sais pourquoi, par un « Amen » nasillard prolongé et monotone comme un bêlement continu. N'importe, il y a de l'entrain et de la vie là dedans et en me rappelant certain sermon de la Haute-Eglise je n'hésite pas à donner la suprématie à l'Armée du salut (1).

Le colonel French est un homme de quarante ans au visage singulièrement énergique et honnête, au regard plein de conviction; il ressemble à un prêtre catholique qui aurait laissé pousser ses moustaches. Son sermon, ou plutôt sa conférence, ne manque ni d'intérêt ni d'ingéniosité. Le baptême n'existe pas en tant que sacrement, c'est un emblème, un symbole : Notre-Seigneur reçut le baptême, il est vrai, mais accompagné de l'Esprit-Saint sous la forme d'une colombe. A Honolulu où la peste vient de sévir, ce n'est pas d'eau dont on se sert pour chasser le fléau, mais de feu. Ce sont les flammes également qui sont nécessaires à nos âmes, la flamme de l'Esprit-Saint est

(1) Il y a la *Methodist Church* qui n'est pas triste non plus. Après le service, le ministre, très jeune et charmant, le gardénia à la boutonnière, s'asseoit sur la Sainte-Table devant laquelle les paroissiens défilent et lui serrent la main.

l'amour de Jésus qui doit être en nous et en lequel nous devons être.

Ici une petite anecdote : « Un enfant revient du catéchisme et raconte à sa mère que Notre-Seigneur est en lui. La brave femme avec un sourire objecte : Allons, mon garçon, regarde cette bouillotte et cette tasse et dis-moi si tu pourrais faire entrer la première dans la dernière?... Non, n'est-ce pas? Alors comment veux-tu que le Dieu Tout-Puissant vienne dans un petit bonhomme comme toi... »

« L'enfant consterné baisse la tête et garde le silence. Il allait bientôt avoir sa revanche.

« Comme la mère après avoir attisé le feu y laissait le fourgon et l'en ressortait rouge, l'enfant dont le visage grave s'était illuminé d'une joie triomphante s'écria : « Ah, maman! je peux expliquer maintenant!... Le fourgon est dans le feu et le feu est dans le fourgon! Et si vous ne voulez pas le croire, venez le toucher. »

Jusqu'ici c'est très gentil, mais voilà que ça va se gâter. On avait commencé par prévenir les fidèles qu'on ne les mendierait pas, seulement on ne les avait pas prévenus qu'ils seraient dépouillés. La collecte se fait dans un tambour de basque et l'illusion d'être dans une foire se continue agréablement. Les quêteuses sont vêtues de jolies blouses rouges coupées à la dernière mode; il est clair qu'elles sont choisies pour flatter l'esthétique, ainsi que la jeune fille qui vient de chanter, en pinçant de la guitare, un atroce morceau qu'on lui pardonne en raison de sa jeunesse et de sa beauté... Elles reviennent et le colonel annonce que la quête a rapporté 13 dollars. Mais comme une seule personne en a donné 10 le résultat ne fait pas honneur à la générosité de la masse. Il s'adresse à celle-ci demandant si une autre personne charitable ne donnerait pas 10 autres dollars?

« Je les donnerai, lance une voix aiguë, si un autre suit mon exemple. »

Comment ne pas croire à un compère ?

Le truc réussit. Vous croyez peut-être que ce répugnant marché est fini. Ce n'est que le commencement. Le colonel French annonce que cela fait 33 dollars et il ajoute que s'il s'agissait de 40, Jésus serait satisfait.

« Que ceux qui veulent ajouter un dollar lèvent la main. »

Et pendant qu'une des jolies filles fait son tour on entend retentissant ainsi qu'à une vente aux enchères : « Un... Merci. Allons, qu'est-ce qui se présente? Deux... Merci. Quatre... A qui le tour? Cinq... Merci. Qu'est-ce qui met le sixième? »

Et ainsi de suite jusqu'au complément de ladite somme. Tous ces dollars en petits morceaux de papier crasseux et empestant qui plus que le métal fait penser à l'expression favorite du grand Daudet : « Ce sale argent » sont alors exposés sur une table en vue de tous et salués d'un formidable : *Alleluia!...* *Alleluia*, vingt fois réitéré dans une frénésie délirante. L'idolâtrie du dollar dans toute sa scandaleuse horreur.

Encore si l'on était sûr que cet argent va au bien?

. . . .

Mais voilà le clou, le coup des conversions : on ne peut rien rêver de plus ridicule ni de plus immoral, le colonel appelle les pêcheurs les exhortant à la conversion en des termes que je suis impuissante à reproduire, mais qui suffiraient à ébranler les nerfs de la tour Eiffel. Cela dure quelque temps. Enfin voilà un, puis deux officiers, qui, touchés par la grâce, viennent s'agenouiller au pied de l'estrade : ça c'est l'œuf de plâtre dans le nid. Toutefois l'assistance ne bronche pas. Alors le colonel redoublant d'instance frappe au défaut de la cuirasse, je veux dire chez les femmes. Mais si celles-ci sont plus aptes aux émotions que les hommes, elles ont une pudeur qui répugne aux démonstrations publiques. Décidément personne ne bouge et l'infortuné colonel sue sous ses vains efforts, éponge son front ruisselant avec vigueur. Il s'agenouille et la tête rejetée en arrière dans un geste d'inspiré, les yeux fermés, la bouche ouverte, il appelle à grands cris la grâce de Dieu sur ses sœurs. Attention! voilà que ça prend... On entend de sourds gémissements monter du fond de la salle, quelque chose comme le geignement d'un jeune enfant. Les respirations s'arrêtent comme dans l'attente d'un grand événement. Une femme se lève et titubante vient tomber à genoux au pied de l'estrade. Ai-je besoin de dire qu'elle est vieille, laide et mal tournée? Non. Voilà ce que le célibat fait des femmes quand il n'en fait pas des *new-women*, cette autre forme de névrose. Maintenant les gémissements ont fait place à des sanglots hystériques qui jaillissent de la poitrine soulevée en spasmes violents. Alors un jeune officier, un splendide mâle au teint bronzé, à la prunelle éclatante, à la chevelure épaisse et bouclée, vient s'agenouiller tout contre la repentie et de ses lèvres épaisses tombent les paroles du Sauveur à la Madeleine pécheresse, tandis que la convertie se confesse, tant il est vrai que l'âme en détresse a besoin d'épanchements et de pardon. Rien de mystique, mais un homme et une femme dont la chair vibre et tressaille à ce contact des cœurs. Les cheveux et les haleines se mêlent ainsi que les murmures subtils que même un doigt sur les lèvres nous ne pouvons entendre. Et cela, dans les frôlements et les soupirs, ressemble tellement à un duo d'amour et est d'une humanité si poignante qu'on en frémit. Cependant ce désespoir s'apaise comme s'apaise tout désespoir, sous le charme souverain de la tendresse humaine.

Et l'on comprend combien est vrai le mot de Sidney Grundy sur ces détraquées, dans une de ses spirituelles comédies : « Ce qu'il leur faut, c'est un mari ! »

Eagle Harbour, 1ᵉʳ décembre 1901.

Arrivée ici hier soir.

Cet îlot tout à fait sauvage doit son nom à sa forme allongée et découpée d'aigle qui plane.

Le steamer *Eagle* dont la proue représente ce noble animal m'a déposée dans une barque dont je suis descendue pour m'engager sur une passerelle faite de troncs d'arbres flottant les uns contre les autres. Tout de suite en quittant cette passerelle je suis tombée dans un marais où j'ai cru m'enliser vingt fois pendant le kilomètre qui sépare ce port naturel de la maison où j'écris ces lignes.

Et, pendant ce temps, je pense que dans une

dizaine d'années, ou moins, il y aura peut-être là un débarcadère magnifique!

De mes fenêtres sans rideaux on n'aperçoit pas un toit, car le site est désert et le mont Rainier, ainsi que les montagnes, ne font avec la baie et l'horizon qu'une immensité sombre où il est impossible de rien distinguer. Il faut se souvenir des cimes rosetées du mont Rainier et des lignes neigeuses de la cascade Rauge comme de ces beaux décors sur lesquels le rideau est tombé.

L'hôtelier est un Anglais venu pour chercher fortune : il a trouvé l'aisance dans une jolie villa qui lui permet de jouer au rentier l'hiver et de loger des touristes l'été. Rien d'un hôtel que le nom. De confortables fauteuils, faits de lianes de Californie, se balancent gracieusement sur les tapis jetés en tous sens, selon la mode du pays. Des feux d'arbres entiers qui montent dans d'immenses cheminées dignes des châteaux d'un autre siècle et d'un autre monde éclairent de vastes pièces sans porte, et se communiquant.

La femme, une Américaine, est bien la plus curieuse créature que l'on puisse rencontrer. Absolument dépourvue de formes, elle rappelle ces poupées de chiffon peint, bourrées, qui sont le bonheur des petits Américains.

Elle se meut tout d'une pièce, sans remuer une énorme tête carrée et inerte aux traits mal finis qui rappelle celles des chevaux de bois. Elle est enveloppée d'une housse collante en cretonne fond blanc ornée de feuillages verts, qui fera place le soir à une identique, mais de ramages roses.

Un malaise me prend en présence de cette étrange créature mi-homme, mi-femme, mi-statue.

Et ce malaise devient une répugnance épeurée quand je la vois saisir de ses robustes mains un petit poulet qui, blotti dans les cendres de l'âtre, agonise, rend à Dieu son innocente âme de petit poulet, et d'un seul coup violent lui arracher la tête et jeter le tout dans les braises rouges, ricanant bêtement : « Voilà le *breakfast* au feu! »

Ce matin-là à « *breakfast* » j'ai été incapable d'avaler un morceau, pas plus qu'un autre client de l'hôtellerie.

Le mari est un pur Anglo-Saxon, à la longue moustache blonde, aux yeux bleus tristes, aux manières douces.

On me dit qu'il existe une antipathie d'âmes et de peaux entre ces époux mal assortis. Tandis qu'elle s'agite autour du repas, il demeure impassible et silencieux au fond de son fauteuil, caressant d'une main tendre un nourrisson qui lui donne l'illusion d'une paternité désappointée.

Cette enfant n'est pas le membre le moins curieux du groupe bizarre. On ne sait comment la décrire. Dans sa tête pointue en forme de pain de sucre les facultés mentales manquent. Elle ne peut ni parler, ni connaître, ni aimer, pas même sa mère.

Et si elle ne parle pas, ce n'est pas que l'usage de la parole fasse défaut, car elle n'est pas sourde et répète en perroquet les mots que vous lui dites, mais elle ne peut former des phrases, n'ayant pas d'idées. Si on ne savait cette infirmité, on ne s'en apercevrait pas. L'enfant joue et se conduit comme tout autre enfant. C'est une ravissante fillette de huit ans qui en paraît douze, aux couleurs éclatantes, aux mains et aux pieds d'une délicatesse de forme parfaite. Le visage charmant, coupé de lèvres rouges, était autrefois encadré de magnifiques boucles blondes qu'il a fallu sacrifier, leur emmêlement rendant sauvage la pauvre petite sujette à de dangereuses colères. Mais à ce beau visage manque la lumière. Nul regard ne vient animer les yeux si morts qu'on les oublie, comme en présence d'un aveugle. Ce qui brise le cœur, c'est de voir la manière dont cette affreuse mégère traite la pauvre enfant. Ce sont des coups qui tombent comme d'un battoir; les paroles et le ton sont pires; au nom « Margery », qui cingle en coup de fouet, la petite éclate en sanglots convulsifs, terrorisée, mais cependant accourt avec une précipitation affolée se jeter éperdue dans les bras de la femme, comme un désespéré qui se noie.

C'est déchirant. Ce qui l'est plus encore est ceci: de temps en temps, sans que l'on puisse savoir pourquoi, elle avance droit devant elle, tâtonnant dans l'espace, les bras en croix, les mains, comme pour saisir quelque chose qui la fuit, grandes ouvertes, en poussant un long cri lamentable d'oiseau de nuit, un cri douloureux, intolérable à entendre tant il contient d'angoisse. Qui saura jamais ce qui dort dans ce cerveau où peut-être passent de cruelles lueurs?...

. . . .

Je ne puis supporter la vue de ce pauvre petit être. Ce matin je suis partie faire une promenade d'un mille et demi dans la forêt. Quelle expédition, mon Dieu! On ne sait où poser le pied ni où passer. C'est un encombrement de taillis, une accumulation d'arbres précipités à terre par l'orage et formant des obstacles que l'on ne peut franchir qu'en y grimpant, en s'accrochant à tout ce qui tombe sous la main. Il y a des murailles élevées par de gigantesques racines d'arbres renversés ; cela ressemble à de fantastiques araignées qui se pâment.

C'est entre les arbres, où les cèdres et les sapins dominent, une effroyable lutte pour la vie : les plus jeunes filent entre les branches des plus vieux, s'élancent vers le ciel et la lumière et c'est un écrasement où beaucoup perdent la vie. Des parties de la forêt sont entièrement brûlées et sur les noirceurs sombres se détachent le vert tendre des fougères qui s'épanouissent aux bords des sources et des ruisseaux d'une limpidité cristalline.

Et tout alentour, cette admirable baie. Là encore ce n'est pas commode de marcher ; il faut prendre son parti de tituber sur les galets inégaux que n'adoucit pas le moindre grain de sable.

Mais quelle sauvagerie!... quelle solitude exquise et comme on s'y sent vivre plus fort et meilleur, loin de tout ce qu'il y a de vil et de petit dans la société.

J'avais eu l'idée malheureuse d'emporter un livre de Gyp. Cette exacte peinture de la vie parisienne, avec ses turpitudes et ses éternels adultères « de cinq à sept » sous le toit du mari où dans la garçonnière de l'amant, semblait dans la noble paix d'Eagle-Harbour quelque fantastique fable dont la lecture empoisonnait l'air. Je n'ai pas voulu en souiller la forêt ni la baie : je l'ai brûlé.

. . . .

J'ai rencontré une misérable hutte indienne faite

dè planches et de toile ayant sans doute servi d'abri à quelque pêcheur indien. Dans le goulot d'un vieux bidon de pétrole vide est resté un morceau de chiffon qui servait de mèche à cette lampe rudimentaire.

Plus loin gît abandonné un spécimen de labeur et d'adresse de ces sauvages, sous la forme d'un canot taillé à même dans un tronc d'arbre à l'aide d'un morceau de fer employé en guise de ciscau. Le chef-d'œuvre s'est fendu la veille d'être terminé et voilà le labeur de plusieurs mois et peut-être d'années à jamais perdu.

. . . .

J'arrive à la pointe extrême de l'îlot nommé *Wing Point* (pointe de l'aile), on devine pourquoi. Tout au bout de cette pointe un négociant de Seattle a eu l'originale idée de faire construire un chalet tout en écorce d'arbre à l'état naturel qui est bien celui qui convient à ce coin perdu. On n'y peut voir et toucher autre chose que du bois blanchi par un long séjour dans l'eau. Les sièges autour sont d'énormes racines sèches dont les creux forment de confortables petits fauteuils.

Tout autour, la falaise, qui est à cet endroit très élevée, s'éboule rapidement et avant peu le chalet sera entraîné dans la mer. Le propriétaire en sera alors sans doute fatigué et cela lui permettra de transporter ses pénates autre part. En Amérique rien n'est fait pour durer, pas même le Brooklyn-Bridge qui n'est pas solide, ce qui est un fait avéré et reconnu par les ingénieurs.

On s'imagine, ou plutôt il est impossible de s'imaginer, rien de comparable à la vue qui s'offre aux yeux de la Wing Point. A l'est Seattle, à une distance de 8 milles, dominé par le dôme du City Hall; au nord le Pacifique avec tout au fond dans le lointain de la côte de la Webey Island, au sud, l'adorable baie où s'étage Tacoma avec son cadre de montagnes de neige qui ont toutes les teintes de l'arc-en-ciel.

. . . .

Et, contraste saisissant avec ce lieu désert, voilà, tout prêt, à Port-Blekeley, un de ces chefs-d'œuvre de la civilisation comme on n'en voit qu'en Amérique. Une scierie qui débite de huit à dix millions de mètres de bois par année. C'est de là que vint le bois qui servit à la construction du chemin de fer sibérien. Les arbres abattus sont amenés de la forêt traînés le long d'étroits sentiers dans lesquels sont à demi enterrés, horizontalement, des troncs de jeunes arbres enduits d'huile de chien de mer sur lesquels les gros arbres destinés à la scierie roulent facilement. Puis on les dispose sur l'eau au nombre de quinze à vingt mille, dans un immense encadrement fait aussi de troncs d'arbres, et le tout flotte ainsi portant les bûcherons, et la nuit de grosses lanternes rouges. Ces *booms of logs* sont d'une valeur d'environ 20,000 dollars (100,000 francs). Arrivées à la scierie, ils sont soulevés un à un et hissés au chantier par une chaîne colossale, sur des roulettes fixées entre deux planches. Ils montent ainsi majestueusement à l'échafaud semblant vivre et l'impression que j'ai ressentie en assistant à cette vaste destruction ne sortira plus de ma mémoire. C'est infiniment plus remuant que les animaux des abattoirs de Chicago, pour quiconque aime les arbres d'une tendresse humaine (1). Le mouvement d'ascension se continue jusqu'aux scies, immenses roues toujours en évolution contre lesquelles l'arbre passe et repasse de long en large jusqu'à ce qu'il soit coupé en tranches comme un *cake;* ces « tranches » qui sont les planches sont directement, par d'autres chaînes, traînées aux bateaux qui les attendent au port et sont chargées par un grand trou, à fond de cale, et expédiées dans tous les coins des deux mondes.

Cette manœuvre exécutée par des Chinois en quelques minutes durerait avec le travail manuel des semaines (2).

Les restes du bois qui ne peuvent être employés sont jetés sur un colossal brasier aux flammes éternelles d'une hauteur de 9 mètres qui répand sa chaleur à plus de 50 mètres de distance, de quoi chauffer tous les pauvres de Londres et de Paris.

XXVII

Seattle.

J'ai passé un après-midi charmant à la prison. Elle occupe le rez-de-chaussée du Palais de justice.

---

(1) De ce train-là l'état de Washington serait déboisé en dix ans, mais on doit respecter environ 16 arbres par 40 hectares.

(2) J'ai vu sur le quai de Seattle des bateaux américains charger dans le même temps le double de marchandises que des bateaux allemands (ceux-ci fidèles à la vieille routine), avec un système de filets soulevés par des poulies.

Sur les marches, à l'extérieur, se tenait la vente
aux enchères d'une ferme qui, dans l'espace de
vingt minutes, fut adjugée pour le quart de sa valeur. J'avais déjà été à la prison et la vue de ces
malheureux enfermés dans des cages m'avait laissé
une impression douloureuse à l'excès. Quand je
dis des cages, je ne veux pas dire des cachots à
porte de fer, mais de véritables cages exactement
comme celles des ménageries, dans chacune desquelles plusieurs prisonniers sont enfermés assis et couchés les uns contre les autres en des
poses frôlantes de fauves.

Aujourd'hui mon impression est tout autre.
C'est le jour des visiteurs. Ils sont en nombre,
mères, sœurs et surtout bonnes amies, car il y a
parmi les hommes beaucoup de souteneurs pris
dans une récente rafle... Les portes des cages
étaient ouvertes, ces dames et ces messieurs tout
en faisant les honneurs avec une grâce charmante
(un peu plus il vous dirait de ne pas faire de
manière!) : « Entrez donc... Asseyez-vous un moment », et force *hand-shakes* et salamalecs. Quel
agréable pays que cet Ouest!... En prison ou dans
le grand monde c'est toujours la même simplicité
fraternelle. La conversation s'engage; aucun con-
trôle, aucune surveillance; cela ressemble beaucoup à la visite des parents dans un pensionnat,
avec plus de gaîté et de liberté d'allure.

Une fine physiologiste aurait peut-être trouvé là
les traces du vice et du crime. J'avoue n'y avoir
reconnu ni l'un ni l'autre; mais au contraire le
vrai type de l'Ouest dans toute sa joviale candeur :
les traits intelligents, ouverts, énergiques, un peu
durs s'ils n'étaient adoucis par un large sourire

enfantin que je n'ai vu que chez ces gens et qui est à la fois la virilité et la tendresse. Tous rasés comme des acteurs. Il y a un assassin qui fait cuire des crânes de berries sur un petit poêle ; il m'en offre, bon garçon, et quand il me tend la main comme c'est l'usage à la prison comme partout dans ce pays de démocratie, c'est avec sympathie que je la lui serre. Toutefois au moment de l'interroger sur cette grande chose qui est un meurtre, je n'ose.

Les autres me racontent leurs petites affaires avec un cynisme qui tient de la candeur. Pas la moindre confusion ne ploie les fronts, très hauts, pas de gloriole non plus : sincère et parfaite simplicité. Nul ne se plaint. Et toute la bravoure et tout l'entrain américain sont dans ces cages. Ils avouent être très malheureux, si vous les questionnez. Un me dit qu'on ne s'habitue pas et que c'est pire de jour en jour. Beaucoup ont encore plusieurs années à faire; pas un mot d'amertume ou de révolte ; des yeux rieurs où çà et là passe une douce lueur de résignation. Il m'a semblé que tous avaient le respect de la justice : « Ce n'est pas un endroit pour s'amuser, voyez-vous. »

On vient d'amener un nouveau prisonnier condamné pour escroquerie à deux ans d'emprisonnement. C'est un monsieur fort bien, élégant, distingué (il n'y a pas d'uniforme ; on considère que la privation de liberté est suffisante et, cela fait, le prisonnier peut se passer tout le petit confort à sa portée), et — chose très rare dans l'Ouest — parlant un excellent français. Il s'est emparé de la direction de la cage et me présente, avec un geste de lord, les autres qu'il renvoie ensuite s'as-

seoir, autoritaire et protecteur : c'est le gentleman de la bande, on l'a compris, et on s'incline
devant la supériorité.

Puis s'adressant à moi *sotto voce* :

— Je vous reconnais, c'est vous la petite Française qui étiez ici la semaine dernière.

— Comment vous me reconnaissez et j'étais
ici la semaine dernière? protestai-je, ahurie.

— Mais oui... voyons, ne faites pas d'histoire...
Je sais bien que vous avez tué votre bon ami. Et
même qu'une autre dame française a acheté votre
liberté (1).

Je la trouvai mauvaise. Mais il n'en voulut pas
démordre. Sur un ton de suffisance impayable il
me demande si je suis diplômée?

— Je suis moi-même très instruit, et je désire
faire la connaissance d'une demoiselle française
distinguée *(sic)* qui m'accompagnerait dans un
voyage à Paris que je ferai aussitôt libéré, ce qui
ne va pas tarder, car j'ai présenté mon pourvoi et
comme je ne puis pas avoir volé mon propre argent je vais être mis en liberté. Venez donc me revoir dimanche : nous recauserons de cela.

Et se dirigeant vers son quartier, il en tire un
sac de cuir de Russie des plus soignés, et y prenant une carte de visite il me la tend. Je lis :
M. Lawrence Whitworth, *Mutual Life Building,
Seattle U. S. A.*

Puis ajouté au crayon ce changement
d'adresse : « jail (prison)Seattle ».

. . . .

----

(1) Avec de l'argent tout s'obtient, même la grâce d'un prisonnier.

Chez les femmes c'est moins gai. Une vieille fanatique, quelque miss Stone en rupture de brigands, ennuie tout le monde de ses paroles évangéliques, oubliant qu'il n'y a encore que l'exemple qui peut produire quelque effet : « Le Seigneur réunira dans un monde meilleur ses compagnons et ses compagnes d'infortune. » Ces encouragements-là, c'est bon dans les hôpitaux; en pleine santé et en pleine jeunesse il faut autre chose de plus substantiel. Pour ne plus l'entendre sa voisine, une jeune fille plongée dans le plus profond marasme, ferme les yeux et se bouche les oreilles envoyant errer dans d'autres régions sa pensée meurtrie. La douleur qui voile ses prunelles vagues est infinie, insondable; d'un geste fébrile elle caresse un petit chien qui est là blotti sur sa poitrine dans son corsage; et tout son pauvre être martyrisé semble avoir passé dans cette caresse, qui sans doute seule la sauve de la folie. Elle ne parle plus, ne comprend plus, ne sait plus. Arrivée depuis trois mois elle croit qu'elle est là depuis huit jours. Qu'il doit être profond le découragement d'un prisonnier qui cesse de compter les jours!

Elle est la seule désespérée ; tous et toutes les autres attendent chaque jour la liberté. D'où et comment? Ils ne sauraient le dire. Qui dira jamais d'où vient et ce qu'est la divine et cruelle espérance!...

Voici un amour de petite prostituée chinoise qui n'a pas plus de treize ans et porte la culotte et la grande queue dans le dos. Elle coud de jolis chiffons roses qui la rendront charmante et tentante quand elle reverra le trottoir.

XXVIII

Monterey, 20 février.

Me revoici en Californie. Je n'ai pas su résister à la tentation : « Qui a bu boira »; et c'est bien en effet une ivresse qui vous monte au cerveau dans ces espaces d'or et de soleil.

J'ai connu un jeune officier qui ayant passé par là, à bord d'un vaisseau de l'Etat, fut pris de vertige, perdit la tête au point de déserter et partir enivré, seul, courant comme un fou à la recherche de l'or.

En quittant San Francisco en route pour Monterey on entre dans la vallée Santa Clara bordée à l'est par la baie de San Francisco et à l'ouest par les pentes onduleuses de la Sierra Morena et les verts coteaux des Santa-Cruz Mountains.

Le del Monte Hotel est à lui seul une station à laquelle le train fait halte pour déposer les voyageurs que viennent chercher les omnibus de l'hôtel.

Cet hôtel, un des plus célèbres des Etats-Unis, est situé sur la baie de Monterey à 120 milles de San Francisco. Il est de toute beauté.

Les plafonds sont peints de vert tendre, quadrillés de filets d'or; les murs sont d'un blanc immaculé et les parquets gris tourterelle rehaussés de tapis rouge foncé. Ces teintes se fondent

délicieusement sous la lueur des lampes électriques rivalisant de lumière avec les flammes
qui jaillissent de bûches gigantesques.

Il possède des terres et des exploitations qui
suffisent à son approvisionnement de viande,
légumes et laitage, la Carmen River qui produit
les saumons et un réservoir d'eau de douze hectares.

Montérey est une station d'été et il y a peu de
monde, quelques femmes jolies et élégantes ; de
remarquable , une seulement. Très grande, la
gorge très développée, une lourde chevelure d'or
pâle tombant sur le col d'une rondeur parfaite, des
bandeaux à la vierge encadrant deux grands yeux
pairs sans nuance définie, une bouche trop grande
s'ouvrant grave et candide sur des dents impecca-
bles d'un blanc trop cru, éclatant sur la chair mate
comme le soleil sur un fruit mûr. Jolie? Non. Peut-
être laide. A coup sûr capable d'inspirer un de ces
amours fous incurables qui ne pardonnent pas. A
la regarder s'avancer simple et majestueuse dans
un halo de lumière, glissant dans sa longue tunique
mauve retenue, à la naissance des seins que nul
corset ne maintient, par un immense nœud papillon mauve, seul ornement, on se croit en face
d'un beau lever de soleil.

. . . .

Il pleut et, comme cela est rare, personne n'est
prêt. Force est donc de maugréer *in doors* dans
des toilettes de printemps. On ne s'en prive pas.
Les Américaines ne savent point s'occuper; elles
ne savent ni coudre ni jaboter comme les Françaises, ni lire comme les Anglaises. J'en ai entendu trois geindre : *What shall we do?* dans

des bâillements féroces. En repassant deux heures après je les ai retrouvées affalées sur les mêmes fauteuils et répétant dans les mêmes bâillements : *What shall we do ?*

Ce ne sont pourtant pas les divertissements qui manquent : salle de lecture, salle de jeux, salle de billards, parties de *pig-pong* (tennis miniature qui fait rage). Il n'y a guère que les cartes qui aient du succès : les Américains aiment les cartes plus que tout autre jeu. C'est en jouant aux cartes qu'ils passent le temps en voyage.

Un peu de vieux enfin ! Et cela fait plaisir.

Monterey, petit endroit historique plein d'un cachet tout à fait bizarre, est situé du côté sud de la baie. Ses rues étroites et tortueuses sont bordées de maisons en bois aux toits de tuiles rouges, pour la plupart du reste des ruines croulantes, d'un aspect mystérieux et romantique de l'époque espagnole.

La vieille Allen-House est bien intéressante. Au dehors c'est une masure dont les planches ne semblent plus tenir, tandis qu'au dedans elle offre un confort rustique dont se contente la famille par laquelle elle fut construite en 1849, avec des matérieux importés de la Devon-River (Angleterre) à bord du vaisseau *Elisabeth Starbrick* qui amena, en même temps que toute la famille, le bétail et la volaille. Le voyage dura neuf mois grâce à l'incapacité du capitaine, au dire de la vieille mère Allen, « un méchant homme qui nous menaçait de nous jeter tous par dessus bord avec nos bêtes... »

L'ancienne douane est le plus vieux bâtiment

(après la Carmel Mission) que j'aie vu dans ce pays.

Lors de la soumission aux Américains la partie centrale servait de salle de bal aux officiers qui avaient converti la tour du Nord en quartier général.

Au nord se trouve, à l'entrée d'une gorge, un vieux chêne rabougri. C'est sous ses ombrages que la première messe fut célébrée en Californie il y a trois siècles.

En 1602, Don Sébastian Vizcaino, au service de Philippe III d'Espagne, abordait dans la baie déserte accompagné de deux prêtres et d'un corps de soldats. La petite troupe prit possession du pays au nom du roi. Vizcaino le baptisa Monterey en l'honneur du vice-roi espagnol du Mexique, Gaspar de Zuniga comte de Monterey, promoteur et patron de l'expédition.

Le 3 juin 1770 le franciscain Junipero Serra fonda la mission de San Carlos de Monterey. Un autel de branches de sapin fut immédiatement élevé et aspergé d'eau bénite, puis on chanta l'hymne *Veni Creator spiritus* devant une image de la Vierge Marie. Quand la messe fut terminée, des salves d'artillerie et de mousqueterie retentirent sur les vaisseaux en rade et l'étendard espagnol fut planté au nom de Charles III.

En décembre, la mission se transporta dans la vallée du Carmel. Une église y fut construite, encore bien conservée, mais malheureusement perdant de son charme grâce à un droit de vingt-cinq cents qu'il faut payer pour entrer. C'était alors là le seul port de la Californie, San Francisco n'étant pas né (1). Il possédait alors une garnison et son commerce était florissant.

La débâcle commença en 1812 quand les cortès espagnoles, alarmées de la lutte pour l'indépendance nationale soutenue à Mexico, privèrent les franciscains de leur autorité et donnèrent toutes leurs possessions au clergé séculier. En 1845, elles complétèrent la destruction du pouvoir et des richesses des premiers par la confiscation de leurs missions.

La guerre éclata entre les Etats-Unis et le Mexique en 1846. Le 7 juillet le commodore Sloat de la marine américaine captura le fort espagnol de Monterey y plantant le drapeau de son pays.

Monterey, qui avait été le siège du gouvernement espagnol en Californie, resta le centre américain des autorités civiles et militaires après la cession du territoire par le Mexique aux Etats-Unis en 1858 ; les gouvernements espagnol et américain demeurèrent en lutte jusqu'à l'année 1848 où une convention constitutionnelle établit une constitution.

Le 9 septembre 1850, la Californie fut admise parmi les Etats de l'Union et Monterey en devint la capitale. Ce fut le chant du cygne de ce brave petit pays. Tout de suite vint la rapide décadence. Monterey perdit, avec le transfert à San Francisco du siège du gouvernement, son importance commerciale. Aujourd'hui il compte seize mille habitants dont beaucoup d'origine espagnole.

La presqu'île où est située la ville a 17 milles

____

(1) Monterey sera vengé par Seattle qui surpassera un jour San Francisco.

.de tour, que l'on fait en boggy pour la somme de 4 dollars.

On entre dans l'épaisse forêt de chênes et de pins qui domine les rocs et la mer par une barrière qui s'ouvre et se referme toute seule au moyen d'un ressort que font mouvoir les roues de la voiture.

A la *Point Pinos* qui ferme la baie au sud se trouve le phare qui fut témoin de bien des désastres maritimes. Du haut on a une vue magnifique de l'Océan s'étendant à une distance de 10 milles. De l'autre côté de la baie on aperçoit Santa-Cruz.

En continuant sous bois on arrive à ce qui reste du lac Majella qui fut malheureusement comblé et transformé en pâturage, où paissent des vaches aux longs poils soyeux et des petits veaux tout blancs qui ressemblent à des ours polaires.

On quitte la forêt pour suivre des collines couvertes de sable où brillent d'énormes coquillages et où poussent les plantes grasses à fleurs rouges qui descendent dans la mer et vont se mêler aux algues marines et caresser les vagues d'un vert transparent de bouteille. Deux curieux spectacles s'offrent simultanément à un quart de mille de distance. Trois à quatre cents phoques se démènent sur des rocs, chauffant leur peau luisante sous les rayons du soleil, grimpant et retombant dans des efforts maladroits tout à fait comiques. Les mouettes, les cormorans et les pélicans leur tiennent compagnie et c'est un concert, une cacophonie comme on n'en entend pas tous les jours.

Plus curieux encore est le *Cypress Point* où se tordent et rampent en des contorsions d'agonie des cyprès géants qui ne croissent que dans cette région. Ils datent de trois mille ans. Le vent de mer les a tordus en des formes grotesques inimaginables, et l'instinct de la conservation a fait changer, au feuillage, sa forme normale. Au lieu de former un cône, les branches se terminent en une surface horizontale au sommet produisant un effet de parapluie aplati soutenu par des baleines et un manche merveilleusement tordus. Ces branches ont poussé de la façon la plus imprévue. Une branche mince et plate, différente des autres, formera un angle droit contre terre et ira prendre racine à vingt ou trente pieds de là pour former un arbre indépendant de l'autre. Tout au bord, à l'extrémité de la pointe, comme prêts à s'élancer dans la mer, deux cyprès isolés des autres se sont entremêlés de manière à représenter l'effigie d'une autruche géante et grotesque. Isolément ou dans l'ensemble ces arbres fantastiques sont d'un intérêt spécial pour les peintres et les photographes qui affluent à Monterey.

XXIX

26 février, San Diego,

Je ne sais plus qui a dit : « La Californie est un paradis dont San Diego est la capitale. »

On a peine à se figurer un paradis sans arbres, sauf des orangers. Les géants célèbres dans le monde entier (1) sont fort rares.

(1) Le père de la forêt de Calavesas, un sequoza qui a vécu, avait 40 pieds de tour et 450 de hauteur.

A vrai dire, je puis compter ceux que j'ai rencontrés. Les beautés de la Californie consistent dans ses admirables baies. Mais il en est de ces baies comme des bâtiments de l'Est, il y en a trop et on s'en fatigue.

San Diego est très différent des autres villes de l'Ouest, avec la tranquillité déserte de ses larges avenues bordées de beaux magasins de curiosités portant des noms espagnols : le dixième de la population est espagnol. C'est une ville de vingt mille âmes située sur la baie de San Diego. Les lignes des bateaux allant à San Pedro, San Francisco, l'Amérique centrale, l'Amérique du Sud et l'Australie partent de son port qui est un des meilleurs de la côte.

Le soir, plongé dans une complète obscurité, c'est un vrai coupe-gorge ; à l'exception de quelques Indiens on ne rencontre personne à qui demander son chemin. Je n'ai pas vu dix sergents de ville depuis que je suis dans l'Ouest. (S'il y en a, ils se gardent bien de se mêler des affaires des autres.) Toute là nuit c'est un affreux vacarme de coassements de grenouilles ; elles pullulent dans les mares qui ne sèchent pas pendant la saison des pluies.

Pas plus qu'ailleurs en Amérique, il n'y a d'endroit de snobisme comme les plages normandes en France et les « parades » en Angleterre (1). L'Américaine, « bon garçon » par nature et éducation, s'arrangerait mal de ces exhibitions prétentieuses.

____

(1) Ces « parades » sont les promenades où l'on se rencontre le dimanche après l'office de onze heures.

Le soleil est très chaud (moyenne de la température : janvier 11° 1/4 C ; août, 20° C.), et de jolies femmes abritées de capelines en paille au volant de mousseline taillent les rosiers grimpant le long de leurs portes. D'autres s'abritent de petites ombrelles pliantes dont elles se servent comme d'un écran.

. . . .

Tout de suite je suis allée à Coronado Beach, petite presqu'île juste en face de l'autre côté de la baie, extrémité sud-ouest des Etats-Unis. On s'y rend par mer ou en tramway le long d'une belle avenue de peupliers dont on touche la cime du haut de l'impériale. Au bord de l'Océan se trouve le palais qu'est l'hôtel Coronado. De l'immense piazza entourée d'arbres tropicaux on a une vue superbe sur l'Océan : la « Point Loma » au nord de l'entrée de la baie de San Diego bien qu'à 50 milles de distance semble toute proche dans cette claire matinée ensoleillée, si douce que j'ai passé une heure les pieds nus dans la mer.

Cette fois je suis pour l'économie et j'ai une charmante chambrette à rideaux de mousseline dans un petit cottage tout près de la mer, l'usage du salon et le premier déjeuner pour la somme de 50 cents par jour. Ceci dit pour les guides qui informent qu'on ne peut voyager en Amérique à moins de 50 francs par jour au minimum. Quand on veut aller aux premiers endroits certainement, mais ils (les guides) ne spécifient pas ce « détail ».

. . . .

De l'autre côté de la rue habite une famille comme on n'en rencontre pas aux Batignolles. Le père, ancien esclave affranchi, est mort. Il avait épousé sa sœur sans le savoir, car tous les deux portaient le nom de leurs maîtres respectifs. De cette union incestueuse naquirent six enfants. L'aîné est un beau et intelligent garçon auquel les âmes charitables de la ville, et qui peut-être se rappellent que le grand poète Horace était fils d'un esclave, donnent du travail (il est commissionnaire de son état); les autres le tiennent à l'écart. Mais il y en a cinq jeunes qui sont presque idiots; ils ont des faces abjectes qui sont de véritables groins. Un peu plus et on aurait pu les étouffer à leur naissance, ce qui eût été un service à rendre à tout le monde. C'est triste à dire, mais en présence de ces victimes de la vie on se sent plus d'horreur que de pitié.

. . . .

Jeudi 27 février.

La « Jella » est un spécimen du *bluff* américain.

On nous avait promis sept caves fantastiques, un roc en forme de tête de crocodile, des poissons rouges à même la mer, des bateaux à fond de verre desquels nous pourrions voir les *submarin gardens in their glorious magnificence*, etc.

Tout cela pour 75 cents. Vous avouerez que ça n'est pas cher. Les caves existent. Elles n'offrent aucun intérêt. C'est en vain que l'on cherche quelque analogie entre le roc et une tête de crocodile. Pas l'ombre de poissons rouges, ni même au bout des lignes des nombreux pêcheurs qui bordent la falaise. Quant aux bateaux à fond de verre, il paraît qu'ils étaient remisés ce jour-là. Pas de chance ! Toutefois il reste une belle prome-

nade en voiture, attelée de deux chevaux et conduite par une femme guide, le long des pittoresques falaises, au pied desquelles se rencontrent,
se marient, dans une étreinte destructive, se bri-
sent avec des hurlements douloureux, les vagues
du Pacifique.

Quelques maisonnettes : Palatina, Washing-
tona, Castelvil, etc., jetées là comme une poignée
de semence, parmi les collines où nul chemin
n'est tracé. Pas un arbre. Ce doit être intolérable
en été.

Hôtel Coronado, 28 février.

Je viens de décrire les beautés de l'hôtel Del
Monte. Eh bien il serait facilement le portier de
celui-ci. Il est inutile d'essayer de faire grand
dans ce pays de l'immense : il se trouvera toujours quelqu'un pour faire « plus grand ». J'ai
passé un jour à l'hôtel Coronado qui est le plus
grand des Etats-Unis et que je désirais inclure
dans ces notes.

La société est des plus choisies : princes indiens, grands personnages japonais, la crème de
l'Europe et de l'Amérique. Beaucoup d'officiers,
ce qui ne gâte rien. Les terrains couvrent une
superficie de vingt-huit hectares dont le quart est
occupé par les bâtiments contenant sept cent cinquante chambres, à coucher, soixante-quinze salons, dix salles à manger de dimensions gigantesques.

Ce Louvre est une cité complète. On y trouve
galerie de tableaux, bibliothèque, boutiques de
curiosités, bureaux télégraphiques et d'impri-

merie, matériel d'électricité, glacières, pharmacie et barbiers. Un coin du parc est réservé au Pavillon japonais où de petites mousmés en costume le plus pur servent le thé et promènent autour des massifs leurs menues personnes mignardes et subtiles. C'est d'une drôlerie orientale très réussie.

Je n'ai nulle part respiré un air plus parfumé. Ces jolis coquelicots de Californie, couleur saumon, qui ont la forme du volubilis, piquent de points éclatants et embaumés les pelouses, où çà et là sont posés en vis-à-vis des rocking-chairs qui se balancent l'un l'autre par un système de bascule : les gens qui s'y bercent sont ridicules.

L'enfantillage est l'un des caractères de l'esprit américain, et ce n'est pas le moins charmant. Il aime que tout lui soit présenté sous une forme amusante et relevé d'une pointe d'humour.

Je me souviens d'un signet qui se trouvait dans chacun des livres de la bibliothèque de Seattle. Joliment enluminé il contenait cette baliverne qui ne serait pas déplacée dans un album de nursery :

« Un jour un livre de la bibliothèque s'exprima à un lecteur qui venait de l'emprunter dans un langage qui vaut la peine d'être répété :

« — Veuillez ne pas me feuilleter avec des mains sales. J'aurais honte de me présenter souillé à la personne qui me lira après vous.

« Ne me laissez pas dehors par la pluie, les livres prennent froid aussi bien que les gens.

« Ne me faites pas de cicatrices avec une plume ou un crayon, elles me défigureraient. Ne vous accoudez pas sur moi en lisant, vous me feriez mal. Ne me fermez pas sur un crayon, cela me force le dos. Quand vous avez fini de me lire, si vous craignez de ne pas retrouver la place que vous avez quittée, placez-y un gentil petit morceau de papier et posez-moi soigneusement sur le côté, pour que je puisse reposer confortablement.

« Rappelez-vous que j'ai beaucoup d'autres personnes à visiter après vous. D'ailleurs je puis vous rencontrer quelque jour et vous seriez fâché de me voir laid et en mauvais état. Aidez-moi à rester frais et propre et je vous aiderai à être heureux. »

« Etre heureux », c'est la grande question en Amérique aussi bien qu'en Angleterre, et ce sont ces deux mots qui rendent admirablement l'état d'esprit de ces deux nations, que j'ai appris les premiers quand je suis venue habiter l'Angleterre. Seulement par ces mots les Américains veulent dire « plaisir », tandis que les Anglais veulent dire le « confort ». Ni les uns ni les autres ne placent, comme les Français, le bonheur dans le cœur.

Quand un Anglo-Saxon fait une déclaration à une jeune fille il ne lui promet pas autre chose que le confort, qui est dans son opinion ce qu'il peut lui offrir de mieux : *I can make you comfortable*. D'amour, pas un mot. Et s'il n'est pas en situation de lui procurer le confort, c'est-à-dire une maison ornée de jolis meubles y compris un piano (il y en a dans les intérieurs les plus humbles), il ne l'épousera pas. De là ces « engagements » qui durent des années, jusqu'à ce que de part et d'autre on ait fait les économies nécessaires au confort. Il n'y a d'ailleurs pas un de ces « mariages à l'essai » sur dix qui aille jusqu'au bout, car après cinq ou six ans de roucoulements la fleur d'amour cruellement effeuillée tombe fatalement en poussière; il n'en reste plus que les épines. C'est ce qui explique la tranquille paix domestique des ménages anglais : il n'y en a que de bon teint.

Comme autre exemple du goût des Américains pour le badinage, lisez cet avis placardé dans les cars de l'Ouest :

Les femmes n'en disent rien, mais elles sont contre l'habitude des hommes de cracher sur le plancher : allez plutôt leur demander...

Delta (190 milles de San Francisco),
Lundi 3 mars, 7 heures du matin.

Hier matin, à San Francisco, quand j'ai pris mon billet, on m'a d'abord prévenue que le voyage était à mes risques et périls, car on ne savait ce qu'on trouverait sur la voie à cause de l'orage de la nuit. Les communications télégraphiques étaient coupées. Puis, comme je m'obstinais, on m'offrit un ticket d'assurance contre les accidents. Sur ces ragaillardissants préliminaires je partis. Je fus mal avisée.

Nous voici immobilisés depuis hier soir, pris comme des rats dans une trappe entre un déraillement devant nous qui nous empêche d'avancer vers Portland, et un autre derrière qui nous empêche de retourner à San Francisco (1).

____

(1) Il n'y a qu'une voie.

Le pays est ravagé par l'orage. Les champs sont complètement noyés, des arbres entiers barrent les routes, des petits cottages sont renversés dans une position à faire damner d'envie certaine architecture de l'Exposition, et des bestiaux gisent tordus la gueule ouverte, les quatre fers battant l'air dans une posture lamentable et grotesque. Ajoutez à cela les wagons éventrés, dégringolés sur le flanc de la montagne et vous aurez une idée de la gaîté du paysage.

. . . .

Notre train a stoppé en pleine montagne le long de la Sacramento River dont les eaux jaunes d'ocre bondissent et bouillonnent en torrent. Il fait encore nuit. Le jour se lève lentement filtrant au travers des branches noires des sapins. Le ciel d'un gris uni est écorché d'un très petit croissant de lune sanglant, ainsi que d'un coup d'ongle, et les cimes des montagnes marbrées de neige sont d'un effet grandiose et fantastique.

Tant d'eau a mis en mouvement les hirondelles; de curieuses petites hirondelles aux ailes coupées d'une raie rouge qui s'étend indéfiniment lorsqu'elles prennent la volée. Il y a aussi de ravissants oiselets huppés, tout bleus. Mais « le ramage ne se rapporte pas au plumage » :

On n'entend pas un chant, et cette absence complète de gazouillement me frappe depuis que je suis dans le pays. Je viens de voir une cigogne le long bec traversé d'un pauvre petit poisson fraîchement pêché.

Il paraît que nous sommes ici pour un temps illimité. C'est très pittoresque, mais ce n'est pas amusant. Et il y a toujours la possibilité d'être attaqué.

Tout dernièrement un train express sur la ligne du Southern Pacific était ainsi arrêté à 15 milles de Eugène (Orégon) à deux heures du matin par deux hommes masqués. Tandis que l'un d'eux visait le mécanicien à bout portant avec son revolver, l'autre attaquait le wagon contenant la poste en faisant sauter la porte à la dynamite. Puis usant envers le garde du même procédé que son complice, il s'empara du sac des lettres chargées.

Au Far West ce sont quelquefois des bandes de malfaiteurs qui attaquent un train, chacun d'eux assaillant un voyageur. C'est d'ailleurs une affaire de « bourse ou la vie » seulement et en sacrifiant la première on est à peu près sûr de conserver la seconde.

N'importe, en y pensant on frissonne.

XXX

Los Angeles, Hotel Rosslyn, 25 février 1902.

A la gare — comme dans beaucoup d'autres en Amérique — circule, attendant l'arrivée de chaque train, une demoiselle en capote de soie noire à brides blanches portant sur l'épaule gauche un ruban jaune piqué d'une rose avec cette inscription : *Y. W. C. A. aid travellers.*

Cette « association des jeunes femmes chrétiennes » qui est censée aider les voyageuses n'est pas une fraude américaine, c'en est une internationale. Seulement en Europe elle ne bat que d'une aile, tandis qu'ici, comme le reste, elle prospère.

Comme beaucoup d'institutions soi-disant chrétiennes elle pourrait prendre comme devise : « Charité bien ordonnée commence par soi-même », et l'intérêt personnel est adroitement dissimulé sous le manteau de la religion.

Puisque j'écris ces notes dans un but pratique je dis à mes sœurs voyageuses : « Soyez sur vos gardes. » Cette demoiselle à ruban jaune n'est ni plus ni moins que ces agents d'hôtels ou de *boarding-houses* qui s'en viennent aux gares y pratiquer le raccrochage des clients.

L'association des jeunes dames chrétiennes est entretenue par des dons et patronnée par de gros bonnets de la ville. Les membres sont des jeunes filles ayant une profession ou un métier quelconque. Le règlement est qu'il faut fournir des références, mais le comité n'y regarde pas de si près et accueille, tout simplement, qui se présente avec de l'argent. Si jamais vous y allez je vous conseille fort de ne pas laisser traîner votre porte-monnaie : je parle en connaissance de cause.

En Angleterre la composition est des plus inférieures et l'association ne compte pas de ladies, mais en Amérique c'est tout autre chose et ces demoiselles sont souvent fort élégantes et très distinguées.

On vous annonce des prix spéciaux. Ils sont doux en effet, ce qui n'empêche pas les matrones de faire un joli bénéfice et on n'en a pas pour son argent.

J'ai dormi sous tous les toits et mangé à tous les râteliers et je puis affirmer que la nourriture en Amérique est bon marché. Ce qui est cher, ce sont les vêtements et les petits détails, à cause du minimum du coût qui est de 5 cents. Si vous vous sentez un vide dans l'estomac et vous arrêtez chez un pâtissier pour y acheter un croquet, c'est 5 cents; mais si vous en achetez six, c'est toujours 5 cents. Un mouchoir de poche à blanchir, 5 cents; mais on vous blanchit une douzaine d'articles pour 20 cents. C'est le système du *pushing*. (Je commets là un barbarisme, car *pushing* est un adjectif, bien qu'employé communément comme substantif ; il signifie « qui pousse, qui se pousse »).

Cela bien entendu, il est faux de dire comme les guides, etc., que les dépenses sont quintuplées en Amérique. Avec moins de confort peut-être on peut y vivre tout aussi bon marché qu'en Angleterre. Je ne parle pas de la France où le confort est inconnu aux petites bourses, qui n'en ont pas besoin d'ailleurs.

Donc vous pouvez vivre en chambre aussi bien qu'à la *Y. W. C. A.* Vous n'y dépenserez pas plus d'argent et vous y gagnerez indépendance et dignité. En effet, je ne connais pas d'institution chrétienne ou païenne où l'esprit chrétien soit moins observé ; vous y trouvez le cortège des mesquineries et hypocrisies des *churche goers* (gens d'église) dans toute sa splendeur.

. . . .

Le 2 août 1769 une expédition conduite par Gaspar Portola et composée de soixante-quinze soldats et de deux franciscains découvrait une rivière qu'elle nomma *Porcuncola* (maintenant Los Angeles River). Le même jour elle campa dans un village indien nommé Yang-Na. Le camp fut baptisé Nuestra Senora la Regna (La reine de Los Angeles). Oscar Wilde a dit quelque part que c'était le plus joli nom qu'il ait entendu prononcer en Amérique. Yang-Na était un important centre indien et immédiatement les indigènes vinrent visiter le camp et se mirent dans la gueule du loup échangeant de l'or pour du tabac. Toujours la vieille histoire du plat de lentilles...

Aussitôt les escarmouches commencèrent sans importance d'ailleurs. La civilisation s'imposait en même temps. L'intelligence castillane eut sans peine raison de la sauvagerie que détruisirent bientôt complètement les succès agricoles.

Quand les Américains voulurent coloniser ils n'eurent plus qu'à semer à pleine main sur ce terrain si bien préparé.

Les Indiens de la Californie semblent s'être mieux adaptés à la civilisation que ceux de l'Etat de Washington. Beaucoup n'ont conservé de leur race que l'éclat des prunelles que rien ne peut éteindre. Les hommes sont très beaux et parlent un bon anglais (tout est relatif) et les femmes portent avec aisance le costume européen.

. . . .

En 1846, Los Angeles échut aux Américains. Un chroniqueur écrivait : « La ville avance rapidement dans la voie de la civilisation. Elle produit des prétendants politiques et devient célèbre par ses productions de vin et d'eau-de-vie... »

Los Angeles est un centre important de l'arboriculture fruitière qui est une des sources de fortune de la Californie. La ville est plate à l'exception de Hill street, si rapide qu'il est impossible de se tenir debout dans les *cable cars* qui conduisent à une terrasse nommé *The Angel's Rest* (le repos de l'ange) où vous accueille un ange blanc et or, aux ailes grandes ouvertes, tenant à la main une étoile.

Ces cars sont les plus curieux véhicules que j'aie encore rencontrés. Ils sont du plus beau blanc, peints en bleu pâle à l'intérieur. Ils n'ont pas de conducteur et grimpent et dégringolent tout seuls, roulant sur des câbles souterrains ; le mouvement ascendant de l'un cause le mouvement descendant de l'autre et *vice versa*. Vous payez au sommet à un employé qui se tient dans une sorte de guérite.

. . . .

C'est extraordinaire que les Américains qui passent tant de temps à astiquer l'intérieur de leurs demeures, s'arrangent de leurs rues, où en temps de pluie on enfonce jusqu'à la cheville. Pas un balayeur, pas un tonneau d'arrosage. Les nettoyeurs des rues ont à fournir le cheval et le tombereau dans lequel ils emportent la boue pour la jeter à la rivière ; et il paraît que les frais sont trop grands pour le salaire qu'ils reçoivent. Alors pas de nettoyeurs. C'est très simple. On ne se fait pas de bile pour si peu. On ne s'en fait d'ailleurs pas davantage pour beaucoup; et c'est pourquoi les visages n'ont ni rides ni teinte bistrée. Ce matin j'avais à traverser Hill street. C'était un tel cloaque, qu'épouvantée je me suis arrêtée en grande perplexité. Impossible de s'aventurer. Une voiture de teinturier vint à passer. Le conducteur me fit observer qu'il y aurait folie à se risquer dans ce marais. Je crois même qu'il parla d'imprudence : je pouvais m'y enliser. Puis il fit tourner bride à son cheval et m'invitant à monter dans son véhicule me fit ainsi traverser la rue.

Vous avouerez que pour qu'un tel incident ait lieu il faut qu'une rue soit dans un bien pitoyable état... Il en est de même pour toutes et dans les plus grandes et les plus vieilles villes de l'Ouest. C'est une honte. Quand le soleil brille sur cette boue, elle sèche sur place conservant les formes des ornières durcies qui sont très dangereuses à la nuit.

A l'hôtel Rosslyn il ne faut pas chercher le confort. A onze heures du soir mon lit n'était pas fait et il ne l'eût été jamais si je n'avais téléphoné à la caisse qu'on m'envoyât du secours, à une heure où les gens respectables se mettent au lit.

Mais en revanche on y trouve de l'esthétique. Pas de garçons, des demoiselles tout à fait chics, vêtues de mousseline transparente. Elles ont une manière de porter à bout de bras au-dessus de l'épaule sans la toucher, une cinquantaine d'objets, avec une maestria extraordinaire.

Dans tous les hôtels il y a à la porte de la salle à manger un huissier qui vous introduit et vous conduit à votre place. Ici l'huissier est une femme de noir vêtue. C'est la première fois que je vois cela.

Hier, j'étais dans un des plus beaux hôtels du monde au prix de trois dollars par jour. Aujourd'hui je suis dans une boîte et je paie quatre dollars.

Et il y a encore des gens pour déclarer que l'Amérique est chère. L'Amérique n'est ni chère ni bon marché. L'Amérique n'est pas, tant elle varie. Chaque ville fait ses prix, comme chaque État ses lois, selon sa fantaisie.

Allez donc vous former une idée avec un diable de pays comme ça !...

. . . .

Pasadina.

J'ai rencontré tant de gens emballés sur Los Angeles que j'ose à peine avouer que je ne l'aime guère. Et pour être tout à fait sincère c'est « pas du tout » que je devrais dire.

Après Seattle et San Francisco, d'abord, c'est morne et silencieux. Les environs uniquement peuplés d'orangers et d'eucalyptus sont affreusement monotones et fatigants.

La Sierra Madre sans un arbre, à cet endroit, se déroule dans un infini de velours vert uni qui n'a ni pittoresque ni sauvagerie.

. . . .

Pasadina est une petite ville élégamment construite, à environ 8 milles du pied de la Sierra-Madre. C'est le quartier général des millionnaires, des orangers, et des autruches. S'il y a deux choses, dont on se fatigue en Californie en raison de leur abondance, ce sont les millionnaires et les orangers. Je n'en dirai donc rien. Les autruches, au contraire, méritent quelques lignes.

La ferme est une construction en bois style banal de villa, et située dans un joli jardin où croissent des fleurs tropicales protégées par cette pancarte qui montre que l'on n'est plus dans le Washington, mais dans un pays plus vieux où l'on fait des distinctions (1).

Ladies and gentlemen will not pick flowers others must not. (Les dames et les messieurs ne cueilleront pas les fleurs. Les autres ne le doivent pas.)

. . . .

Des cinquante-deux autruches importées en 1885 de l'Afrique du Sud, une seulement survit. Mais toutes ont laissé des enfants qui ajoutés à d'autres importations s'élèvent au nombre de cent. Comme on le voit les autruches ne reproduisent pas autant que les lapins ou les cochons d'Inde.

A les voir le plumage collé sur le corps anguleux, éclaboussées de boue noire et épaisse dans laquelle elles pataugent jusqu'à mi-pattes, on a peine à croire que ce sont elles qui donnent ces délicats plumets que l'on vend aux visiteurs plus cher que partout où il n'y a pas d'autruche, et que les jolies femmes nichent coquettement parmi les douceurs blondes ou brunes de leur chevelure de soie. Le premier coup d'œil est un désenchantement. Toutefois le gardien soulève les lourdes ailes souillées, découvrant ainsi la plume d'autruche qui nous est familière, blottie tout au fond sur la chair tiède d'où elle est arrachée.

Ah, madame ! ayez bien soin de ces pauvrettes.

____

(1) Dans le Washington les mots « lady », « gentleman » sont remplacés par « woman « man ». (femme, homme) Une lettre n'est jamais adressé à « Un tel esquire », mais à « M^r Un tel tout court.

Songez comme elles doivent avoir froid et réchauf-
lez-les parfois à la moiteur de vos seins et à la
flamme de vos yeux. Et vous, Monsieur, prenez
exemple sur cet animal qui, une fois qu'il a fait
son nid y reste fidèle jusqu'à la mort... En pourriez-vous dire autant ?...

. . . .

A l'époque de la ponte, l'autruche dépose dans
le vaste nid qu'elle a creusé dans la terre, un œuf,
tous les deux jours environ. Chacun pesant dans
les trois livres. L'éclosion a lieu au bout de quarante jours. Le petit croît les premiers mois dans
des proportions d'un pied par mois. Au bout
d'une année il a atteint sa croissance. A quatre
ans il s'accouple et c'est alors qu'il produit les
belles plumes dont les plus grosses sont coupées
à 1 ou 2 centimètres de la racine tandis que les
autres sont arrachées, comme les dents, sans douleur...

Cependant l'opération n'a rien d'agréable et
pour la mener à bonne fin il faut couvrir d'un sac
la tête de l'autruche que l'on accule dans un coin.
Certaines sont dangereuses, piétineraient volontiers leur gardien s'il ne les domptait en les mon
tant ainsi que des chevaux.

Toutes les autruches connaissent leur gardien :
il leur jette des oranges qui gisent à terre comme
les pommes en Normandie ; elles les gobent d'un
seul coup et on voit ces fruits descendre en chape-
let le long des grands cous jusqu'à l'estomac.

Elles se nourrissent de foin haché mêlé avec de
l'orge, elles ne vivent pas passé soixante-dix ans.

Les mâles ayant les plumes plus dures et frisant
mieux sont de meilleur rapport que les femelles.

Les principaux oiseaux ont des noms d'un pittoresque inouï. Voici « Edouard VII », puis « général Roberts » (ainsi nommé parce qu'il vient de l'Afrique du Sud) ; puis encore « général » et « Mrs Washington », le général couve, bien qu'il soit tard dans la matinée et que le quart du mâle finisse à l'aube ; mais madame s'est attardée à sa toilette et n'est pas encore venue le remplacer. Maintenant le « monarque Mac Kinley », haut de six pieds et enfin le « monarque des monarques » haut de huit pieds, et nommé... je vous le donne en vingt.

— Général Grant ?

— Mieux que ça...

— Napoléon ?...

— Mieux encore...

— César ?... Alexandre ?... Kruger ?...

— Vous n'y êtes pas... Le monarque des monarques, haut de huit pieds, eh parbleu, c'est... Pierpont Morgan !...

XXXI

San Francisco, samedi 1er mars.

Lendemain de fête n'est pas toujours fête. Dans ce pays après le soleil éblouissant, l'ouragan qui fait rage. Pour aller de la gare à la maison où j'ai passé la nuit il n'y a que la rue à traverser.

Bien qu'ayant une très lourde valise à porter,

j'ai jugé inutile d'employer la *Transfer Company*. Et voilà un cas où les pays riches manquent de commodités pour les gens qui ne le sont pas. Avec l'argent toujours à la main la vie y est plus facile qu'ailleurs, autrement elle offre moins de ressources. J'ai circulé pendant sept ans en Europe avec ma valise pour tout bagage. Quand je quittais mon appartement ou une gare j'étais immédiatement suivie par une bande de gamins affamés trop heureux de la chance de gagner quelques sous.

Mais ici « vat' faire fiche ! » *Le steet boy* que l'on rencontre « fait » sans se gêner son dollar par jour : si vous osiez lui proposer une pareille affaire, il vous demanderait des explications, vous pouvez en être sûr.

Sous de telles bourrasques impossible de songer à ouvrir un parapluie; j'ai cru ne pas pouvoir me mettre à l'abri. Le vent glacial me repoussait, menaçant d'être le plus fort; sans le poids de ma valise qui me donnait de l'aplomb j'y serais encore.

Et on parle des variations de notre climat !...

Je me suis arrêtée ce matin à Polo Alto, dans la Santa Clara Valley, pour y visiter la Stanford University. Mais, le samedi étant un jour de demi-congé comme en Angleterre, — ce que j'ignorais — je n'ai malheureusement pu assister à aucun cours et ai dû me contenter d'une visite au vice-président et au laboratoire, où des jeunes gens des deux sexes tripotaient dans de vieilles cervelles.

La Stanford University est sans rivale, avec ses treize bâtiments en grès brut, y compris la chapelle et le musée entièrement entourés d'arcades supportées par des colonnes cylindriques, et ses plates-bandes de fleurs tropicales. A l'intérieur du musée que je n'ai vu que du dehors, halls, cour, escaliers, rampes, tout est en marbre gris. C'est d'une beauté qui ne peut être comparée qu'à la bibliothèque de Washington.

Au centre se dresse, original et imposant, un arc colossal orné au sommet de fresques de Saint-Gauden représentant la marche de la Civilisation. Il porte cette inscription :

In memory of Leland Stanford Junior, born to Mortality in 1868 and to Immortality in 1884.

C'est en souvenir de ce fils adoré que les parents fondèrent l'Université afin qu'elle fît pour beaucoup d'autres ce qu'ils avaient rêvé de faire pour leur fils unique. Ils la dotèrent de trente millions de dollars (150 millions de francs).

Tout de suite après avoir passé l'arc on se trouve en face d'un beau groupe imprégné d'une grâce touchante. Il représente le père, la mère et le fils, charmant garçon plein de promesses, fauché par la grande meurtrière, l'absurde mort qui choisit toujours les plus beaux et les meilleurs.

La première pierre fut posée le 14 mai 1887, et les portes en furent ouvertes aux étudiants en octobre 1891. Au mois de novembre 1900 les Californiens décidèrent par un vote qui passa à l'unanimité que l'Université serait exemptée de toute taxe.

Et c'est ainsi que la Stanford University n'est pas seulement la plus belle du monde mais qu'elle en est aussi la plus riche. Entre ces murs luxueux, parmi ces avenues savamment dessinées — il y a

un sapin planté par John Hay et un autre par
H. S. Rusk, ancien secrétaire de l'Agriculture, —
travaillent et s'amusent mille quatre cents étudiants
et étudiantes. Ils arrivent et s'en retournent à
bicyclette, couverts de boue jusqu'à la taille, mais
les épaules protégées par le parapluie qu'ils portent de la main droite. Les bâtiments sont entourés comme d'un rempart ininterrompu de bicyclettes.

J'ai remarqué à toutes les fenêtres — toujours les
contrastes — de grandes peintures de la violoniste
Leonora J...

J'ai fait le voyage de Los Angeles à San Diego
avec elle. Elle était accompagnée de sa mère et
de sa troupe. Il faut bien dire que la légèreté des
Français est légendaire à l'étranger. C'est une
véritable scie, qui va de pair avec le sérieux des
Américains. Et pour quelques victimes de cette
légèreté, que Dieu me garde de nier, il y a des
tas de maniaques qui ont à se plaindre de *tous*
les Français qu'ils ont rencontrés *partout* dans
leur voyage en France.

Mrs J... est du nombre. Notez bien qu'elle a plus
de soixante ans, et est d'une laideur qui a toujours dû être repoussante. A l'en croire, elle ne
pouvait se débarrasser des obséquiosités des conducteurs d'omnibus à Paris ! Eh bien, moi j'affirme qu'avec toute leur dépravation, il n'y a pas
un conducteur de n'importe quoi, dans tout Paris, qui se commettrait à manquer le moindre-
ment à une vieille peau de cet acabit, quand il
serait payé pour cela.

Et pendant qu'elle me conte ces énormités, ajoutant que sa fille voyage seule en Amérique, mais

qu'elle ne la quitte pas en France (toujours la scie), je vois la donzelle à l'autre extrémité du wagon qui se fait faire le pied par le premier ténor.

Cette Célimène de la vieille garde ferait mieux de s'occuper un peu plus de « sa demoiselle » et un peu moins de son fils.

En effet elle m'entreprend à la manière indiscrète coutumière aux Américains :

— Etes-vous célibataire?...

— Oui. Pourquoi ?...

— Fiancée? ...

— Non. Mais pourquoi encore?

— Parce, que si vous êtes célibataire et libre vous pourriez peut-être épouser mon fils?

Quand on arrive d'Europe il y a des paroles qui surprennent, celles-ci sont du nombre. Ce disant ma « belle-mère » tira de son sac la photographie d'un fort joli garçon et toutes sortes de papiers relatifs au projet, parmi lesquels un billet d'entrée pour le concert.

Voilà bien « la chasse à la femme » qui, ici, fait place à la « chasse au mari » chez nous. Ce procédé bien que passablement outré donne une idée de la rareté de l'élément féminin qui s'accuse de plus en plus à mesure que l'on avance vers l'Ouest où il devient positivement alarmant ; j'en reparlerai.

XXXII

Vancouver, 17 mars.

Le détroit de Juan de Fuca sépare l'Etat de Washington de l'îlë de Vancouver. Les côtes avec leurs escarpements taillés à angles aigus, les montagnes superbement majestueuses, dans leurs draperies blanches de mariées, les forêts qui, vues ainsi de loin, perdent de leur solennité sauvage et s'étendent en échelons d'un vert bleuâtre égayée de panaches blancs, ravissent les yeux.

Victoria, la capitale, est la plus délicieuse petite ville que j'aie vue ; quelle situation incomparable ! au sud-est de l'île en vue des Olympic et des Cascade Mounts que couronnent le mont Baker (3,290 m.), les Sisters et le mont Rainier. Plus loin au nord les pics escarpés de la Colombie britannique, le détroit de Géorgie avec ses paysages boisés. C'est un des plus beaux décors du monde.

Et quel délice de pouvoir marcher à sec, sans enfoncer dans un marais ou dans un *champ labouré*, comme dans les *villes* des Etats-Unis !

Si vous étiez transporté les yeux fermés à Victoria en les ouvrant vous n'auriez pas besoin de demander dans quel pays vous êtes. L'ensemble de digne froideur des passants qui marchent lentement sans paroles ni gestes : des détails tels que le canotier de paille blanche en plein hiver contrastant avec les épaisses fourrures, les corps tout droits sans lignes aucunes : vous l'avez deviné, vous êtes sur le sol de la Colombie britannique (1).

Ce changement d'aspect absolu, cette différence de race et de manières à cinq heures de mer saisit comme un rapide changement de décor.

Avec l'Angleterre on retombe dans les lenteurs insupportables du vieux monde : à la douane on m'a gardé ma bicyclette deux jours pour la faire examiner par des experts qu'on a dû aller chercher je ne sais où, pendant qu'on promenait la bicyclette dans sa caisse d'endroit en endroit, enfin experts et objet à expertiser se rencontrèrent comme s'il se fût agi de l'entrevue du Camp du drap d'Or... pour le moins. Seulement cela avait duré deux jours et fut cause que je manquai le bateau devant me conduire à Vancouver à travers le détroit de Georgia.

J'ai tué le temps en allant visiter le musée, idée qui ne me serait pas venue autrement, dans un pays naissant pour lequel l'Art est un vain mot. Eh bien ! je défie même les personnes auxquelles la seule vue extérieure d'un musée donne la migraine, de ne pas prendre plaisir à la visite de celui-ci. Imaginez tout le « plume et poil » sauvage, disposé en scènes vivantes des plus intéressantes. Les ravissants canards de plus de cent espèces différentes ! Voilà les *Swevashs* du nom d'une tribu indienne du Puget Sound, très gros et dont la chair a un goût prononcé de poisson, plus agréable à voir qu'à manger, dans leurs robes de

____

(1) La Colombie britannique comprend tout le Canada au nord des Etats-Unis, entre les montagnes Rocheuses à l'est et l'Alaska à l'ouest.

soie noire piquée de points blancs. Puis le « Malard » ne pesant pas moins de six livres, d'un beau vert brillant ; on le trouve sur les *creeks* qui courent de la montagne à la mer, et au printemps la ponte est si abondante qu'il est alors difficile de marcher sur la côte nord de l'île sans faire des omelettes, qui ne sont pas bonnes d'ailleurs.

Maintenant saluons les aigles, regardons une bataille entre trois de ces nobles oiseaux pour un moineau agonisant que l'un tient dans ses serres crispées, une *blue grouse*, oiseau stupide et confiant qui ne bronche pas devant le canon du fusil du chasseur et attend paisiblement que le coup vienne l'abattre ; ils ont le plumage chiné et de jolis colliers du blanc le plus blanc; de tous les volatiles ce sont eux qui volent le plus vite : soixante-dix milles à l'heure. Voilà l'aigle à tête blanche dont les Indiens arrachent les plumes pour en couvrir les indiscrets qui viennent assister à leurs fêtes.

Admirons dans ces buissons sauvages et au bord des rives escarpées, des nids, véritables chefs-d'œuvre, contenant des œufs de toutes formes et de toutes couleurs, les parents voletant ou marchant autour, l'œil animé semblant vivre. Passons dans le vaste hall réservé aux élans, cerfs, hauts, comme des chevaux et dont les bois immenses mesurent deux mètres de circonférence ; l'élan vit sur le continent et se fait de plus en plus rare, étant détruit par les chasseurs. A côté se lutinent en de joyeux ébats les chevreuils de petite race qui vivent au contraire sur les côtes, dans les îles, jamais plus loin de cinq à six milles du rivage. Voilà le *black deer*, cerf le plus dangéreux, qui piétine sa victime après l'avoir jetée à terre et la terrasse de ses andouillers et de ses sabots jusqu'à ce que mort s'ensuive.

Un chasseur qui me sert de cicerone me conte un épisode cynégétique, dont il fut le héros. Cela se passe à Welcome Bay. Il se trouva brusquement en présence de deux cerfs mâles et d'une femelle par un hasard extraordinaire car ces animaux sont extrêmement sauvages. Ne voulant pas manquer cette occasion magnifique de ravitailler son camp il fit feu et logea une balle à la naissance du col d'un des mâles qui tomba quelques bonds après. Les deux autres, ahuris de la soudaineté de l'attaque et effrayés par la détonation ne savent où fuir, hésitent, pendant ce temps un second coup de feu retentit et l'autre mâle, dangereusement blessé à la clavicule, s'enfuit traçant un cercle sur la droite selon son instinct. Il s'arrête, tombe les quatre jambes ployées, la tête fièrement dressée, tout éclairée du grand soleil de ce beau jour. L'intrépide chasseur jette sa carabine, s'élance, saisit la bête par les andouillers d'une main, tandis que de l'autre il s'empare de son couteau de chasse qu'il plonge vigoureusement dans le cou, afin de couper la carotide ; mais l'animal sentant le froid de la lame se relève dans un suprême effort, lançant son agresseur désarmé par la secousse à trois pieds en l'air. Cependant celui-ci n'avait pas lâché les andouillers qu'il resaisit plus fermement de l'autre main, et secouant violemment la tête de la bête s'efforce de lui tordre le cou.

Il parvient à le jeter à terre ; puis il pose le genou sur le cou ouvert, comptant sur la faiblesse que ne pouvait manquer d'occasionner à bref délai la perte continue du sang qui coule toujours.

Effroyable attente, car si l'animal se fût relevé, l'homme à genoux n'eût pas manqué d'être piétiné, et les sabots du cerf sont si menus qu'ils perforent le corps et le mettent en bouillie. Ce ne fut pas long : un frisson d'agonie secoua la pauvre bête qui tomba, lourde masse inerte, sans défaillance passant héroïquement de la vie à la mort.

Victoria fut fondé en 1842 pour servir de station à la Compagnie de la Hudson Bay. En 1858, son activité commerciale poussée par la fièvre des chercheurs d'or fit croire à un brillant avenir. Cette activité cessa petit à petit passant avec ses richesses à Vancouver. Si sa valeur commerciale n'a pas augmenté depuis 1894, sa population s'est accrue de vingt-cinq mille âmes ; elle est faite de riches propriétaires qu'ont attirés les beautés pittoresques de la baie et aussi le climat extraordinairement tempéré. Le seul monument est le *Government Building* sur la James' Bay. C'est un imposant édifice aux dimensions colossales. Il se compose du Parlement, du Musée, et des bureaux de l'Administration.

En face, vers la baie, se trouve un atroce petit monument élevé en mémoire de sir James Douglas, le premier gouverneur de la Colombie britannique, qui, lorsque fut faite la loi défendant à tout citoyen de la colonie de vivre avec une Indienne, autrement que dans le mariage, donna l'exemple en épousant une femme de demi-sang.

Tout autour de la baie, sont piquées des bijoux de villas toutes nues sur le roc, tandis que d'autres, aux environs, entourées de jardins fleuris, sont nichées dans des coins de forêt à l'ombre parfumée des seringas et des érables.

A trois milles au Sud-Ouest il ne faut pas manquer d'aller voir le pittoresque port Esquimault, qui est le quartier général de la flotte anglaise du Pacifique.

La traversée du détroit de Georgie est un enchantement dont l'arrivée à Vancouver est l'apothéose.

C'est dans ces eaux que le capitaine Vancouver qui les baptisa en honneur de George II, rencontra le vaisseau *l'Active* commandé par señor don Juan Francisco de la Bodega y Quadra. Une contestation s'éleva sur les droits de l'Angleterre et de l'Espagne. Deux ans plus tard (1794) l'Espagnol mourut. John Bull toujours gourmand mais courtois prit le pays qu'il baptisa du nom de son rival auquel il ajouta le sien. Le premier nom a complètement disparu.

L'histoire de Vancouver est celle de toutes ces villes naissantes : selon la tradition américaine et comme le conscrit elle dut passer par le feu avant de conquérir ses grades. Fondée en 1886 elle brûla toute quelques années après. C'est actuellement, bien qu'une des plus jeunes villes de l'Ouest, la plus active, après Seattle avec lequel aucune ne peut rivaliser sur ce point (1).

(1) La valeur des produits importés et exportés pour l'année 1899-1900 fut :

Importation 1899 : 3,373,966 dollars (16,879,525 fr.).
    —   1900 : 4,264,295   —   (21,321,475 fr.).
Exportation 1899 : 2,484,740   —   (12,423,700 fr.).
    —   1900 : 2,411,719   —   (12,058,725 fr.).

Sa population est actuellement de plus de trente mille âmes.

Ce développement est dû en partie à la création du C. P. R. (Canadian Pacific Railway) dont Vancouver est le point terminus et qui met en communication les deux Océans. Le Canada qui en fut le promoteur en supporta les frais qui s'élevèrent à cinquante mille dollars (250 millions de francs).

Vancouver est situé en face de l'île du même nom. Le port formé par la Burrard Islet est bordé au nord par la Coast Range (chaîne côtière) que j'ai vue d'une transparence lumineuse intense et de si près dans le port qu'il semblait qu'on pût la toucher de la main. A ses pieds, tout au bord de l'eau, un petit hameau indien tout blanc se détachant sur le fond vert des forêts de sapins. Toujours des montagnes, de la neige et des forêts! allez-vous dire ? C'est qu'on a de la peine à se persuader qu'il soit fatigant d'entendre parler de choses dont la fantastique beauté excite les facultés admiratives sans jamais les lasser.

La ville s'étend à l'ouest jusqu'à English Bay offrant une nouvelle surprise à mesure qu'on avance suivant les méandres infinis de cette rive merveilleuse.

A English Bay, le terrain s'élève en pente douce à une hauteur d'environ douze pieds d'où l'on découvre une vue féerique sur le Fall Creek islet, Mount Plesant et Fairview et le golfe de Géorgie. Au fond, la longue ligne escarpée des montagnes serpentant de l'ouest à l'est.

Les colons, vandales sans pitié, n'ont pas conservé un arbre dans la ville située sur une forêt

qu'ils ont tondue comme un œuf. Mais ils ont respecté à l'extrémité ouest de la péninsule dix-neuf
milles de cette forêt dans toute sa sauvagerie primitive, ce qui est cause que Vancouver ne peut
être surpassé par aucune ville comme beauté scé-
nique.

Cette forêt possède des Douglas firs de quatre-
vingt-dix mètres de haut, des cèdres de soixante
mètres et d'une circonférence de quinze mètres ;
des gens plantent leur tente dans l'intérieur du
tronc. La force du sol est telle que les arbres croissent les uns sur les autres dans un désordre et une
violence que rien n'arrête : l'orage déracine-t-il un
arbre, que la vie immédiatement se greffe sur la
mort. D'autres arbres poussent sur celui-là l'en-
jambant de leurs racines monstres, l'immobili-
sant à jamais. Un autre est-il coupé en partie, tout
de suite des arbrissaux, dans la mousse qui couvre
le tronc, grandissent, pareils à des plantes dans
de gigantesques potiches. C'est une lutte acharnée
entre les troncs, les branches et les racines, un en-
trecroisement si serré qu'il ferme la vue du ciel ;
et de ce dôme d'une imposante grandeur tombent
d'énormes fougères chacune variant de forme et
de couleur, tandis qu'à terre rampent et se tordent dans des spasmes effroyables, les branches
entièrement recouvertes de mousse éblouissante ;
on jurerait des serpents colossaux. Çà et là des
échappées sur l'Océan resplendissant, et, sur la
crête d'un roc avançant dans les eaux vertes dont
chaque minute amène une variation de teinte, se
tiennent sans peur, dans cette vaste solitude, des
grues au plumage aussi bleu que le bleu du ciel,
ruisselant dans un éclat de pierreries.

XXXIII

Toronto, 23 mars.

Le voyage de Vancouver à New-York, c'est-à-dire
d'un océan à l'autre (2,780 milles à travers le Canada par le Canadian Pacific Railway est un spectacle féerique qui dure six jours. J'ai eu la chance
de traverser le Canada en mars quand il était
enseveli sous cinquante pieds de neige. Pour pénétrer dans leurs cottages, qui ne sont plus que
de gros tas de neige, les habitants doivent en
déblayer la porte. La neige amassée sur le tronc
des arbres prend une forme parfaitement ronde
de gigantesque champignon ; toutes les rivières
charrient des glaçons quand elles ne sont pas
complètement gelées et ce blanc infini, immaculé, dans la lumière rose du soir surtout, est un
spectacle magnifique.

Le froid est extrême (48 au-dessous de zéro),
mais un froid très sec dont on ne peut pas souffrir,
puis le soleil est toujours là.

L'origine du nom Canada ne manque pas de
pittoresque : les Espagnols, premiers explorateurs, ne trouvant ni or ni argent, se disaient souvent les uns aux autres « a-can-nada » (ici rien).
Les Indiens qui les suivaient partout retinrent
ces paroles et les répétèrent plus tard aux Français qui dans leur ignorance des langues étran-

gères (alors comme maintenant), crurent entendre le nom de la contrée.

Un spectacle d'une immensité sauvage se déroule aux yeux présentant à chaque courbe de la voie une nouvelle surprise; c'est un changement à vue si rapide et si saisissant qu'on en a la respiration coupée et que les yeux se mouillent d'une émotion irrésistible.

A Port-Moody, qui fut longtemps le point terminus du C. P. R., on descend par une chaîne de montagnes à la vallée du Fraser où se trouvent les plus imposantes merveilles de la nature. La ligne traverse Pitt River sur un pont large d'un quart de mille d'où la vue sur le lac Pitt, les montagnes et les bois est incomparable.

Passé Rubby Creek la vallée se resserre visiblement et voici le village de Hope Picks où se trouvent d'immenses mines d'argent.

Plus loin en quittant le village de Yale sur les bords de la Fraser River, resserrée entre les montagnes abruptes piquées de huttes d'Indiens et où des Chinois sont occupés à laver de l'or, le chemin de fer tourne à gauche passant sous une succession de tunnels de bois (qui protègent des avalanches de neige), et entre dans le « canon » du Fraser, gorge profonde enserrée dans d'immenses rocs escarpés vomissant des torrents qui charrient de grosses pierres mêlés à une luxuriante verdure. A soixante mètres au-dessous de la ligne coupée dans le roc on admire le « canon » de Boston Bar surnommé *Matchless* (sans rival) qui se continue pendant 12 milles; les eaux rugissantes battent de leur furieuse écume les flancs du roc qui semble très noir auprès de cette souveraine masse blanche. A Keefers c'est un précipice sans fond dans un paysage sombre et terrible au pittoresque duquel ajoute encore des Indiens errant pieds nus le sac au dos.

A Lytton on quitte la vallée du Fraser pour entrer dans les gorges de la Thompson River que l'on domine à une hauteur de trente mètres. Au fond les collines offrent leurs cimes déchiquetées, d'une variété infinie de couleurs, aux ardeurs d'un soleil très chaud qui éclaire d'immenses arabesques de neige.

A 10 milles de Lytton se trouve le petit village minier de Nicomen ; c'est sur les bords opposés de la rivière que l'or fut découvert pour la première fois dans la Colombie britannique.

A mesure que l'on avance le spectacle devient de plus en plus majestueux ; voilà Drynoch, le train court sur les aspérités d'un ravin coupé de pittoresques ponts au fond duquel bondit la Thompson en des reflets d'émeraudes sous un ciel devenu soudainement d'un violet foncé. A quelque distance dix bœufs traînent lourdement un immense tombereau.

Salmon Arm possède la plus remarquable pièce d'eau imaginable; en forme d'immense poulpe elle étend ses bras longs de plusieurs milles et d'une largeur variant de quelques cents mètres à trois milles, parmi les montagnes embrassant la vallée d'une étreinte géante; ses bords souriants contournent d'adorables petites baies où brillent les galets unis et clairs, transparents comme de l'albâtre.

Avec Sicamous Junction on entre dans la région agricole, et vergers et vignobles s'étendent à perte de vue. Et quel paradis pour les chasseurs : caribous, ours, cerfs, chèvres de montagnes, courent en quantités parmi des bandes de chevaux sauvages.

De Sicamous la ligne monte la vallée de Eagle River boisée d'arbres géants, dont la cime semble défier les cieux.

Encore un gouffre aux flancs déchirés, aux fissures crachantes, le « canon » Albert croisé de passerelles de bois qui à distance semblent d'une finesse de verre-filé.

Et après avoir admiré ce kaléidoscope fantastique quel délice de descendre de train et de pouvoir palper ses choses qui jusque-là paraissaient intangibles ! On a ce plaisir à Glacier House. Près de là s'élève à deux mille cinq cents mètres tout blanc sur le ciel sans tache le mont Sir Donald, nommé en souvenir d'un des principaux promoteurs du Canadian Pacific, dont le projet rencontra une opposition si acharnée. Puis les pics Ross dominant les pentes boisées des montagnes.

Dans ce décor de pyramides neigeuses, qui est le plus beau que j'aie vu, on déjeune en quelques minutes sans avoir malheureusement le temps d'aller voir le célèbre glacier qui se trouve à une demi-heure de l'hôtel au sommet des Selkirts.

Le col nommé « Roger's Pass » en souvenir du major A.-B. Roger qui en fit la découverte en 1883 est fermé dans un amphithéâtre de pics au caractère grandiose, dont « l'Hermit » et le « Macdonald » qui autrefois ne formaient qu'un seul bloc ont été séparés par une large fente qui permet le passage du train. Au nord, à quatre cents mètres au-dessus de la vallée, se dressent six glaciers que l'œil embrasse en même temps de si près qu'il en distingue clairement les moindres fissures.

La ligne descend rapidement à Bear Creek le long de la Beaver River, long serpent d'argent se tordant dans les forêts épaisses de la vallée. Le train court entre des gorges d'où s'échappent des torrents qui firent de la construction du chemin de fer un véritable tour de force. Le plus grand pont que l'on traverse est noblement jeté sur le Stony Creek, ruisseau turbulent au fond d'un ravin en forme de V, à trente mètres environ au-dessous de la ligne. Un peu plus loin, comme pour rivaliser avec celui des hommes, c'est un tour de force de la nature, une cascade baptisée *The Surprise* par l'admiration des premiers explorateurs. Puis à Field les *Takakkaw Falls* dégringolant d'une hauteur de quatre cent trente-quatre mètres.

A Hector, après avoir suivi le splendide Wapta Lake, on arrive au *Great Divine* où une rivière d'un scintillement éblouissant se sépare en deux branches, l'une courant au Pacifique, et l'autre à la baie d'Hudson, et on atteint le milieu du continent.

Pas jolie mais pittoresque la ville de Winnipeg (de l'Indien *ouinipigon* (eau boueuse), la métropole de l'ouest du Canada, capitale du Manitoba que quelqu'un a nommé « l'OEil de bœuf du Dominion », avec tous ses traîneaux dont les clochettes font un joyeux carillon dans les tourbillons de neige. Hommes, femmes et enfants sont enveloppés de fourrure noire, grise, blanche; la plupart sans aucune valeur, — des peaux de loup et de renard, plus pratiques qu'ornementales, ayant pour unique but de garantir du froid piquant. Les femmes ont de lourds gants de fourrure suspendus autour du cou par un cordonnet ainsi qu'un manchon. Tout en fourrure la police montée.

Très chics ces policemen chaussés de hautes bottes montant sur le pantalon noir à bandes rouges, portant crânement sur le côté de la tête le bonnet de police en astrakan. Ils ressemblent à des officiers d'artillerie anglais.

La population de Winnipeg a presque doublé de 1891 à 1899 où elle s'élevait à quarante mille pour n'être cependant maintenant que de cinquante mille. Winipeg n'est ni américain ni anglais, mais a un cachet spécial bien à lui.

Toronto, capitale de l'Ontario, en revanche, est la vraie ville anglaise avec ses avenues bordées d'un double rang de maisons en briques rouges toutes construites sur le même modèle; la monotonie britannique dans toute son atrocité. C'est dimanche et une foule tristement recueillie déambule endimanchée, la Bible sous le bras, autour des nombreuses églises éparpillées dans la ville, cité reine de l'Ouest (250.000 habitants). Toronto s'étend sur une superficie de dix milles carrés sur une plaine montant légèrement au nord vers le lac Ontario un des grands lacs de l'Amérique du Nord (200 milles de long sur 60 de large), dont les eaux, aujourd'hui d'une tranquillité et d'une limpidité idylliques, se déchaînent souvent, causant les plus effroyables désastres.

Les avenues plantées de beaux arbres ont une longueur de 120 milles; elles sont ornées de monuments d'une architecture artistique, entre autres la Douane et la Poste; la façade de celle-ci de

pierre sculptée est d'un beau travail. Très belle
la cathédrale Saint-James qui date du commencement du siècle et est construite dans le style
gothique. Mais la gloire de Toronto c'est son Université qui était le plus bel édifice collégial de
l'Amérique du Nord avant la fondation de la Stanford University. De style normand elle est flanquée d'une tour massive richement sculptée. Elle
fut élevée en 1857 pour la somme d'un demi-mil-
lion de dollars.

En en revenant, j'ai devant moi, dans le car,
un gommeux snob (1) comme il ne s'en fabrique
pas sur la côte du Pacifique : ligne du pantalon
marquée comme si contenant et contenu sortaient
de la planche d'un tailleur; chapeau miroitant à
chaque mouvement de la tête dans un éblouissement qui attirerait la plus fine des alouettes ;
une main nue, très fine, aux ongles qui en re-
montreraient au chapeau; l'autre finement gantée
de clair; l'œil vide cerclé d'un monocle monté en
or (il n'a pas trouvé cet or lui-même celui-là...). Cet
ensemble me chavire la prunelle déshabituée de
ce genre exécrable. Et il me vient des nausées
comme je n'en ai jamais eu devant les *chiqueurs*
et *cracheurs* de l'Ouest... Ah ! pas de doute ? me
voici revenue à la civilisation de l'Est, et c'est
bien fini de la sauvagerie du paysage et de la simplicité des gens et des mœurs !

A la gare prirent le même train que moi un
régiment de highlanders. A New-York ils sortirent
leurs bag-pipes et, en grande tenue, la veste de

____

(1) Notez qu'il y a sept ans les Indiens se promenaient dans
les rues de ces villes complètement nus.

drap blanc, le plaid gracieusement jeté sur l'épaule, le *kilt* caressant la jambe nue, le toquet légèrement posé sur les cheveux frisés, ils firent une entrée triomphale au milieu d'une énorme foule de curieux se retirant de chaque côté pour leur faire place avec une admiration peinte sur tous les visages intéressés et bienveillants.

Il semblait que pour voir ce spectacle unique et rare d'un régiment de highlanders, binious en tête, même New-York trouvait le temps d'avoir de l'étonnement. Et cela me rappela la réflexion d'un Anglais auquel je vantai les merveilles des Américains : *Well we have things they have not.* « Tout de même nous avons des choses qu'ils n'ont pas... »

XXXIV

New-York.

Quand on voit une contrée d'une superficie de 1 million 330 kilomètres carrés, possédant les prairies les plus fertiles (1), les rivières les plus peuplées, les mines les plus riches, et qui a un constant besoin de bras au salaire que j'ai souvent mentionné, on s'étonne qu'il y ait encore en Europe

(1) Trente boisseaux de blé par acre (10 hectares). Les pêcheries du Canada représentaient, en 1897, une valeur de 20,400,000 dollars et occupaient 70,000 hommes. Il y a des saumons longs de 1^m,20. Il s'en pêche jusqu'à 11,000 dans le même filet.

un seul gratte-papier à 25 francs par mois. On
s'étonne aussi qu'il y ait des jeunes femmes en-
fermées dans des bureaux obscurs de la cité de
Londres bûchant dans une atmosphère empestée
huit heures par jour pour gagner environ une
livre par semaine (2); des Mimi-Pinsons en France
qui ne peuvent matériellement pas vivre de leur
maigre salaire, rentrant tard le soir à leurs man-
sardes de quelque sixième, trop fatiguées pour
faire autre chose que de se jeter au lit.

On s'étonne qu'il y ait encore des institutrices
françaises qui courent le cachet à un shilling
l'heure, ou pis, ne courent rien du tout; la société des professeurs de Londres ne s'est-elle pas
alarmée de tous les crève-de-faim qui encombrent
le pavé de cette ville et n'a-t-elle pas, de concert
avec l'ambassade, organisé des banquets et des
fêtes de charité pour leur venir en aide ? Ce qui
est, entre parenthèse, une grosse erreur. Car en
effet, ne vaudrait-il pas mieux arrêter cette immigration funeste et encourager l'immigration dans
l'Ouest? ou plus loin. A Melbourne il n'y a pas
une Française (il y en a une qui réussit admirablement à Sidney) et les gens de la haute auxquels
l'étude de la langue française paraît obligatoire en demandent une à corps et à cris ; or
cette société-là ne paye pas moins de 5 shillings
l'heure (6 fr. 50).

C'est la même pénurie et le même besoin à Victoria, à Vancouver, à Portland, à Tacoma. Je sais

(1) J'ai mis une annonce dans les journaux de Londres
pour trouver une jeune fille écrivant à la machine et ai reçu
trente offres à 10 shillings par semaine (12 fr. 50). Ce qu'une
typiste ferait en un jour dans l'Ouest.

ce que je dis. J'ai consulté des dames de Melbourne, visité les écoles de la British Columbia. Des villes du Washington on s'adressait à moi pour obtenir ce merle blanc qui est une institutrice de français. Seattle a plus de chance ; voici comment.

Un couple suisse français possédait une grande exploitation au Chili, à Ganvarino près de Traiguan. Or, une nuit que la ferme était tout endormie, un ouvrier qui y avait été employé trois ans, pénétra dans la chambre de ses maîtres armé d'une hache dont il voulait les frapper. Réveillée par le grincement de la porte la femme se mit à pousser des cris aigus qui attirèrent immédiatement les hommes de la ferme ; ils se saisirent de l'assassin et le garrottèrent ; puis l'enfermant dans une grange ils s'en furent chercher le juge qui les accueillit avec ce reproche : « Imbéciles ! pourquoi n'avez-vous pas détruit ce malfaiteur ? »

Dans ce pays pour qu'une plainte soit écoutée, elle doit être appuyée par deux indigènes qu'on a de toute manière grand'peine à se procurer à cause de la crainte de quelque vengeance. Dans le cas qui nous occupe on ne put les fournir et le brigand fut relâché.

Les propriétaires prirent peur ; de plus il y avait une autre raison, raison morale. Leurs fillettes étaient devenues des belles jeunes filles-exposées à certains dangers dans ce pays encore à civiliser ; une troisième raison, raison de santé, les décida à émigrer et ils choisirent la « Terre promise », j'ai nommé le Washington. Le voyage des cinq aînés, le long de la côte, dans des chariots traînés par des chevaux et des vaches dans lesquels ils dormirent et firent la cuisine et qui dura quarante-neuf jours, ne serait pas déplacé dans un recueil de contes de Perrault.

Pendant ce temps les parents et une jeune fillette voyageaient par mer. A Panama ils devaient passer du steamer *Chili* sur le steamer *Colon*. Mais l'équipage du *Colon* s'étant refusé à effectuer l'embarquement parce que c'était un dimanche, les passagers durent faire escale. Dix furent pris de la fièvre jaune dont sept moururent et durent être jetés à la mer, parmi les victimes se trouvaient deux de nos héros, M. et M\u1d49\u02e1\u02e1 Banderet. La pauvre femme reprit seule son voyage. La famille se reforma à Renton, petite ville de quelques centaines d'habitants située dans la montagne. Ils achetèrent du terrain et les fils se mirent à couper des cèdres et à en construire une maison; à cette heure ils cultivent la terre et tracent des routes.

Mais il se passera un certain temps avant que la ferme rapporte de quoi vivre. Il y a surtout un certain champ de foin qui est indispensable à sa prospérité et qu'il faut absolument acheter pour la somme de 15,000 francs. Ces 15,000 francs? Qui les procurera ?

Les fils sont nécessaires à la ferme ; les filles ? que la mère étant Française les laisse sortir du nid autrement qu'au bras d'un mari ! Allez donc lui suggérer cela et vous serez bien reçu...

Quand le problème fut posé la vieille mère — elle a plus de soixante ans — le résolut par un « Moi » que ne firent trembler ni l'hésitation ni l'inquiétude.

Et elle gagne des dollars. Elle a laissé sa famille dans la montagne, elle a pris à Seattle une chambre meublée pour 2 dollars par semaine dans laquelle elle fait cuire sur le poêle 2 cents de lait le matin et une côtelette le soir.

Ah ! il faut la voir dans les bourrasques et la neige, trottant, dans les rues, grimpant les côtes à pic, courant après le car, prise elle aussi de la fièvre de l'or, ne songeant plus qu'à cette somme de laquelle dépend l'avenir des siens. Il faut la voir la capeline sur la tête, le cabas à la main, le parapluie sous le bras, toute petite, menue, jolie encore, l'œil et le teint si jeune que l'absence de dents lui donne un délicieux sourire de bébé plutôt que la grimace de la vieillesse. Il faut la voir surtout faire sa classe du soir à la Y. W. C. Association à huit heures (elle part de chez elle à huit heures du matin) avec sa capeline, son cabas et son parapluie sur les genoux. J'ai vu Mme Banderet presque tous les jours pendant cinq mois, par tous les temps et dans toutes les circonstances, et n'ai pas souvenir que ce fût une fois sans ces accessoires qui font partie de sa personne...

Chose extraordinaire cette femme qui jusque-là, même durant sa jeunesse, avait été une invalide, souffrant toujours, est devenue à ce métier d'une force que rien ne peut faire faillir. Si elle est arrêtée c'est par un accident — on la ramasse continuellement sous les roues des cars — autrement, jamais. Ce n'est qu'à présent qu'elle jouit des délices d'une bonne santé.

Chaque samedi elle retourne à la ferme quel que soit le temps, et c'est dans un tombereau qu'il faut parfois dételer pour le faire passer par-dessus les arbres jetés à terre par la tempête qu'elle franchit les 10 milles de terrain mal défriché qui séparent la gare de la ferme. Qu'on s'imagine le retour au home de cette vaillante parmi les huit enfants qui l'entourent et la réchauffent de leurs caresses. Puis il y a l'ouverture du cabas... Les dollars amassés en tas sur la table, qu'on compte avec fierté et dévotion. Il y en a 30 ! sur lesquels sont fixées neuf paires d'yeux où il y a plus de vénération pour le « producteur » que de convoitise pour le produit. Quel tableau pour le pinceau d'un Meissonier ou la plume d'un Dickens !

Et dites-moi s'il y a beaucoup de travailleuses, voire même des travailleurs, en France qui rapportent 30 dollars à la fin de la semaine ? Remarquez bien que si au lieu d'être une vieille femme il s'agissait d'une jeune qui aurait l'initiative de monter des clubs, des goûters d'enfants, des five o'clocks, des matinées-conférences, appliquant les méthodes nouvelles, ce ne serait plus 30 dollars mais au moins 60 dollars.

Voulez-vous des renseignements pratiques et d'un ordre privé ? Eh bien, dans l'état de Washington il y a une majorité de trente hommes pour une femme... (1) Quand une femme arrive dans ces jeunes villes de la côte peuplées d'industriels, de commerçants, de professionnels de toutes sortes, mais dépeuplées d'élément féminin, c'est positivement une course à qui va « l'avoir ».

(1) En Angleterre, il y a 106 femmes pour 100 hommes. La chasse au mari est un scandale. Cela entraîne de la part des hommes une réserve qui nuit beaucoup aux rapports de société. Cette réserve épeurée est comique ; cependant, vu l'état de chose, on ne peut la blâmer.

Il ne lui reste plus que l'embarras du choix ; c'en est un certainement ; mais qui se plaindrait que la mariée est trop belle ?

A Portage, la Prairie, nous prîmes un éleveur qui y a une grande exploitation ; il a été élevé en France où il connaît des gens bien ; nous causons. Toujours la même histoire : pas de femmes. Enfin il y a quinze jours il est arrivé deux *nurses* (garde-malades) de Londres, mais il ne s'est pas assez pressé et maintenant l'une est mariée et l'autre fiancée. Il faut voir la tête déconvenue qu'il fait !

Puis c'est la gamme des maîtresses de maison qui se plaignent de ne pouvoir garder une servante si elle est un peu gentille : les hommes en sont réduits à cette extrémité; une dame ne sait jamais si elle ne se trouvera pas un jour à quelque dîner officiel la voisine de table de son ex-femme de chambre...

Comme preuve à l'appui de ce que j'avance je traduis une lettre du docteur Gustave H. Michel de la ville de Cleveland, état d'Ohio, à Mr Catts, maire de la cité de Stockton (Californie). « Le récent recensement des Etats-Unis révèle un grand déficit de femmes dans l'état d'Ohio par comparaison aux hommes, et un grand excès dans l'Est. Cette distribution inégale des sexes constitue un mal social aux deux extrémités du pays, un grand obstacle au développement et à la prospérité de l'Ouest. Tandis qu'il y a dans l'Est un encombrement d'honnêtes filles usant leur vie à un travail de fabrique mal rémunéré, et qui ajouteraient au bonheur des hommes comme ménagères, position pour laquelle elles sont mieux faites et ont été créées.

« Pour remédier à ce fâcheux état de choses le *Journal Company* a entrepris de publier un livre album, dans lequel paraîtront les photographies et particularités des hommes de l'état d'Ohio désireux d'épouser des femmes de l'Est consentant à leur faire un foyer. Ce livre circulera dans l'Est afin que les dames ayant des intentions matrimoniales puissent se faire connaître aux messieurs par correspondance. Les femmes célibataires et veuves, de toutes classes, avec ou sans fortune, et qui pour trouver un bon mari consentiraient à aller dans n'importe quelle partie des Etats-Unis, sont en grand nombre. »

C'est pour les femmes que j'écris ces notes. Ah! si elles savaient seulement la quantité de beaux gars que j'ai rencontrés aux Etats-Unis et qui apprenant ma nationalité et mon long séjour en Angleterre se sont adressés à moi me contant la difficulté de trouver des femmes, et me demandant s'il valait mieux aller en France ou en Angleterre pour en chercher? Ces *ranchmen*, par exemple, qui ont tout près de la ferme construit eux-mêmes un charmant nid où tombent à foison toutes les richesses de la nature et qui n'attend plus que le gazouillement d'une famille, une famille qui ne coûtera rien, s'élèvera toute seule, croissant dans le grand soleil des grasses prairies, devenant une puissance à son tour, créant et fécondant, aidant au grand œuvre de la civilisation.

Là, pas de lutte sordide avec la misère menaçante ; pas de fraude dégradante, déshonorant la couche nuptiale, détruisant tout ce qu'il y a de noble dans l'amour, en répudiant la sainte communion créatrice et triomphante ; pas d'angoisse démoralisante quand vient l'heure de caser les fils et de marier les filles, car la terre dans sa souveraine justice ne refuse pas la vie à qui la lui a donnée.

Jeunes hommes quand vous serez découragés de la vaine recherche du travail, songez que le Canada qui ne possède que cinq millions trois cent soixante et onze mille cent cinquante et un habitants a place pour cinquante millions.

Jeunes femmes quand vous souffrirez de la solitude dans laquelle vous ont jetées les cruelles circonstances, songez qu'il y a là-bas dans ces pays, dont je vous ai sincèrement dépeint les avantages et les inconvénients, des milliers de foyers déserts où vous attendent le bonheur et l'abondance.

Jeunes hommes et jeunes femmes, allez dans le Grand Ouest.

Imp. Paul Dupont. — Paris, 1er Arr. — 233.10.1902 (Cl.)

www.ingramcontent.com/pod-product-compliance
Ingram Content Group UK Ltd.
Pitfield, Milton Keynes, MK11 3LW, UK
UKHW022326090726
13658UKWH00001B/100

9 782019 956264